CLAUS LORENZEN

# Zur Rechtsnatur und verfassungsrechtlichen Problematik der erfolgsqualifizierten Delikte

AF874987

Strafrechtliche Abhandlungen · Neue Folge

Herausgegeben von Dr. Eberhard Schmidhäuser
ord. Professor der Rechte an der Universität Hamburg

in Zusammenarbeit mit den Strafrechtslehrern der deutschen Universitäten

Band 43

# Zur Rechtsnatur und verfassungsrechtlichen Problematik der erfolgsqualifizierten Delikte

Von

Dr. Claus Lorenzen

DUNCKER & HUMBLOT / BERLIN

In die Reihe aufgenommen
von Prof. Dr. Eberhard Schmidhäuser, Hamburg

Alle Rechte vorbehalten
© 1981 Duncker & Humblot, Berlin 41
Gedruckt 1981 bei Buchdruckerei Bruno Luck, Berlin 65
Printed in Germany
ISBN 3 428 04997 7

*Monika gewidmet*

# Vorwort

Die Arbeit hat dem Fachbereich Rechtswissenschaft I der Universität Hamburg im Januar 1980 als Dissertation vorgelegen. Das Manuskript wurde im November 1979 abgeschlossen. Neuere Veröffentlichungen konnten bis Mai 1981 berücksichtigt werden, wenn auch nur noch in den Anmerkungen.

Mein Dank gilt vor allem meinem verehrten Lehrer, Herrn Prof. Dr. Eberhard Schmidhäuser, der die Beschäftigung mit den erfolgsqualifizierten Delikten aus neuerer Sicht angeregt und mir bei der Abfassung der Arbeit durch Gespräche und weiterführende Hinweise vielfach Hilfe geleistet hat. Seine kritische Auseinandersetzung mit der Entscheidung des BVerfG zur Frage der Verfassungsmäßigkeit der lebenslangen Freiheitsstrafe für Mord (in JR 1978, S. 265 ff.) und die Diskussionen anläßlich seiner Entwürfe zu dieser Urteilsbesprechung im Rahmen meiner Assistententätigkeit gaben den entscheidenden Anstoß, mich speziell auf die verfassungsrechtliche Problematik der erfolgsqualifizierten Delikte zu konzentrieren.

Zu Dank verpflichtet bin ich Herrn Prof. Dr. Schmidhäuser auch für die Aufnahme der Arbeit in die Reihe der Strafrechtlichen Abhandlungen.

Schließlich danke ich meiner Frau, die einen Großteil der Manuskripte für mich geschrieben und korrigiert hat und die mich, obwohl (oder gerade weil) sie selbst nicht Juristin ist, auf manche Unstimmigkeit oder Ungenauigkeit in den Formulierungen hingewiesen hat.

Großhansdorf, im Juni 1981

*Claus Lorenzen*

## Inhaltsverzeichnis

*6. Kapitel*



*7. Kapitel*

## Abkürzungsverzeichnis

| | |
|---|---|
| a. A. | anderer Ansicht |
| a. a. O. | am angegebenen Ort |
| AbgO | Reichsabgabenordnung |
| Abs. | Absatz |
| a. F. | alte Fassung |
| Alt. | Alternative |
| Anh. | Anhang |
| Anm. | Anmerkung |
| Art. | Artikel |
| AT | Allgemeiner Teil |
| AtomG | Gesetz über die friedliche Verwendung der Kernenergie und den Schutz gegen ihre Gefahren (Atomgesetz) |
| Aufl. | Auflage |
| AuslG | Ausländergesetz |
| b. | bei |
| BadWürttStGH | Baden-Württembergischer Staatsgerichtshof |
| BayOLG | Bayerisches Oberstes Landesgericht |
| BayStGB | Bayerisches Strafgesetzbuch |
| BayVerfGH | Bayerischer Verfassungsgerichtshof |
| Bd. | Band |
| BGBl. | Bundesgesetzblatt |
| BGH | Bundesgerichtshof |
| BGHSt | Entscheidung des Bundesgerichtshofs in Strafsachen (zit. nach Band und Seite) |
| BImSchG | Gesetz zum Schutz vor schädlichen Umwelteinwirkungen durch Luftverunreinigungen, Geräusche, Erschütterungen und ähnliche Vorgänge (Bundes-Immissionsschutzgesetz) |
| Bruns-Fs. | Festschrift für Hans-Jürgen Bruns zum 70. Geburtstag, 1978 |
| BT | Besonderer Teil |
| BtDrucks. | Bundestagsdrucksache |
| BVerfG | Bundesverfassungsgericht |
| BVerfGE | Entscheidungen des Bundesverfassungsgerichts (zit. nach Band und Seite) |
| BVerfGG | Gesetz über das Bundesverfassungsgericht |
| bzw. | beziehungsweise |
| ders. | derselbe |
| Diss. | Dissertation |
| DÖV | Die Öffentliche Verwaltung (zit. nach Jahr und Seite) |
| E 62 | Regierungsentwurf eines Strafgesetzbuches mit Begründung, 1962 |
| ebd. | ebenda |
| Einf. | Einführung |
| EuGRZ | Europäische Grundrechte Zeitschrift (zit. nach Jahr und Seite) |

| | |
|---|---|
| f. | folgend |
| ff. | folgende |
| Fn. | Fußnote |
| Forts. | Fortsetzung |
| Frhr. | Freiherr |
| Fs. | Festschrift |
| GA | Goltdammer's Archiv (zit. nach Jahr und Seite) |
| Geldstr. | Geldstrafe |
| gem. | gemäß |
| GeschlKrG | Gesetz zur Bekämpfung von Geschlechtskrankheiten |
| GG | Grundgesetz für die Bundesrepublik Deutschland |
| Heinitz-Fs. | Festschrift für Ernst Heinitz zum 70. Geburtstag, 1972 |
| h. L. | herrschende Lehre |
| h. M. | herrschende Meinung |
| int. | international |
| i. S. | im Sinne |
| i. S. d. | im Sinne (der, des) |
| i. S. v. | im Sinne von |
| JA | Juristische Arbeitsblätter (zit. nach Jahr und Seite) |
| JR | Juristische Rundschau (zit. nach Jahr und Seite) |
| jur. | juristisch |
| JuS | Juristische Schulung (zit. nach Jahr und Seite) |
| krit. | kritisch |
| Lange-Fs. | Festschrift für Richard Lange zum 70. Geburtstag, 1976 |
| LG | Landgericht |
| LK | Strafgesetzbuch, Leipziger Kommentar |
| m. | mit |
| Maurach-Fs. | Festschrift für Reinhart Maurach zum 70. Geburtstag, 1972 |
| MDR | Monatsschrift für deutsches Recht (zit. nach Jahr und Seite) |
| Mezger-Fs. | Festschrift für Edmund Mezger zum 70. Geburtstag, 1954 |
| MRK | Konvention zum Schutze der Menschenrechte und Grundfreiheiten |
| MschrKrim | Monatsschrift für Kriminologie und Strafrecht (zit. nach Jahr und Seite) |
| m. w. Nw. | mit weiteren Nachweisen |
| n. F. | neue Fassung |
| Niederschr. | Niederschriften über die Sitzungen der Großen Strafrechtskommission, 1958 |
| NJW | Neue Juristische Wochenschrift (zit. nach Jahr und Seite) |
| Nr. | Nummer |
| OLG | Oberlandesgericht |
| OLG Celle-Fs. | Göttinger Festschrift für das Oberlandesgericht Celle, 1961 |
| OWiG | Gesetz über Ordnungswidrigkeiten |
| Prot. VI | Deutscher Bundestag, VI. Wahlperiode, Protokolle über die Beratungen .des Sonderausschusses für die Strafrechtsreform |
| Rdz. | Randziffer |
| RGSt | Entscheidungen des Reichsgerichts in Strafsachen (zit. nach Band und Seite) |
| RStGB | Reichsstrafgesetzbuch |
| S. | Seite/Satz |
| SächsStGB | Sächsisches Strafgesetzbuch |
| Sauer-Fs. | Festschrift für Wilhelm Sauer zu seinem 70. Geburtstag |

| | |
|---|---|
| Schaffstein-Fs. | Festschrift für Friedrich Schaffstein zum 70. Geburtstag, 1975 |
| Schmidt-Fs. | Festschrift für Eberhard Schmidt zum 70. Geburtstag, 1961 |
| SK | Systematischer Kommentar zum StGB |
| s. o. | siehe oben |
| sog. | sogenannte(r) |
| StÄndG | Strafrechtsänderungsgesetz |
| StGB | Strafgesetzbuch |
| StPO | Strafprozeßordnung |
| StRG | Strafrechtsreformgesetz |
| StVG | Straßenverkehrsgesetz |
| syst. | systematisch |
| u. U. | unter Umständen |
| VDA | Vergleichende Darstellung des deutschen und ausländischen Strafrechts |
| VerwRspr. | Verwaltungsrechtsprechung in Deutschland. Sammlung höchstrichterlicher Entscheidung aus dem Verfassungs- und Verwaltungsrecht (zit. nach Band und Seite) |
| vgl. | vergleiche |
| Vorbem. | Vorbemerkung |
| VRS | Verkehrsrechts-Sammlung (zit. nach Band und Seite) |
| Welzel-Fs. | Festschrift für Hans Welzel zum 70. Geburtstag, 1974 |
| WiStG | Gesetz zur weiteren Vereinfachung des Wirtschaftsstrafrechts (Wirtschaftsstrafgesetz 1954) |
| WStG | Wehrstrafgesetz |
| z. B. | zum Beispiel |
| ZStW | Zeitschrift für die gesamte Strafrechtswissenschaft (zit. nach Band und Seite) |
| z. T. | zum Teil |

## Einleitung

Seit Inkrafttreten des Strafgesetzbuches sind die sog. erfolgsqualifizierten Delikte im strafrechtswissenschaftlichen Schrifttum umstritten und dogmatisch wenig geklärt. Auffälligstes Merkmal dieser Deliktsgruppe ist die erhebliche Strafschärfung, die ein selbständig strafbares Grunddelikt beim Eintritt eines besonderen, weiteren Erfolges (z. B. in § 226 StGB beim Tod eines Menschen aufgrund einer körperlichen Mißhandlung) erfährt. Ein großer Teil der heute geltenden Bestimmungen über erfolgsqualifizierte Delikte war bereits im RStGB von 1871 enthalten. Da zunächst eine Regelung fehlte, welche die erhöhte Strafbarkeit von der Schuld des Täters abhängig machte, wurden diese Straftatbestände schon kurz nach ihrer Einführung als Relikte eines überlebten Erfolgsstrafrechts kritisiert[1].

Ihre Vereinbarkeit mit dem Schuldgrundsatz wurde — jedenfalls soweit es das Erfordernis der Fahrlässigkeit hinsichtlich des Erfolges betrifft — erst im Jahre 1953 durch die Einführung des § 56 StGB (des heutigen § 18) hergestellt. Der jahrzehntelange Meinungsstreit über die Frage, ob ein schuldlos herbeigeführter Erfolg straferhöhend wirken kann, wenn nur zwischen dem vorsätzlich begangenen Grunddelikt und der schweren Folge ein Kausalzusammenhang besteht, wurde damit beendet und bedarf heute keiner Erörterung mehr. Es zeigte sich jedoch bald nach der Einführung des § 56, daß die Problematik der erfolgsqualifizierten Delikte hierdurch nicht beseitigt worden war. Das Mit- und Nebeneinander von Vorsätzlichkeit und Fahrlässigkeit in einem Tatbestand erfüllte zwar die Forderung nach einer lückenlosen Durchsetzung des Schuldgrundsatzes, stellte sich aber als „Fremdkörper in unserem Strafgesetzbuch“[2] dar, was zu einer Vielzahl von offenen Fragen hinsichtlich des Versuchs, der Teilnahme und der Konkurrenzverhältnisse zu den normalen Erfolgsdelikten führte. So ist beispielsweise umstritten, ob eine Versuchsstrafbarkeit bei manchen erfolgsqualifizierten Delikten (z. B. § 226) überhaupt denkbar ist, bzw. ob der Versuch eines erfolgsqualifizierten Delikts nur dann vorliegt, wenn der qualifizierende Erfolg eingetreten und nur das Grunddelikt nicht vollendet ist. Teilnahmeprobleme ergeben sich daraus, daß für Anstiftung und Bei-

---

[1] Bekannt geworden ist die Kritik *Löfflers* (S. 279) an der „durch nichts zu rechtfertigende(n) Barbarei“ der reinen Erfolgshaftung.

[2] *Schneider*, JR 1955, S. 414.

hilfe Vorsätzlichkeit hinsichtlich der vom Haupttäter begangenen Tat erforderlich ist (§§ 26, 27), bei den erfolgsqualfizierten Delikten hingegen Fahrlässigkeit genügen soll. Hier ist streitig, ob die Konstruktion einer fahrlässigen Teilnahme möglich ist. Diese und zahlreiche weitere Einzelprobleme der erfolgsqualifizierten Delikte sind schon häufig monographisch behandelt worden[3], wobei jedoch die grundlegende Frage nach der Rechtsnatur und der Eigenständigkeit dieser Vorschriften entweder nur am Rande oder aber lediglich bezogen auf den jeweiligen Aspekt der Untersuchung (z. B. Teilnahme oder Versuch) angesprochen wird.

Nur selten erörtert werden dabei die zum Teil „ungeheuren"[4] Strafschärfungen der Qualifikationen gegenüber dem Grunddelikt, obwohl anerkannt ist, daß sich der Charakter einer Norm nicht allein durch die tatbestandliche Geschehensschilderung, sondern regelmäßig auch durch die darauf bezogene Strafdrohung bestimmt. Ebenfalls nur vereinzelt[5] ist im Schrifttum die Frage aufgeworfen worden, ob auf die Erfolgsqualifikationen de lege ferenda nicht überhaupt verzichtet werden sollte, wodurch sämtliche offenen Probleme entfallen würden, die sich aus der Kombination von vorsätzlichem Grunddelikt und fahrlässig herbeigeführter schwerer Folge ergeben. So forderte *Jescheck*[6] in den Sitzungen der Großen Strafrechtskommission die völlige Abschaffung der erfolgsqualifizierten Delikte zugunsten einer Bestrafung nach den Regeln der Tateinheit bzw. die Einführung von Regelstrafdrohungen für „besonders schwere Fälle". Die Mehrheit der Kommissionsmitglieder entschied sich jedoch für eine Beibehaltung vor allem unter kriminalpolitischen Gesichtspunkten. Gewarnt wurde insbesondere vor der Aufgabe der erhöhten Strafdrohungen. Dies sei angesichts der „Tendenz unserer Gerichte zur Milde"[7] nicht zu vertreten. Auch in den Verhandlungen des Sonderausschusses zum 2. StRG kam man überein, die erfolgsqualifizierten Delikte grundsätzlich beizubehalten[8].

Es mag sein, daß sich der Reformgesetzgeber zur völligen oder teilweisen Beseitigung dieser Deliktsgruppe nur nicht entschließen konnte, um sich „angesichts der erst in den Anfängen befindlichen wissenschaftlichen Diskussion nicht zu voreiligen Schritten veranlaßt (zu) sehen, deren kriminalpolitische Konsequenzen bedauerlich sein könnten"[9].

---

[3] Vor allem in den Dissertationen von *Gosch* (S. 26 ff.), *Hänle* (S. 25 ff.), *Widmann* (S. 50 ff.) und *Seebald* (S. 42 ff.).

[4] *Radbruch*, S. 237.

[5] *Löffler*, S. 281; *Schneider*, Diss., S. 97 ff.; *Jescheck*, Niederschr. Bd. 2, S. 246 ff.; neuerdings (für das Schweizer Recht) *Schubarth*, ZStW Bd. 85, S. 754 ff.

[6] *Jescheck*, Niederschr. Bd. 2, S. 246 ff.

[7] *Dreher*, Niederschr. Bd. 2, S. 252.

[8] Protokolle V., S. 1777, 3159.

Es soll daher Aufgabe der vorliegenden Arbeit sein, einen Beitrag zu dieser Diskussion aus neuerer Sicht zu leisten, wobei primär Fragen der Unrechts- und Schuldsteigerung bei den erfolgsqualifizierten Delikten, daneben aber auch deren kriminalpolitische Funktion unter Strafwürdigkeitsgesichtspunkten zu erörtern sein werden. Im Vordergrund wird dabei die Analyse und Kritik der in Rechtsprechung und Schrifttum zur Rechtsnatur der erfolgsqualifizierten Delikte vertretenen Auffassungen stehen, die im einzelnen daraufhin untersucht werden sollen, ob sie geeignet sind, eine materielle Eigenständigkeit dieser Bestimmungen, insbesondere in Gegenüberstellung mit dem tateinheitlichen Zusammentreffen von Grund- und Folgedelikt zu begründen.

Hier wird sich zeigen, daß sich gerade bei der Diskussion um die Natur der erfolgsqualifizierten Delikte der Streit um die gesamtsystematische Einordnung von „Vorsatz" und Fahrlässigkeit in besonderer Weise auswirkt und daß sich manche der herkömmlichen Begriffsbildungen hierzu speziell bei der Kombination der beiden Verhaltensformen in einem einzigen Tatbestand als verfehlt erweisen. Es soll daher unter anderem aufgezeigt werden, daß die in diesem Zusammenhang häufig verwendeten Begriffe wie „Gefährdungsvorsatz" und „gesteigerte Sorgfaltswidrigkeit" den Zugang zu einem sachgerechten Verständnis dieser Vorschriften eher erschweren als erleichtern.

Ob sich aber angesichts der zumeist sehr hohen Strafdrohungen überhaupt eine Erklärung für den Charakter der erfolgsqualifizierten Delikte finden läßt, sei bereits hier bezweifelt. Die Mindest- und Höchststrafen werden daher nicht nur auf ihre angebliche kriminalpolitische Notwendigkeit, sondern auch auf ihre Vereinbarkeit mit Verfassungsgrundsätzen, vor allem im Hinblick auf das Gebot der Gerechtigkeit, das Schuldprinzip und das Verhältnismäßigkeitsprinzip überprüft werden müssen. Eine solche Untersuchung ist schon deshalb von besonderer Aktualität, weil der Gesetzgeber sich zwar einerseits angesichts der Vielzahl der ungeklärten Fragen offenbar nicht dazu bereitfinden kann, die bestehenden Vorschriften über erfolgsqualifizierte Delikte ersatzlos zu streichen, andererseits aber ständig neue Erfolgsqualifikationen als Reaktion auf die bedrohliche Häufung „moderner" Gewaltverbrechen schafft. Zu nennen sind hier vor allem die im Jahre 1971 durch das 11. und 12. StÄndG geschaffenen Tatbestände gegen Menschenraub, Geiselnahme und Luftpiraterie (§§ 239 a, 239 b, 316 c StGB), die jeweils Erfolgsqualifikationen mit erheblich erhöhten Mindest- und Höchststrafen enthalten, woraus eindeutig hervorgeht, daß der Gesetzgeber auch in Zukunft die erfolgsqualifizierten Delikte als Instrument

[9] *Hirsch*, GA 1972, S. 78.

der Kriminalpolitik trotz der seit langem erhobenen Bedenken gegen diese Deliktsform benutzen will.

Gemeinsam ist den genannten neueren Reformgesetzen, daß als Verschuldensvoraussetzung nicht mehr (wenigstens) einfache Fahrlässigkeit (§ 18) genügt; diese Gesetze setzen vielmehr voraus, daß der Täter „leichtfertig“ hinsichtlich der schweren Folge gehandelt hat. Hier wird zu fragen sein, ob jedenfalls durch die gegenüber der einfachen Fahrlässigkeit erhöhte Schuldform der „Leichtfertigkeit“ (die nunmehr auch in der Neufassung einiger „klassischer“[10] Erfolgsqualifikationen wie Raub oder Vergewaltigung mit Todesfolge, §§ 251, 177 III StGB, vorausgesetzt wird) die immer wieder geäußerten Einwände gegen die sprunghaft erhöhten Strafrahmen der erfolgsqualifizierten Delikte bzw. gegen diesen Deliktstypus als solchen gegenstandslos geworden sind.

Bevor jedoch im einzelnen auf die Natur der erfolgsqualifizierten Delikte eingegangen werden kann, ist es zunächst einmal erforderlich, sie begrifflich einzugrenzen und gegenüber anderen Deliktsformen abzuheben, da z. B. umstritten ist, ob auch Regelbeispiele in der Form „besonders schwerer Fälle“ hinzuzuzählen sind; ferner ist ungeklärt, ob von sog. „echten“ Erfolgsqualifikationen nur dann gesprochen werden kann, wenn das Grunddelikt vorsätzlich begangen, die Folge aber lediglich fahrlässig herbeigeführt wurde; und schließlich, ob unter „Folgen“ nur Verletzungs-, nicht aber bloße Gefährdungserfolge zu verstehen sind.

---

[10] *Maurach*, Heinitz-Fs., S. 405.

*Erstes Kapitel*

# Der Begriff des erfolgsqualifizierten Delikts

Bei der begrifflichen Eingrenzung der sog. erfolgsqualifizierten Delikte ist zunächst von der Formulierung des § 18 (§ 56 a. F.) auszugehen: Erforderlich ist eine „besondere Folge der Tat“ (I), an die das Gesetz eine „schwerere Strafe“ (II) knüpft, wenn dem Täter hinsichtlich dieser Folge „wenigstens Fahrlässigkeit“ (III) vorzuwerfen ist.

## I. Besondere Folge der Tat

Als qualifizierende Folgen nennt das Gesetz in der Regel Tod und/oder schwere Körperverletzung. Hauptbeispiele sind die Körperverletzung mit Todesfolge (§ 226), die Aussetzung (§ 229) mit der Folge schwerer Körperverletzung oder Tötung, Raub mit Todesfolge (§ 251) sowie die erfolgsqualifizierten gemeingefährlichen Verbrechen wie Brandstiftung (§§ 307 I Nr. 1, 309), Überschwemmung (§ 312) sowie die Beschädigung wichtiger Anlagen (§ 318), wobei teils nur die Todesfolge, z. T. auch der Eintritt einer schweren Körperverletzung straferhöhend wirkt. Eine Sonderstellung nimmt § 239 II 1. Alt. StGB ein: Hier ist die überlange Dauer der Freiheitsberaubung als „Folge“ ausgestaltet.

Herkömmlicherweise wurde die „besondere Folge der Tat“ lediglich als Verletzungserfolg i. S. der drei genannten Modalitäten verstanden. Neuerdings ist jedoch äußerst umstritten[1], ob § 18 nicht auch in den Fällen eingreift, in denen das Gesetz die Schaffung einer Gefahrlage aufgrund eines selbständig strafbaren Grunddelikts mit einer erhöhten Strafe bedroht. So wird die Mindeststrafe im Falle des § 250 I Nr. 3 gegenüber dem einfachen Raub (§ 249) von einem Jahr auf fünf Jahre angehoben, wenn „der Täter durch die Tat einen anderen in die Gefahr des Todes oder einer schweren Körperverletzung (§ 224) bringt ...“ Ähnliche Gefährdungsklauseln finden sich in den §§ 113 II Nr. 2 (Widerstand gegen Vollstreckungsbeamte), 125 a S. 2 Nr. 2 StGB (Besonders schwerer Landfriedensbruch)[2].

---

[1] Zum Meinungsstreit vgl. *Backmann*, MDR 1976, S. 969 (Anm. 5).

[2] Diese erst vor wenigen Jahren eingefügten bzw. modifizierten Vorschriften enthalten allerdings im Gegensatz zu § 250 I Nr. 3 keine abschließende Qualifikation, sondern sind als Regelbeispiele ausgestaltet.

Es mag an dieser Stelle noch dahingestellt sein, ob es tatsächlich sachgerecht ist, § 18 auch auf diese Vorschriften anzuwenden und hinsichtlich der Gefahr „wenigstens Fahrlässigkeit" zu verlangen; hier soll lediglich geklärt werden, ob die Formulierung „besondere Folge der Tat" eine bloße Gefährdung bereits begrifflich ausschließt.

Der BGH[3] hat dies ausdrücklich bejaht und auf den „grundlegenden Unterschied zwischen der Verletzung eines Rechtsgutes und seiner bloßen Gefährdung"[4] hingewiesen. Die Bezeichnung einer (Leibes- oder Lebens-)Gefahr als „Folge" sei „schon sprachlich nicht möglich", denn Tatfolgen seien nur „sinnlich wahrnehmbare ..., feststellbare Veränderungen in der Außenwelt"[5]. Demgegenüber sei eine Gefahr für ein Rechtsgut nicht sinnlich wahrnehmbar. Man könne nur von der „Vorstufe einer Folge"[6] sprechen. Diese Einengung des Erfolgsbegriffs — denn unter „Folge" ist nichts anderes als „Erfolg" zu verstehen[7] — steht im Gegensatz zu der wohl allgemein[8] vorgenommenen Untergliederung der Erfolgsdelikte in Verletzungs- und konkrete Gefährdungsdelikte („Gefährdungs-Erfolgsdelikte")[9]. Ferner widerspricht es entgegen der Auffassung des BGH auch nicht dem Sprachsinn, eine Gefährdung als „besondere Folge der Tat" zu bezeichnen. Diese Kritik wäre allenfalls dann haltbar, wenn schon mit der Tathandlung selbst stets unmittelbar eine konkrete Gefahr verbunden wäre, so daß das zeitlich Nachfolgende nur noch eine Verletzung sein könnte[10]. Eine derartige Argumentation könnte jedoch nur dann in sich widerspruchsfrei bleiben, wenn sämtliche Gefahrmomente von der „Tatzeit" aus zu beurteilen wären[11].

Dies würde bedeuten, daß der Begriff der Gefahr ein von vornherein feststehender wäre, so daß von einer (zeitlich-räumlichen) Trennung von Tathandlung und „Gefahr" nicht die Rede sein könnte. Dem ist entgegenzuhalten, daß die Gefahr nicht „statisch" ist, sondern von der Entstehung bis zum Eintritt der Verletzung „verschiedene Stufen der Dringlichkeit"[12] durchläuft. Es ist sprachlich daher durchaus möglich, die gegenwärtige, dringliche Gefahr als „nachfolgend" gegenüber der

---

[3] BGHSt 26, 176 ff.; auf diese Entscheidung wird verwiesen in BGH b. *Holtz*, MDR 1977, S. 636.

[4] BGHSt 26, 181.

[5] Ebd.

[6] Ebd.

[7] *Küper*, NJW 1976, S. 544.

[8] Vgl. die Nachweise bei *Horn*, S. 15 ff.

[9] *Schmidhäuser*, AT, 8/41.

[10] *Backmann*, MDR 1976, S. 971.

[11] *Horn*, S. 14.

[12] *Schmidhäuser*, AT, 8/42.

zunächst gegebenen, weniger dringlichen zu verstehen. Tathandlung und konkrete Gefahrenlage können zwar zeitlich und räumlich eng zusammenliegen; die gedankliche[13] Möglichkeit einer Trennung wird dadurch aber nicht ausgeschlossen.

Nicht vertretbar ist schließlich die vom BGH vorgenommene Definition des Erfolgsbegriffs als „sinnlich wahrnehmbare Veränderungen der Außenwelt". Diese Formulierung ist zu Recht überwiegend kritisiert worden[14], denn abgesehen davon, daß eine Reihe von Rechtsgütern (z. B. die Ehre oder die Freiheit der Willensbetätigung) derart beschaffen sind, daß ihre Verletzung nicht stets zu einer sichtbaren Außenweltveränderung führt[15], stellt auch die Gefährdung aus der Sicht des Rechtsgutsträgers nicht nur eine bloße Wahrscheinlichkeitsprognose dar, sondern ist für diesen „soziale Realität"[16]. Wenn sich etwa ein Fußgänger einem grob rücksichtslos auf ihn zufahrenden Autofahrer (§ 315 c) gegenübersieht und sich nur durch einen beherzten Sprung in den Graben vor einem Unfall bewahren kann, so wird man kaum behaupten können, die drohende Gefahr habe keine Wirkungen in der Außenwelt nach sich gezogen — (wie sollte das Verhalten des Passanten anders zu erklären sein?).

Gegen die Erfolgsdefinition des BGH spricht auch der Gesetzeswortlaut der genannten Vorschriften, die eine Gefahrverursachung *durch* die Tat (i. S. einer Kausalbeziehung) voraussetzen. Gleiches gilt für die konkreten Gefährdungsdelikte. So heißt es etwa in § 318 I (Beschädigung wichtiger Anlagen): „Wer ... durch eine dieser Handlungen Gefahr für das Leben oder die Gesundheit anderer *herbeiführt*, wird ... bestraft." Eine ausdrückliche Gleichsetzung der Begriffe „Folge" und „Gefahr" findet sich in § 2 Nr. 3 WStG („Im Sinne dieses Gesetzes ist eine schwerwiegende Folge eine Gefahr für die Sicherheit der Bundesrepublik Deutschland ..."). Sprachlich ist es daher nicht ausgeschlossen, eine Gefahrlage als „besondere Folge der Tat" i. S. der erfolgsqualifizierten Delikte zu bezeichnen. Ob § 18 trotz des insoweit eindeutigen Gesetzeswortlauts auf die neugeschaffene Qualifikation des § 250 I Nr. 3 StGB dennoch nicht angewandt werden sollte, ist an anderer Stelle zu erörtern[17].

---

[13] *Horn*, S. 14.

[14] *Backmann*, MDR 1976, S. 970 f.; *Blei*, JA 1975, S. 805; *Küper*, NJW 1976, S. 544; *Meyer-Gerhards*, JuS 1976, S. 231.

[15] Weitere Beispiele bei *Küper*, a. a. O.

[16] *Gallas*, Heinitz-Fs., S. 176; ähnlich *Blei*, JA 1975, S. 805, der auf die „Realität der Umstände, die das Gefahrurteil begründen", verweist.

[17] Vgl. unten, 7. Kapitel, II 4.

## II. „Schwerere Strafe" beim Eintritt der Folge

Von einer (Erfolgs-)Qualifikation kann nur dann ausgegangen werden, wenn zu einem selbständigen Grundtatbestand weitere, spezielle Tatbestandsmerkmale hinzutreten, wodurch ein neuer Tatbestand mit erhöhter Strafdrohung entsteht[18]. Die Ausgestaltung dieses speziellen Tatbestandes ist dabei sowohl als eigenständige Norm, z. B. § 226 (Körperverletzung mit Todesfolge) oder § 251 (Raub mit Todesfolge), als auch innerhalb der Strafbestimmung des Grundtatbestandes, z. B. §§ 239 III, 177 III (Freiheitsberaubung bzw. Vergewaltigung mit Todesfolge), möglich. In den Fällen jedoch, in denen das Gesetz an den Eintritt einer Folge keine „schwerere Strafe" (§ 18) knüpft, sondern vielmehr die Strafbarkeit überhaupt vom Erfolgseintritt abhängig macht, liegt keine Qualifikation, sondern ein normales Erfolgsdelikt vor. Hier wirkt der Erfolgseintritt mangels Grundtatbestand nicht strafschärfend, sondern strafbegründend. Keine erfolgsqualifizierten Delikte sind daher jene Vorschriften, in denen eine vorsätzlich begangene Handlung im Zusammenhang mit einem vorsätzlich oder fahrlässig herbeigeführten Erfolg unter Strafe gestellt ist (z. B. §§ 310 a I, II, Herbeiführen einer Brandgefahr; 353 b I, Verletzung des Dienstgeheimnisses). Sie ähneln den Erfolgsqualifikationen nur insoweit, als ein Verschulden (Vorsätzlichkeit oder Fahrlässigkeit) hinsichtlich der schweren Folge unabhängig von der schuldhaft begangenen Tathandlung festgestellt werden muß. So setzt etwa § 315 a u. a. eine vorsätzliche bzw. fahrlässige Beeinträchtigung des Bahn-, Schiffs- oder Luftverkehrs voraus, verlangt aber gleichzeitig eine mindestens fahrlässige Leibes- oder Lebensgefährdung (Abs. 3). Von einer Erfolgsqualifikation könnte man hier nur dann sprechen, wenn die Verkehrsbeeinträchtigung für sich allein strafbar wäre.

Begrifflich scheiden ferner die Vorschriften mit sog. objektiven Strafbarkeitsbedingungen, etwa bei der Beteiligung an einer Schlägerei (§ 227) und beim Vollrausch (§ 323 a)[19] als erfolgsqualifizierte Delikte aus[20], da der Erfolg ebenfalls die Strafe begründet.

---

[18] *Welzel*, Strafrecht, S. 18.

[19] Anders *Hardwig* (Schmidt-Fs., S. 466), der § 323a (früher § 330a) als erfolgsqualifiziertes Delikt bezeichnet, auf das § 56 a. F. (= § 18 n. F.) keine Anwendung finde. Dies ist nicht haltbar, da das schuldhafte Sich-Betrinken nicht selbständig strafbar ist, womit die Voraussetzungen einer „Qualifikation" nicht gegeben sind.

[20] Der Streit, ob § 320 StGB (Fahrlässige Gemeingefährdung) eine sog. objektive Strafbarkeitsbedingung aufweist oder ob hinsichtlich des „Schadens" gemäß § 18 „wenigstens Fahrlässigkeit" erforderlich ist (vgl. die Nachweise bei *Wolff*, LK 10. Aufl., § 326 a. F. Rdz. 6), braucht hier nicht entschieden zu werden, da die fahrlässige Gefährdung als solche nicht unter Strafe gestellt ist; eine „Qualifikation" liegt daher begrifflich ebenfalls nicht vor. Anders dagegen bei der in § 320 genannten *Todesfolge* (vgl. *Wolff*, LK, a. a. O.).

Eine Sonderstellung nehmen die vom Gesetzgeber in neuerer Zeit zunehmend geschaffenen Regelbeispiele ein, z. B. §§ 310 b III (Herbeiführen einer Explosion durch Kernenergie), 311 a III StGB (Mißbrauch ionisierender Strahlen), in denen eine besondere Folge (meist Tod oder schwere Körperverletzung) als Anhaltspunkt für einen „besonders schweren Fall“ genannt wird. Trotz des selbständigen „Grund“-tatbestandes fehlt es hier im Gegensatz zur Qualifikation an weiteren speziellen *Tatbestands*merkmalen, die zu einer nicht nur fakultativen Strafschärfung führen. Es handelt sich nur um Strafzumessungsvorschriften.

Bei den Regelbeispielen handelt es sich somit nicht um eigenständige qualifizierte Tatbestände im Sinne einer „zwingend und abschließend getroffenen Regelung“[21], denn selbst bei Vorliegen eines der angeführten Beispiele ist nicht notwendig ein besonders schwerer Fall gegeben. Der Richter ist vielmehr stets verpflichtet zu prüfen, ob in dem Verhalten oder der Person des Täters außergewöhnliche Umstände vorhanden sind, die eine Bestrafung unterhalb der im Regelfall bestimmten Mindeststrafe erfordern[22].

Es kann indessen nicht geleugnet werden, daß die Regelbeispiele tatbestandlichen Qualifikationen insoweit nahestehen, als durch ihre Indizfunktion regelmäßig der erhöhte Strafrahmen zur Anwendung kommt, sobald die Voraussetzungen eines Beispieles vorliegen. Die Typisierung des gesteigerten Unwerts erschwert es dem Richter, eine völlig freie Entscheidung zu treffen und die Untergrenze des erhöhten Strafrahmens im Falle der Verwirklichung eines Regelbeispiels zu unterschreiten. Andernfalls könnte wohl kaum eine Erklärung dafür gefunden werden, daß die Rechtsprechung sich auch nach der Umgestaltung selbständiger Qualifikationen in „besonders schwere Fälle“ häufig mit der Auslegung von Regelbeispielen im Rahmen einer „Quasi-Subsumtion“[23] befaßt hat, so daß die Auslegungsproblematik, die sich aus der herkömmlichen Kasuistik ergab (etwa zum Einbruchsdiebstahl oder zum Merkmal „verschlossenes Behältnis“ i. S. d. § 243 I Nr. 2), nur unwesentlich an Bedeutung verloren hat[24].

---

[21] *Wessels*, Maurach-Fs., S. 305; die Bezeichnung dieser Regelbeispiele als „unverbindliche“ Erfolgsqualifikationen (*Maurach*, Heinitz-Fs., S. 404) ist daher eine contradictio in adiecto.

[22] BGHSt 20, 125; 23, 254 (257); *Horn*, SK § 46 Rdz. 57; *Lackner*, § 46 Anm. 2b; *Dreher / Tröndle*, § 243 Rdz. 5.

[23] *Schönke / Schröder / Eser*, § 243 Rdz. 2.

[24] Auch in den Kommentierungen zu § 243 n. F. finden sich daher trotz der Neufassung umfangreiche Ausführungen zur Auslegung der einzelnen Regelbeispiele, vgl. z. B. *Samson*, SK § 243 Rdz. 6 ff.; *Dreher / Tröndle*, § 243 Rdz. 6 ff.; *Schönke / Schröder / Eser*, § 243 Rdz. 5 ff.; *Lackner*, § 243 Anm. 4 ff.

Es fragt sich daher, ob diese Ähnlichkeit von Regelbeispielen und qualifizierenden Tatbestandsmerkmalen dazu führt, den Begriff des erfolgsqualifizierten Delikts weiter zu fassen und insbesondere jene Strafbestimmungen hinzuzurechnen, in denen die Verursachung des Todes oder einer schweren Körperverletzung infolge der rechtswidrigen und schuldhaften Verwirklichung des Grundtatbestandes einen „besonders schweren Fall“ exemplifiziert.

Für eine derartige begriffliche Einbeziehung hat sich *Hänle*[25] ausgesprochen. Die terminologische Beschränkung der erfolgsqualifizierten Delikte auf jene Strafschärfungen, die jeden richterlichen Spielraum ausschließen, finde im Gesetz keine Stütze. Die Deliktsform der „besonders schweren Fälle“ sei erst vor ca. 40 Jahren in das StGB eingeführt worden, und es sei nicht anzunehmen, daß der Gesetzgeber hier eine Sonderregelung gegenüber den herkömmlichen Erfolgsqualifikationen habe treffen wollen. Auch der Wortlaut des § 56 a. F. gehe nicht eindeutig von einer besonderen Folge im Sinne eines selbständigen Tatbestandes aus[26].

Mit dieser Definition wird jedoch der allgemein anerkannte, wenngleich im Gesetz nicht erwähnte Begriff der „Qualifikation“ im Sinne eines gegenüber dem Grunddelikt durch benannte Strafänderungsgründe erweiterten gesetzlichen Tatbestandes mit erhöhter Strafdrohung[27] aufgegeben. Zwar werden Regelbeispiele in bezug auf bestimmte dogmatische Fragen (z. B. Versuch, Teilnahme, Konkurrenzen) überwiegend wie Tatbestandsmerkmale behandelt[28]; daraus ergibt sich aber keineswegs zugleich die Hinfälligkeit der Unterscheidung von Qualifikationen und Strafzumessungsregeln. So stellt auch § 12 III nunmehr klar, daß ein für besonders schwere Fälle vorgesehener Regelstrafrahmen im Gegensatz zur Qualifikation für die Zuordnung zu einer der in § 12 I und II genannten Deliktskategorien unerheblich ist.

Der Wortlaut des § 18 gibt ebenfalls für eine Ausweitung des Begriffs der erfolgsqualifizierten Delikte keinen Anlaß. Danach ist nämlich erforderlich, daß das Gesetz an eine besondere Folge der Tat eine schwerere Strafe „knüpft“, d. h., die Strafschärfung tritt schon von Gesetzes wegen und nicht erst nach der richterlichen Prüfung aller Begleitumstände ein[29].

---

[25] *Hänle*, S. 6.

[26] *Hänle*, S. 6 f.

[27] Vgl. für viele *Otto*, Grundkurs, S. 19; *Tröndle*, LK § 1 Anm. 25; *Welzel*, Strafrecht, S. 18.

[28] *Wessels*, Maurach-Fs., S. 305 ff.; *Maurach / Zipf*, S. 307.

[29] § 18 kann daher für die besonders schweren Fälle allenfalls analog herangezogen werden (vgl. *Schönke / Schröder / Cramer*, § 18 Rdz. 1 m. w. Nw.).

Diese begriffliche Begrenzung der erfolgsqualifizierten Delikte bedeutet indessen nicht, daß die ähnlich strukturierten „besonders schweren Fälle" im Rahmen dieser Untersuchung unberücksichtigt bleiben dürfen. So wird insbesondere zu fragen sein, ob sich die vom Gesetzgeber neuerdings immer häufiger eingesetzten Strafzumessungsvorschriften de lege ferenda als Alternative zu den Erfolgsqualifikationen des geltenden Rechts anbieten oder ob hierdurch die materielle Problematik lediglich in den Strafzumessungsbereich verlagert wird[30].

## III. „Wenigstens Fahrlässigkeit" hinsichtlich der schweren Folge

Ein weiteres Merkmal der erfolgsqualifizierten Delikte ist das Schulderfordernis hinsichtlich der schweren Folge. Anders als vor der Einfügung des § 56 (§ 18 n. F.) im Jahre 1953 tritt die Strafschärfung nunmehr nur dann ein, wenn der Täter in bezug auf den qualifizierenden Erfolg „wenigstens" fahrlässig gehandelt hat. Erfolgsqualifizierte Delikte „im ursprünglichen Sinne"[31] — d. h. ohne Einbeziehung der Schuld — enthält das StGB nicht mehr. § 56 a. F. als generelle Vorschrift des Allgemeinen Teils bezog sich zunächst auf sämtliche Erfolgsqualifikationen. Neuerdings ist der Gesetzgeber jedoch in zunehmendem Maße dazu übergegangen, die Verschuldensform in dem jeweiligen Qualifikationstatbestand des Besonderen Teils festzulegen. Eine derartige Sonderregelung findet sich z. B. in den §§ 177 III (Vergewaltigung mit Todesfolge), 239 a, b II (erpresserischer Menschenraub bzw. Geiselnahme mit Todesfolge), 251 (Raub mit Todesfolge). Bei diesen Vorschriften tritt eine Strafschärfung ein, wenn der Täter in bezug auf den schweren Erfolg „leichtfertig" gehandelt hat. § 18 scheint daher auf diese Deliktsgruppe jedenfalls dem Wortlaut nach nicht anwendbar zu sein, obwohl es sich fraglos um „erfolgsqualifizierte Delikte" handelt[32].

Die weite Formulierung des § 18 („wenigstens Fahrlässigkeit") läßt offen, ob stets auch die vorsätzliche Erfolgsherbeiführung qualifizierend wirkt. Allgemein bejaht wird dies für die §§ 224 (schwere Körperverletzung) und 239 II 1. Alt. (Freiheitsberaubung von mehr als einer Woche Dauer), da es hier an einem entsprechenden Vorsatzdelikt fehlt[33].

---

[30] Vgl. unten, 8. Kapitel, II.

[31] *Arth. Kaufmann*, Das Schuldprinzip, S. 240; *Schubarth*, ZStW Bd. 85, S. 754.

[32] Zur Auslegung der „Leichtfertigkeitsqualifikationen" vgl. noch unten, 7. Kapitel, II 1.

[33] Z. B. *Dreher / Tröndle*, § 18 Rdz. 3; *Horn*, SK § 224 Rdz. 3., 239 Rdz. 14; *Jescheck*, AT, S. 463 (Fn. 43); *Lackner*, § 18 Anm. 2; *Schmidhäuser*, AT, 10/112; *Schneider*, Diss., S. 54; *Schönke / Schröder / Cramer*, § 224 Rdz. 8; *Seebald*, Diss., S. 9; *Maurach* (BT § 15 II E) will § 239 II 1. Alt. nur bei vorsätzlicher

Hinsichtlich der übrigen erfolgsqualifizierten Delikte ist diese Frage sehr umstritten und soll im Rahmen dieser nur vorläufigen Begriffsbestimmung zunächst außer Betracht bleiben, da es sich hierbei im wesentlichen um ein Konkurrenzproblem handelt. Hingewiesen sei lediglich auf den Begriffswirrwarr, der sich aus dem genannten Meinungsstreit ergeben hat: So unterscheidet *Hirsch*[34] zwischen „echten" und „unechten" erfolgsqualifizierten Delikten, wobei er zu der ersten Gruppe lediglich die Kombination von vorsätzlichem Grunddelikt und fahrlässig herbeigeführter Folge zählt („erfolgsqualifizierte Delikte im materiellen Sinne"[35]). Soweit sich der Vorsatz sowohl auf das Grunddelikt als auch auf den weiteren Erfolg beziehe, bestehe materiell kein Unterschied zum gewöhnlichen qualifizierten Vorsatzdelikt, so daß es sich nur „formell" um ein erfolgsqualifiziertes Delikt handle, welches jedoch keine selbständige Stellung zwischen reinen Vorsatz- und Fahrlässigkeitsdelikten einnehme[36].

Demgegenüber bezeichnet *Schröder*[37] als „echt" nur solche erfolgsqualifizierten Delikte, die eine vorsätzliche Erfolgsherbeiführung (vor allem aus Konkurrenzgründen) generell ausschließen.

*Maurach*[38] schließlich will zu den „unechten" Erfolgsqualifikationen nur die sog. objektiven Strafbarkeitsbedingungen zählen.

Angesichts dieser terminologischen Gegensätze im Schrifttum ist zu fragen, inwieweit die Ausdrücke „echt/unecht" überhaupt für eine begriffliche Differenzierung der erfolgsqualifizierten Delikte geeignet sind.

Vom Wortverständnis her kann als „unecht" nur bezeichnet werden, „was in Wirklichkeit anders ist als es zunächst aussieht"[39]. Somit müßte es sich — einmal von der Terminologie *Hirschs* ausgehend — nur beim fahrlässig herbeigeführten Erfolg um eine „Erfolgsqualifikation" handeln, was bei vorsätzlicher Erfolgsverursachung nur „scheinbar" der Fall wäre. Vom Begriff her ist diese Unterscheidung aber nicht haltbar, denn in beiden Konstellationen tritt eine Strafschärfung gegenüber dem Grunddelikt durch die Verursachung eines weiteren, verschuldeten Erfolges ein; der Grad des Verschuldens ist aber für den Ausdruck „Erfolgsqualifikation" unerheblich. Selbst wenn man die Auffassung

---

Begehung anwenden, da er diese Alternative nicht als Erfolgsqualifikation, sondern als normales Tatbestandsmerkmal ansieht.

[34] *Hirsch*, GA 1972, S. 66.

[35] *Hirsch*, GA 1972, S. 65.

[36] *Hirsch*, GA 1972, S. 66.

[37] *Schröder*, NJW 1956, S. 1739; ebenso *Schönke / Schröder / Cramer*, § 18 Rdz. 2; *Baumann*, AT, S. 208; *Seebald*, Diss., S. 9.

[38] *Maurach*, AT, § 35 V Ab; ebenso *Maurach / Zipf*, § 35 V Ab.

[39] *Schmidhäuser*, AT, 16/18.

vertreten wollte, die „Eigenart"[40] der erfolgsqualifizierten Delikte liege gerade in der Kombination von Vorsätzlichkeit und Fahrlässigkeit in einem Tatbestand, da sonst ein „völlig vom Vorsatz umspannter objektiver Tatbestand"[41] gegeben sei, so ist diese Unterscheidung allenfalls eine Forderung de lege ferenda[42]. Wer jedoch anerkennt, daß eine „Erfolgsqualifikation" i. S. des § 18 de lege lata nicht bereits denknotwendig eine vorsätzliche Grundhandlung sowie ein fahrlässiges Handeln in bezug auf den schweren Erfolg voraussetzt, der sollte auf das Begriffspaar „echt/unecht" in der Terminologie *Hirschs* und auch *Schröders* besser verzichten. Weniger mißverständlich ist die Differenzierung von Qualifikationen durch (ausschließlich)[43] fahrlässige bzw. leichtfertige Erfolgsherbeiführung — will man überhaupt eine Trennung im Hinblick auf die Verschuldensform vornehmen.

Überflüssig und verwirrend erscheint auch die Unterscheidung *Maurachs*[44] bezüglich der Tatbestände mit sog. objektiven Strafbarkeitsbedingungen; hier wirkt der Erfolg gerade nicht und auch nicht nur „scheinbar" qualifizierend (was vielleicht die Bezeichnung „unechte" Erfolgsqualifikationen rechtfertigen könnte), sondern strafbegründend. Zwar mag es „innerlich unberechtigt"[45] sein, für diese Deliktsgruppe nicht ebenfalls mindestens Fahrlässigkeit hinsichtlich des Erfolges zu verlangen; daraus folgt jedoch nicht, daß es sich hierbei um „unechte" erfolgsqualifizierte Delikte handelt. Auch diese terminologische Differenzierung erweist sich somit als unbrauchbar. Die Bezeichnung „strafbegründende Erfolgsdelikte"[46] reicht zur Kennzeichnung und Abgrenzung gegenüber den Erfolgsqualifikationen völlig aus.

## IV. Zusammenfassende Begriffsbestimmung

Unter Zugrundelegung der vorstehend beschriebenen Merkmale der erfolgsqualifizierten Delikte ergibt sich damit folgende Nominaldefinition: Das erfolgsqualifizierte Delikt setzt einen selbständig strafbaren Grundtatbestand voraus, dessen Strafdrohung bei Eintritt eines durch

---

[40] *Koffka*, Niederschr. Bd. 2, S. 238.

[41] *Hirsch*, GA 1972, S. 65 f.

[42] *Hirsch* (a. a. O., S. 66) schlägt daher auch für eine künftige gesetzliche Regelung die Abtrennung der Qualifikationen mit vorsätzlicher Erfolgsherbeiführung vor.

[43] Anstelle der Terminologie *Schröders* (s. O. Fn. 37) ist auch das Begriffspaar „vorsatzumfassende und vorsatzausschließende erfolgsqualifizierte Delikte" vorgeschlagen worden (*Schroeder*, LK § 56 Rdz. 21).

[44] Vgl. Fn. 38.

[45] *Welzel*, Strafrecht, S. 72.

[46] Verfehlt ist auch die Bezeichnung „erfolgsbegründende Delikte" (*Hänle*, S. 11), denn „begründet" wird nur die Strafbarkeit (durch den Erfolg).

das Grunddelikt schuldhaft verursachten, weiteren (Gefährdungs- oder Verletzungs-)Erfolges[47] nicht nur fakultativ, sondern zwingend erhöht wird.

Die im Schrifttum häufig vorgenommene Beschränkung der erfolgsqualifizierten Delikte auf die sog. „Vorsatz-Fahrlässigkeits-Kombination“[48] ist danach zunächst nicht angezeigt. Ob es sich hierbei tatsächlich um eine materiell selbständige Deliktskategorie im Gegensatz zu dem Zusammentreffen von vorsätzlichem Grunddelikt und vorsätzlich herbeigeführter Folge (z. B. §§ 224, 225) sowie der „Fahrlässigkeits-Fahrlässigkeits-Kombination“ (z. B. §§ 309, 314) handelt, kann erst im Rahmen der weiteren Untersuchung zur Rechtsnatur der erfolgsqualifizierten Delikte geklärt werden. Zwar ergeben sich die wesentlichen dogmatischen Probleme dieser Deliktsgruppe aus dem Nebeneinander von Vorsätzlichkeit und Fahrlässigkeit in einem einzigen Tatbestand; daraus folgt jedoch nicht, daß der Begriff der erfolgsqualifizierten Delikte nur auf diese Konstellation begrenzt werden kann, obwohl sie auch hier im Vordergrund stehen wird.

---

47 Auch § 250 I Nr. 3 ist daher im Rahmen dieser weiteren Definition als erfolgsqualifiziertes Delikt anzusehen.

48 *Krey / Schneider* (NJW 1970, S. 640) bezeichnen sie als „uneigentliche Vorsatz-Fahrlässigkeits-Kombinationen“ gegenüber den „eigentlichen“, zu denen sie vor allem die konkreten Gefährdungsdelikte (z. B. §§ 315a III Nr. 1, 315b IV, 315c III Nr. 1 StGB) zählen; ebenso *Jescheck*, AT, S. 463.

*Zweites Kapitel*

## Die Problematik der Strafrahmen

Die wohl bemerkenswerteste Eigenart der erfolgsqualifizierten Delikte liegt in dem gegenüber dem Grunddelikt sprunghaften Anstieg der Strafdrohungen bei Eintritt einer nur fahrlässig herbeigeführten weiteren Folge, wobei die Mindest- und sehr häufig auch die Höchststrafen ganz erheblich verschärft werden. So beträgt z. B. bei § 226 (Körperverletzung mit Todesfolge) die Mindeststrafe drei Jahre, die Höchststrafe sogar 15 Jahre[1]. Die Höchststrafe entspricht somit der maximalen Strafdrohung für das vorsätzliche Tötungsdelikt des § 212 StGB. Demgegenüber sieht der Strafrahmen für eine tateinheitlich mit einer vorsätzlichen Körperverletzung begangene fahrlässige Tötung gem. §§ 223 I, 222, 52 StGB als geringstes Strafmaß Geldstrafe, höchstens aber Freiheitsentzug bis zu fünf Jahren vor. Im Vergleich zur Tateinheit wird die Strafe somit verdreifacht.

Bei einigen erfolgsqualifizierten Delikten beträgt das Höchstmaß sogar lebenslange Freiheitsstrafe. So wird etwa gem. § 229 II die Maximalstrafe von zehn Jahren auf lebenslangen Freiheitsentzug erhöht, wenn durch die Vergiftung der Tod eines Menschen verursacht wurde; die Mindeststrafe schnellt von einem Jahr auf zehn Jahre herauf. Diese enormen Strafschärfungen, die „lebenslang" als Höchststrafe für eine fahrlässige bzw. leichtfertige Tötung auf Grund einer vorsätzlich begangenen Grundhandlung bestimmen, z. B. §§ 229 II 2. Alt. (Vergiftung mit Todesfolge), 251 (Raub mit Todesfolge), 307 Nr. 1 (Brandstiftung mit Todesfolge)[2], sind als „seltsame Schizophrenie der gegenwärtigen Kriminalpolitik"[3] bezeichnet worden, da selbst der Strafrahmen des § 212 sowohl im Mindest- als auch im Höchstmaß überschritten wird.

Nur selten wird aber gefragt, ob man auf die erfolgsqualifizierten Delikte nicht generell oder von Fall zu Fall verzichten sollte, wenn es sich zeigte, daß der durch die Tateinheit vorgegebene Strafrahmen ausreicht[4]. Überwiegend wird jedoch die Notwendigkeit derartiger Quali-

---

[1] Soweit nicht ein „minder schwerer Fall" (§ 226 II) vorliegt.

[2] Hierbei ist bemerkenswert, daß die Höchststrafe abweichend von der sonst üblichen Gesetzestechnik *vor* der Mindeststrafe genannt wird.

[3] *Schönke / Schröder / Eser*, § 239a Rdz. 32; zustimmend *Maiwald*, GA 1974, S. 270.

fikationen nicht in Zweifel gezogen, sondern die Kritik richtet sich lediglich gegen die erhebliche Diskrepanz der Strafdrohungen im Verhältnis zur Tateinheit. Man könne dies „mit dem Grundsatz der schuldangemessenen Strafe schwerlich ... vereinbaren“[5]. Trotz der häufig erhobenen Forderung nach Überprüfung und Herabsetzung der geltenden Strafrahmen der erfolgsqualifizierten Delikte de lege ferenda[6] erstaunt es, daß hierbei nicht stets auch zu der Frage Stellung genommen wird, welcher Strafrahmen denn nun wirklich „schuldangemessen“ erscheint. Es genügt nicht, die Problematik der Strafdrohungen im Vergleich zur Tateinheit pauschal als „Aporie“[7] zu bezeichnen und gleichzeitig von der Notwendigkeit hoher Mindeststrafen zu sprechen[8]. Wer für eine Senkung der gegenwärtigen Strafrahmen eintritt, hat auch offenzulegen, ob es de lege ferenda weiterhin bei einer (wenn auch geringeren) Strafschärfung gegenüber der tateinheitlichen Rechtsfolge bleiben soll und ob sich hierfür im Unterschied zur derzeitigen Regelung eine dogmatisch haltbarere Rechtfertigung findet[9].

Entscheidend ist hierbei die Rechtsnatur der erfolgsqualifizierten Delikte, die im folgenden eingehend erörtert werden soll. Dabei geht es weniger um die systematische Einordnung als um die Feststellung eines gesteigerten Unwerts gegenüber den Fällen der Tateinheit zur Begründung der erweiterten Strafrahmen. Die Frage ist also die: Enthalten

[4] Nach Einführung des § 56 ist dies lediglich von *Schneider* (Diss., S. 97), *Noll* (ZStW Bd. 76, S. 711) und *Zielinski* (S. 193 f.) ausdrücklich angeregt worden — allerdings stets mit der Einschränkung, daß das geltende Absorptionsprinzip bei der Tateinheit de lege ferenda durch das Asperationsprinzip ersetzt wird, vgl. dazu unten S. 67. *Schubarth* fordert für das Schweizer Recht die ersatzlose Streichung der Erfolgsqualifikationen (ZStW Bd. 85, S. 754 ff.), allerdings ebenfalls auf dem Boden des Asperationsprinzips bei der Tateinheit, welches in der Schweiz im Gegensatz zum deutschen Recht gilt. — Auch *Schmidhäuser* (AT, 1. Aufl., 10/117) deutet an, daß die erfolgsqualifizierten Delikte u. U. entbehrlich sind, wenn eine angemessene Bestrafung nach den Regeln der Tateinheit gewährleistet ist. *Jescheck* hält seine in den Sitzungen der Großen Strafrechtskommission (Niederschr. Bd. 2, S. 246 ff.) geäußerte Forderung nach völliger Abschaffung der erfolgsqualifizierten Delikte offenbar nicht mehr in gleicher Form aufrecht, denn er verweist (AT, S. 463 Anm. 45) auf die von *Hirsch* (GA 1972, S. 77) zusammengestellten „beachtlichen Gründe“ für eine Beibehaltung.

[5] *Rudolphi*, SK § 18 Rdz. 3; ähnlich *Jescheck*, AT, S. 463; *Arth. Kaufmann*, Das Schuldprinzip, S. 240 ff.; *Maiwald*, GA 1974, S. 270 f.; *Maurach / Zipf*, S. 496; *Schroeder*, LK (10. Aufl.), 18 Rdz. 34; *Schmidhäuser* (BT 2/26) hält das Strafmaß des § 226 StGB für „verfassungsrechtlich sehr fragwürdig“; vgl. auch *Wolter*, JuS 1981, S. 168.

[6] *Jakobs*, Konkurrenz, S. 169; *ders.*, Beiheft ZStW 1974, S. 37 f.; *Maiwald*, GA 1974, S. 270; *Hirsch*, GA 1972, S. 67.

[7] *Arth. Kaufmann*, Das Schuldprinzip, S. 242.

[8] *Arth. Kaufmann*, a. a. O., S. 245.

[9] Vgl. auch *Hirsch*, GA 1972, S. 67, der treffend feststellt, daß die Problematik der erfolgsqualifizierten Delikte auch durch eine „Humanisierung“ der Strafdrohungen, wie sie etwa der E 62 vorsieht, nicht erledigt werden könnte.

die den erfolgsqualifizierten Delikten zugrundeliegenden Delikte einen geringeren Unrechts- bzw. Schuldgehalt als es in den speziell vertypten Konstellationen von Grunddelikt und schwerer „Folge" der Fall ist?

An dieser Problemstellung kommt niemand vorbei, der nach einer Erklärung für die sprunghaft erhöhten Strafen (insbesondere die häufig über dem Strafmaximum der Tateinheit liegenden Höchststrafen) sucht, denn „gemessen an der Idee der Gerechtigkeit müssen Tatbestand und Rechtsfolge sachgerecht aufeinander abgestimmt sein... Insofern ist die Strafdrohung für die Charakterisierung, Bewertung und Auslegung des Straftatbestandes von entscheidender Bedeutung[10]." In der anschließenden Analyse der im Schrifttum zur Rechtsnatur der erfolgsqualifizierten Delikte vertretenen Theorien soll daher untersucht werden, ob sich eine überzeugende Antwort auf die Frage nach dem Grund für eine unterschiedliche Behandlung gegenüber vergleichbaren Fällen der Tateinheit vor allem in Hinblick auf die abweichenden Rechtsfolgen finden läßt, denn ohne eine plausible dogmatische Rechtfertigung wären die Erfolgsqualifikationen lediglich Ausfluß eines irrationalen Strafbedürfnisses; das aber spräche gegen ihre Beibehaltung.

[10] BVerfGE 25, 269, 286.

*Drittes Kapitel*

# Analyse und Kritik der im Schrifttum vertretenen Auffassungen zur Rechtsnatur der erfolgsqualifizierten Delikte

## I. Vorbemerkung

Das Meinungsspektrum zur Rechtsnatur der erfolgsqualifizierten Delikte ist breit und in seiner Vielschichtigkeit äußerst verwirrend. Um eine deutliche Strukturierung und Gegenüberstellung der divergierenden Auffassungen hat sich bisher — soweit ersichtlich — lediglich *Gosch*[1] bemüht. Dabei hat sich gezeigt, daß es keine klaren Fronten in diesem Theorienstreit gibt, sondern daß sich die Argumentationen zum Teil überschneiden; ein gemeinsamer Nenner ist indessen noch nicht gefunden worden. Dies mag vor allem darin begründet sein, daß die Frage nach der Natur der erfolgsqualifizierten Delikte unter höchst unterschiedlichen Gesichtspunkten gestellt wird: Im Vordergrund steht die Problematik, welche Stellung diese Deliktsgruppe im Strafrechtssystem einnimmt, ob es sich um „Vorsatz"- oder Fahrlässigkeitsdelikte handelt. Dies ist zwar insbesondere im Hinblick auf Teilnahme- und Versuchsprobleme durchaus wesentlich, es bleibt jedoch offen, ob sich Unrecht und Schuld bei den erfolgsqualifizierten Delikten gegenüber dem tateinheitlichen Zusammentreffen der ihnen zugrundeliegenden Straftatbestände derartig unterscheiden, daß eine materielle Selbständigkeit gegeben ist, die auch in den angehobenen Strafrahmen ihren Ausdruck findet. Entsprechendes gilt auch für die Fragestellung, ob das „Schwergewicht" auf den Grundtatbestand oder auf die schwere Folge gelegt werden muß; die Analyse erschöpft sich hier ebenfalls zumeist in der rein strukturellen Einordnung.

Im folgenden wird daher jede der Auffassungen zur Rechtsnatur der erfolgsqualifizierten Delikte vornehmlich daraufhin untersucht werden, ob auch eine befriedigende Antwort auf die Frage nach dem materiellen Gehalt dieser Bestimmungen gegeben wird.

---

[1] *Gosch*, S. 14 ff.

## II. Der Gedanke des versari in re illicita

In fast jeder Untersuchung zur Problematik der erfolgsqualifizierten Delikte wird deren Entwicklung vom „versari"-Prinzip des kanonischen Rechts über die Lehre *Carpzows* vom dolus indirectus bis zu der von *Feuerbach* begründeten Rechtsfigur der „culpa dolo determinata" nachgezeichnet[2].

Diese rechtshistorischen Gesichtspunkte sollen hier nur insoweit berücksichtigt werden, als es um die These geht, aus der Dogmengeschichte könnten Rückschlüsse auf die Natur der erfolgsqualifizierten Delikte gezogen werden.

So wird insbesondere von *Hardwig*[3] die Auffassung vertreten, die über den Fahrlässigkeitsvorwurf weit hinausgehenden Strafrahmen der erfolgsqualifizierten Delikte könnten nur dann vernünftig erklärt werden, wenn man auf den „richtigen Grundgedanken ... des versari in re illicita"[4] zurückgreife. Die in § 56 a. F. niedergelegte Fahrlässigkeitsbeziehung sei im Grunde überflüssig, denn den Täter treffe dadurch, daß er sich bewußt und gewollt auf unrechtmäßiges Gebiet begeben habe, eine erhöhte Schuld, die höher sei als bloße Fahrlässigkeit. Er habe nämlich böswillig eine Gesamtsituation geschaffen, in der es unabhängig von einer konkreten Voraussehbarkeit zu schweren Folgen kommen konnte. Entscheidend sei dabei vor allem die Warnfunktion der Erfolgsqualifikationen. Der Gesetzgeber habe mit der Schaffung dieser Delikte zum Ausdruck bringen wollen, daß schon die bewußt unrechtmäßige Verwirklichung des Grundtatbestandes zu unterlassen sei, da dem Täter andernfalls „auch eine gesteigerte Verantwortung für den ungewollten Erfolg"[5] auferlegt werde. Diese gesteigerte Verantwortung sei die „wirkliche Schuldbeziehung"[6], die der Gesetzgeber durch die Einfügung des § 56 (= § 18 n. F.) verkannt habe. Die erfolgsqualifizierten Delikte seien nämlich auch ohne diese Vorschrift „Fälle echter, aber mißverstandener Schuldhaftung", die sich aus dem „wahre(n) und berechtigte(n) Kern des versari in re illicita"[7] ergebe.

---

[2] Z. B. *Fischer*, S. 3 ff.; *Gosch*, S. 6 ff.; *Nagel*, S. 13 ff.; *Oehler*, ZStW Bd. 69, S. 504 ff.; *Schneider*, Diss., S. 20 ff.; *Schött*, S. 21 ff.; *Schubarth*, ZStW Bd. 85, S. 757 ff.; *Seebald*, Diss., S. 31 ff.; *Widmann*, Diss., S. 34 ff.

[3] *Hardwig*, GA 1965, S. 97 ff.

[4] *Hardwig*, a. a. O., S. 101; ähnlich *Hruschka*, GA 1967, S. 43, der zwar nicht ausdrücklich auf die versari-Lehre Bezug nimmt, aber unter Verweisung auf *Hardwig* von einer „erhöhten Schuld" spricht.

[5] *Hardwig*, GA 1965, S. 100.

[6] *Hardwig*, Schmidt-Fs., S. 469.

[7] *Hardwig*, ebd., Anm. 13; auch *Arth. Kaufmann*, Das Schuldprinzip, S. 246, erwähnt den „gesunden Kern" des versari.

Gegen diese Argumentation erheben sich zahlreiche Bedenken: Zunächst ist zweifelhaft, ob das „versari"-Prinzip in seiner ursprünglichen Gestalt sich überhaupt als echte Schuldhaftung begreifen läßt. — Der kanonische Satz „versanti in re illicita imputantur omnia quae sequuntur" diente zur Feststellung der Irregularität, d. h. der Unfähigkeit zur Ausübung kirchlicher Ämter[8].

Insbesondere die Tötung eines Menschen — das homicidium — führte zur Irregularität. Da das Kirchenrecht des 13. Jahrhunderts einerseits der im Volk verwurzelten Rechtsanschauung, wonach auch die zufällig verursachte Tötung als Verbrechen zu bestrafen war, Rechnung zu tragen hatte, andererseits aber der kirchlichen Moral und dem die Kirche bis dahin bestimmenden Römischen Recht verbunden war, das eine strafrechtliche Sanktion nur bei Verschulden zuließ[9], stellte der versari-Gedanke gewissermaßen eine Synthese dieser im Grunde nicht zu vereinbarenden Prinzipien dar. Den anerkannten Schuldformen — Vorsatz und Fahrlässigkeit — wurde eine dritte Verschuldensart hinzugefügt, wozu sich die Kirche — wie *Engelmann*[10] dargetan hat — auf Grund ihrer göttlichen Mission und der extensiven Interpretation des Begriffs „Sünde" berechtigt sah: „Was dem menschlichen Rechtsgefühl als unverschuldeter Zufall erscheint, wurde vom strengen kirchlichen Richter auf verborgene Schuld zurückgeführt ... Auch der nicht beabsichtigte, nicht geahnte, ja überhaupt nicht voraussehbare Erfolg muß an dem gestraft werden, der durch eine Sünde der bösen Macht die Herrschaft über sich eingeräumt hat[11]." Für diese Interpretation des versari-Satzes spricht, daß er nicht als allgemeine Imputationslehre galt, sondern daß sein Anwendungsbereich auf die Feststellung der Irregularität beschränkt war[12], denn der weltlichen Strafrechtspflege war die Feststellung jener „verborgenen" Schuld verwehrt. Eingang in das deutsche bürgerliche Strafrecht fand die versari-Regel erst in der Lehre *Carpzows* vom dolus indirectus als einheitlicher Schuldform, die auf den Spanier *Covarruvias* zurückgeht[13].

Hierbei handelt es sich zwar um eine Schuldvermutung, diese knüpfte aber an die herkömmliche Unterscheidung von dolus und culpa an, anstatt wie im kanonischen Recht eine außerhalb der anerkannten Schuldformen liegende metaphysisch begründete „Schuld" zu konstruie-

8 *Schött,* S. 27.

9 *Löffler,* S. 139; *Schött,* S. 27.

10 *Engelmann,* S. 210 f.; kritisch hierzu *Klee,* S. 8.

11 *Engelmann,* S. 211.

12 *Cohn,* S. 7; *Engelmann,* S. 211; *Kollmann,* ZStW Bd. 35, S. 47; *Löffler,* S. 142; *Schaffstein,* Allgemeine Lehren, S. 110 Anm. 2; *Schubarth,* ZStW Bd. 85, S. 754.

13 Zu dieser Entwicklung vgl. *Klee,* S. 14 ff.

ren[14]. Wenn *Hardwig* also auf den nach seiner Auffassung „richtigen Grundgedanken“ des versari verweist, so übersieht er, daß dieses Prinzip ursprünglich nur als Ersatz für nicht feststellbare Fahrlässigkeit bezüglich des Erfolges benötigt wurde. Selbst wenn man von einer eigenständigen, dritten Schuldform ausgehen wollte, so wäre diese jedenfalls schwächer als eine nur geringe Fahrlässigkeit[15], denn sie diente — wie oben dargelegt — lediglich zur Überwindung der in das Kirchenrecht einfließenden gegensätzlichen Strömungen von Schuld- und Erfolgshaftung. Hätte das kanonische Recht nämlich in konsequenter Weiterführung des römischen Schuldgrundsatzes eine dem heutigen § 18 entsprechende Vorschrift als Voraussetzung für die Irregularität enthalten, wäre der Satz vom „versari in re illicita“ wohl kaum entwickelt worden. Rechtshistorisch findet sich somit keine plausible Grundlage für die Theorie *Hardwigs*.

Um so weniger leuchtet seine Behauptung ein, daß jedenfalls das geltende Recht eine dritte, eigenständige Schuldform neben Vorsatz und Fahrlässigkeit kenne, wobei jene Schuld höher sei als bloß fahrlässige Schuld, was sich aus den erhöhten Strafdrohungen der erfolgsqualifizierten Delikte ergebe. Hier wird also zunächst — völlig legitimerweise — der Strafrahmen als Anhaltspunkt für die Bestimmung des Schuldgehalts dieser Deliktsgruppe herangezogen, daraufhin aber nicht gefragt, ob sich die enormen Höchst- und Mindeststrafen bei einer „wenigstens“ fahrlässigen Erfolgsverursachung mit dem Schuldprinzip vereinbaren lassen, sondern es wird eine besondere „Schuld“ konstruiert, wobei offen bleibt, in welchem Verhältnis diese Verhaltensform zu Vorsätzlichkeit oder Fahrlässigkeit steht. Unklar ist vor allem, weshalb es sich hier gegenüber der Fahrlässigkeit um eine höhere Schuld handeln soll — einmal vorausgesetzt, es gäbe de lege lata eine derartige Schuldform. Wenn *Hardwig* dazu ausführt, der Täter müsse durch die vorsätzliche Begehung einer Straftat zumindest die sich aus dem Tatbestand ergebende Warnung (und nicht etwa die Gefahr) erkennen können[16], so fragt sich, ob man überhaupt eine derartige Unterscheidung treffen kann, denn wer die Warnung des Gesetzgebers vor typischen weiteren Folgen hätte erkennen können, der wäre natürlich auch in der Lage gewesen, sich einer konkreten Gefahr als solcher bewußt zu werden. Nichts anderes wird aber durch den Fahrlässigkeitsvorwurf ausgedrückt. Im übrigen bleibt unbeantwortet, warum gerade

[14] Es fällt daher schwer, die kanonische Lehre vom „versari in re illicita“ überhaupt als wirkliche Schuldlehre zu begreifen, vgl. *Schött*, S. 27. So spricht auch *Radbruch* (VDA AT, Bd. 2, S. 230) treffend vom „mißverstandenen kanonischen Recht“; ähnlich *Löffler*, S. 281 („Verleumdung des kanonischen Rechts“).

[15] *Schött*, S. 28.

[16] *Hardwig*, Schmidt-Fs., S. 470.

der Erfolgsqualifikation und nicht bereits dem Grunddelikt — wenn überhaupt —[17] jene Warnfunktion zukommt, die den Täter darauf hinweisen soll, das gefährliche Verhalten überhaupt zu unterlassen. Die Schuld hinsichtlich eines durch den Täter verursachten Erfolges kann auch nicht schon dadurch erhöht werden, daß dieser sich „auf unrechtmäßiges Gebiet begibt“[18], sondern nur dann, wenn sich aus dem bewußt unrechten Verhalten eine gesteigerte Erkennbarkeit der daraus folgenden Gefahren ergibt.

Die erfolgsqualifizierten Delikte sind somit nicht Ausdruck einer neben Vorsätzlichkeit und Fahrlässigkeit eigenständigen Verhaltensform. Die erhöhten Strafrahmen lassen es zwar zweifelhaft erscheinen, ob der Fahrlässigkeitsvorwurf allein ausreicht, um die vom Gesetzgeber offenbar angenommene größere Strafwürdigkeit zu begründen; dies darf jedoch nicht dazu führen, daß eine dritte Schuldform konstruiert wird, indem man unreflektiert auf den „richtigen Kern“ des versari abstellt. Andernfalls wird — wie *Arth. Kaufmann*[19] treffend feststellt — „das Schuldprinzip dem Gesetz angepaßt, statt daß umgekehrt das Gesetz am Schuldprinzip gemessen wird“. Selbst wenn es — insbesondere im Hinblick auf die objektiven Strafbarkeitsbedingungen — ein Bedürfnis für die Strafbarkeit „riskanten Verhaltens“[20] gäbe, so wäre dies allenfalls eine Forderung de lege ferenda[21].

## III. Das erfolgsqualifizierte Delikt als Gefährdungsdelikt

### 1. Die Indizfunktion des Erfolges

Überwiegend wird der Grund für die im Vergleich zu den Konkurrenzregeln erheblichen Strafschärfungen in der besonderen Gefährdung gesehen, die sich aus der Begehung des Grunddelikts ergibt[22]. Die wohl

---

[17] Im Regelfall wird der potentielle Täter vor der Tatausführung ohnehin keinen Blick ins StGB werfen und einen Strafrahmenvergleich vornehmen.

[18] Wie *Hardwig*, GA 1965, S. 100, meint.

[19] *Arth. Kaufmann*, JZ 1963, S. 430; *ders.*, Das Schuldprinzip, S. 145.

[20] Vgl. *Schweikert*, ZStW Bd. 70, S. 394 ff.

[21] Vgl. *Schmidhäuser*, Vorsatzbegriff, S. 16 Fn. 34, der im übrigen darauf aufmerksam macht, daß bei einer derartigen Regelung de lege ferenda zuvor geklärt werden müßte, „ob ‚riskantes Verhalten‘ derselben Kategorie angehört wie vorsätzliches und fahrlässiges Verhalten“.

[22] *Boldt*, ZStW Bd. 68, S. 356; *Frisch*, GA 1972, S. 324; *Gosch*, S. 25; *Gössel*, Lange-Fs., S. 232; *Hirsch*, GA 1972, S. 71; *ders.*, ZStW Bd. 83, S. 161; *Arth. Kaufmann*, Das Schuldprinzip, S. 243 f.; *Krey/Schneider*, NJW 1970, S. 641; *Lange*, ZStW Bd. 59, S. 583; *Maurach / Zipf*, S. 496; *Rudolphi*, SK § 18 Rdz. 1; *Schneider*, JR 1955, S. 414; *Ulsenheimer*, GA 1966, S. 267; z. T. wird dabei auch auf den versari-Gedanken verwiesen (*Boldt*, ZStW Bd. 55, S. 50), ohne aber daraus eine eigenständige Schuldform ableiten zu wollen.

eingehendste Begründung hierfür hat *Oehler*[23] gegeben: Die erfolgsqualifizierten Delikte seien aus einem gemeinsamen Gedanken heraus konstruiert. Die den Erfolg auslösende Handlung erzeuge nach der Lebenserfahrung die außerordentlich hohe Gefahr für den Eintritt einer schweren Folge[24]. Dies werde vor allem daran deutlich, daß das Gesetz keinesfalls generell die Strafe schärfe, wenn aus einem vorsätzlich begangenen Delikt eine schwere Körperverletzung oder der Tod des Opfers entstehe, sondern nur bei bestimmten Tatbeständen. So sei es etwa durchaus möglich, daß auch beim Diebstahl, beim Meineid oder der Erpressung der Betroffene infolge des Schocks über die Auswirkungen der Tat sterbe, ohne daß das StGB in diesen Fällen von der Konkurrenzregelung abweiche. Hier sei nämlich keine dem Grunddelikt eigentümliche Gefährdung gegeben, so daß eine erhöhte Bestrafung nicht sinnvoll wäre[25].

*Oehler* verweist hierzu auch auf die Geschichte der erfolgsqualifizierten Delikte: Bereits in den Partikulargesetzen des 19. Jahrhunderts seien diese Qualifikationen nur auf bestimmte Konstellationen beschränkt gewesen; im übrigen sei die Bestrafung nach den allgemeinen Konkurrenzregeln erfolgt. Diese Unterscheidung könne nur dadurch erklärt werden, daß die Strafschärfung auch in der damaligen Gesetzgebung auf die mit der vorsätzlichen Handlung verbundene Gefahr zurückgeführt worden sei[26]. Derselbe Gesichtspunkt sei auch für das geltende Recht von Bedeutung. Freilich seien die den Erfolgsqualifikationen zugrundeliegenden Delikte tatbestandsmäßig für sich keine Gefährdungsdelikte. Das Gesetz kümmere sich um eine solche Gefährdung nicht und überlasse es dem Richter, sie im Strafmaß zu berücksichtigen. Zu Gefährdungsdelikten würden sie erst dann, wenn tatsächlich ein für das Grunddelikt typischer Erfolg herbeigeführt worden sei, denn dieser sei „nach dem Gesetz das einzige Erkenntnismittel dafür“[27]. Der spezielle Unrechtsgehalt der erfolgsqualifizierten Delikte liege daher in der durch den Erfolg indizierten besonderen Gefährdung[28]. Dem ist insoweit zuzustimmen, als es sich bei den Delikten, die den Erfolgs-

---

[23] *Oehler*, ZStW Bd. 69, S. 503 ff.

[24] *Oehler*, ZStW Bd. 69, S. 512.

[25] *Oehler*, ZStW Bd. 69, S. 514.

[26] *Oehler*, ZStW Bd. 69, S. 508.

[27] *Oehler* (wie Fn. 25); als zusätzliches Argument für die erhebliche Straferhöhung erwähnt *Oehler* (a. a. O., S. 513), daß der Täter in den allermeisten Fällen die Gefahr voraussehen könne, wenn er sie auch in wenigen Fällen nicht vorhersehe. Daraus folge eine erhöhte Fahrlässigkeitsschuld. Eine Auseinandersetzung mit dieser Theorie soll hier zunächst ausgeklammert bleiben und im Zusammenhang mit jenen Auffassungen behandelt werden, die das Wesen der erfolgsqualifizierten Delikte primär in einer gesteigerten Fahrlässigkeit zu erkennen glauben (vgl. unten III, 4).

[28] *Oehler*, ZStW Bd. 69, S. 517; ähnlich *Gössel*, Lange-Fs., S. 232.

qualifikationen zugrunde liegen, um Taten handelt, die eine Gefahr für Leib oder Leben eines Menschen besonders nahelegen. Sicher ist der Eintritt einer Todesfolge bei der Begehung eines Diebstahls weniger wahrscheinlich als bei einer Vergiftung oder einer Brandstiftung. Nicht vertretbar erscheint indessen die These, daß der Gesetzgeber die „typische" Gefahr im Grunddelikt nicht berücksichtige. So wird etwa bei § 312 I (Herbeiführen einer lebensgefährdenden Überschwemmung) die „gemeine Gefahr für Menschenleben" ausdrücklich im Tatbestand genannt und nicht etwa erst durch den Erfolgseintritt indiziert. Entsprechendes gilt für § 318 I: Es genügt nicht bereits die Beschädigung oder Zerstörung von Wasserleitungen, Schleusen, Wehren, Dämmen oder anderer wichtiger Anlagen, sondern der Tatbestand ist nur erfüllt, wenn der Täter „durch eine dieser Handlungen Gefahr für das Leben oder die Gesundheit anderer herbeiführt". Auch bei der Bestimmung des § 319 II (bezeichnenderweise mit der gesetzlichen Überschrift „Gemeingefährliche Vergiftung") ist eine konkrete Leibes- oder Lebensgefahr tatbestandsmäßig, wenngleich dies vom Wortlaut her im Gegensatz zu den §§ 312 I, 314 I StGB nicht ausdrücklich hervorgehoben wird. Bestünde somit das besondere Unrecht der erfolgsqualifizierten Delikte tatsächlich allein in der besonderen Gefährdung durch die Verwirklichung des Grundtatbestandes, so wären die hohen Strafschärfungen im Falle der Verursachung einer schweren Körperverletzung (bei § 318 II 1. Alt.) oder des Todes eines Menschen (vgl. §§ 312 2. Alt., 318 II 2. Alt. und § 319 2. Alt.) nicht zu erklären.

Aber auch bei den Erfolgsqualifikationen, denen keine sog. gemeingefährlichen Delikte zugrunde liegen, ist es zweifelhaft, ob sich das Gesetz hier erst bei Eintritt des weiteren Erfolges um die Gefahr „kümmere". Man denke etwa an die Vorschrift des § 221 I (Aussetzung), in der die konkrete Leibes- bzw. Lebensgefährdung[29] bereits in Abs. 1 und nicht etwa erst bei Vorliegen der Qualifikationsvoraussetzungen des Abs. 3 erfaßt wird[30]. Wenn hierdurch also bereits der eigentliche Strafgrund für das Grunddelikt gegeben ist, so kann der Erfolgseintritt keine indizielle Wirkung mehr entfalten. Gleiches gilt auch für § 229 (Vergiftung) sowie — nach der Neufassung der Raubtatbestände — für § 251 (Raub mit Todesfolge), denn gem. § 250 I Nr. 3 tritt eine Strafschärfung bereits dann ein, wenn der Täter das Opfer durch den Raub in die Gefahr des Todes oder einer schweren Körperverletzung gebracht

[29] Allgemein wird die ratio des § 221 in der besonderen Lebensgefährdung des Opfers gesehen; umstritten ist, ob auch die Leibesgefährdung erfaßt ist; vgl. *Jähnke* LK (10. Aufl.), § 221 Rdz. 3 m. w. Nw.

[30] Eine konkrete Gefährdung kann also entgegen der Auffassung *Gössels* (Lange-Fs., S. 232) jedenfalls dann nicht als wesentlich für den Charakter der erfolgsqualifizierten Delikte angesehen werden, wenn bereits das Grunddelikt eine derartige Gefährdung voraussetzt.

hat[31]. Hier ist also der (Verletzungs-)Erfolgsqualifikation ein qualifizierender Gefährdungserfolg vorgeschaltet, was ebenfalls gegen die von *Oehler* behauptete „Indizfunktion" des Verletzungserfolges spricht. Eine ähnliche Konstellation findet sich im Verhältnis der §§ 223 a I 3. Alt. (Körperverletzung mittels einer das Leben gefährdenden Behandlung)[32] und 226 (Körperverletzung mit Todesfolge). Die im Jahre 1971 neugeschaffenen §§ 239 a, b (erpresserischer Menschenraub / Geiselnahme) und 316 c (Angriff auf den Luftverkehr) sind zwar — folgt man der überwiegenden Auffassung im Schrifttum — lediglich sog. abstrakte Gefährdungsdelikte, das schließt aber nicht aus, daß diese Tatbestände auch eine konkrete Gefährdung für Leib oder Leben eines Menschen erfassen[33]. Schon aus den erheblichen Höchststrafen ergibt sich, daß hierbei als geschütztes Rechtsgut nicht nur die Freiheit des Entführten bzw. das Vermögen oder die Dispositionsfreiheit des Erpreßten im Vordergrund steht, sondern die physische Integrität des Entführungsopfers, die durch die Tatausführung regelmäßig in besonderer Weise bedroht wird[34].

Auch in anderen Fällen, in denen der Grundtatbestand das Schwergewicht nicht ausdrücklich auf eine konkrete Gefahr für das Leben des Opfers legt, kann nicht ohne weiteres davon ausgegangen werden, daß der Gesetzgeber die Möglichkeit einer derartigen Gefahr ausschließlich im Qualifikationstatbestand berücksichtigt habe. So schützt die Vorschrift über die Strafbarkeit der Vergewaltigung (§ 177 StGB) zwar zunächst die freie geschlechtliche Selbstbestimmung der Frau, das Höchstmaß der Freiheitsstrafe von 15 Jahren läßt jedoch darauf schließen,

---

[31] Hierbei kann zunächst offen bleiben, ob § 250 I Nr. 3 StGB nur dann eingreift, wenn hinsichtlich der Gefährdung Vorsätzlichkeit gegeben ist, denn in diesem Zusammenhang geht es lediglich um die (das Unrecht der erfolgsqualifizierten Delikte betreffende) Frage, ob die sich aus dem jeweiligen Grunddelikt ergebende typische Gefährdung tatsächlich erst bei Eintritt des Verletzungserfolges berücksichtigt wird.

[32] *Jescheck*, Niederschr. Bd. 2, S. 247, hat mit Recht das „Schattendasein" dieser Alternative des § 223a beklagt.

[33] Die abstrakte Gefahr bildet lediglich die Grundlage für das Strafwürdigkeitsurteil des Gesetzgebers; es genügt, daß die im Tatbestand bezeichneten Begehungsweisen üblicherweise besonders gefährlich sind (vgl. *Schmidhäuser*, AT, 8/103). Innerhalb der durch die Strafrahmen vorgegebenen Schwereskala werden (im oberen Bereich) allerdings auch Taten erfaßt, bei denen ein besonderer Erfolgsunwert in Form einer konkreten Leibes- oder Lebensgefährdung hinzutritt.

[34] *Backmann*, JuS 1977, S. 446; *Bohlinger*, JZ 1972, S. 232; *Dreher / Tröndle*, §§ 239a Rdz. 4, 239b Rdz. 1, 316c Rdz. 2; *Hansen*, GA 1974, S. 368; *Lackner*, § 316c Anm. 1; *Schönke / Schröder / Cramer*, § 316c Rdz. 1; *Wulf*, Prot. VI, S. 1553; a. A. (für §§ 239a, b): *Lackner*, § 239a Anm. 1; *Schäfer*, LK § 239a Rdz. 1; *Schönke / Schröder / Eser*, § 239a Rdz. 3, die primär auf den Angriff gegen die Freiheit des Entführten bzw. das Vermögen des Erpreßten abstellen, was jedoch angesichts der hohen Strafdrohungen zweifelhaft erscheint.

daß auch die typischerweise bei einer Vergewaltigung gegebene Gefahr für das Leben der Frau vom Strafrahmen erfaßt werden sollte[35].

Bei der Mehrzahl der erfolgsqualifizierten Delikte ist es somit im Gegensatz zu den normalen fahrlässigen Erfolgsdelikten möglich, im Falle einer Gefahr für den Verletzungserfolg auch ohne dessen Eintritt zu einer angemessenen Bestrafung (aus dem Grunddelikt) zu gelangen. Eine Ausnahme gilt vielleicht für § 239 II, III (Freiheitsberaubung mit Körperverletzungs- bzw. Todesfolge) oder auch § 176 IV (sexueller Mißbrauch von Kindern); hier scheint das Gesetz die typischerweise vorhandene Leibes- bzw. Lebensgefährdung tatsächlich erst in deren Aktualisierung durch den Erfolg zu erfassen. Dies kann jedoch keinesfalls als allgemeines Prinzip gelten.

Im übrigen wird sogar die *Verletzung* eines Rechtsgutsobjekts als Folge der grundlegenden Wertverfehlung vom Gesetz ohnehin schon dann berücksichtigt, wenn durch die Tat ein entsprechendes, in der Erfolgsqualifikation enthaltenes, selbständig strafbares „Folgedelikt" (z. B. der Tatbestand der fahrlässigen Tötung, § 222 StGB) verwirklicht wird.

Historisch findet sich ebenfalls keine Unterstützung für die Theorie vom „Gefährdungsdelikt": Die Begrenzung der Erfolgsqualifikationen (insbesondere in den Partikulargesetzen des 19. Jahrhunderts) auf Taten, die erfahrungsgemäß eine gefährliche Tendenz für weitere Erfolge mit sich führen, diente lediglich dazu, den weiteren Anwendungsbereich der Lehre vom dolus indirectus, die die Strafrechtspraxis zum Zwecke der Beweiserleichterung vor allem im 17. und 18. Jahrhundert beherrscht hatte, einzuschränken. Da einerseits unter dem Einfluß der Aufklärung eine bloße Verdachtsstrafe nicht mehr haltbar war[36], wobei die Theorie *Feuerbachs* von der culpa dolo determinata[37] ständig an Einfluß gewann, andererseits aber eine nur konkurrenzmäßige Behandlung von dolus- und culpa-Delikten nicht ausreichend erschien[38], kann die Existenz spezieller Erfolgsqualifikationen ohne Fahrlässigkeitserfordernis in den Partikulargesetzen nur dadurch erklärt werden, daß hier

[35] Nach § 177 a. F. konnte zweifelhaft sein, ob diese Vorschrift auch das Leben der angegriffenen Frau schützen sollte (vgl. *Hruschka*, GA 1967, S. 48), denn bei einer Todesverursachung war gem. § 178 a. F. im Höchstmaß lebenslange Zuchthausstrafe vorgesehen. Nach der Reform des Sexualstrafrechts bestehen nunmehr sowohl für das Grunddelikt (§ 177 I) als auch für die Erfolgsqualifikation dieselben Höchststrafen (15 Jahre Freiheitsstrafe), so daß der Strafrahmen des Grunddelikts für eine mit der Vergewaltigung verbundene Lebensgefährdung ausreicht. Die hohe Strafdrohung des Grunddelikts dient ferner dazu, eine fahrlässige (und nicht leichtfertige!) Todesverursachung, die von § 177 III nicht erfaßt wird, angemessen bestrafen zu können, vgl. *Sturm*, Prot. VI, S. 1609.

[36] *Schubarth*, ZStW Bd. 85, S. 760 f.

[37] Vgl. dazu *Löffler*, S. 214 ff.

[38] *Oehler*, ZStW Bd. 69, S. 508.

das Gedankengut des dolus indirectus mit der Maßgabe fortwirkte, nur solche Erfolge als vorsätzlich zuzurechnen, für die nach der Struktur des Grunddelikts eine gewisse Wahrscheinlichkeit bestand[39].

Wenn sich in den Partikulargesetzen trotz des Einflusses der Lehre von der culpa dolo determinata und der ausdrücklich vorgesehenen Möglichkeit der Konkurrenz von vorsätzlichen und fahrlässigen Straftaten[40] eigenständige erfolgsqualifizierte Delikte ohne Regelung der Schuldform finden, so ist dies entgegen der Auffassung *Oehlers* nicht als klare Erkenntnis des historischen Gesetzgebers, daß es sich hierbei um besonders strafwürdige Gefährdungsdelikte handle, zu bewerten, sondern als Ausdruck einer dogmatischen Unsicherheit. Das Sächsische StGB von 1855, das *Oehler* zur Unterstützung seiner These heranzieht, zeigt dies besonders deutlich. Wenn nämlich zum einen für die Aussetzung Hilfloser (Art. 163) oder Medikasterei (Art. 164) keine Erfolgsqualifikation vorgesehen ist[41], zum anderen aber für Raub und Notzucht mit Todesfolge (Art. 177, 185) besondere Bestimmungen existieren, die nicht einmal ein Verschulden hinsichtlich des Erfolges voraussetzen[42] und die Strafe erheblich schärfen, so kann diese Sonderbehandlung nicht auf einem allgemeinen Gefährdungsgedanken beruhen, denn auch bei der Aussetzung oder der Behandlung eines Kranken durch eine nicht als Arzt anerkannte Person ist fraglos eine typische Gefahr für Leib oder Leben gegeben, die womöglich sogar näher liegt als bei Raub oder Vergewaltigung. Der Grund für derartige Widersprüche kann nur darin gesehen werden, daß auch die Partikulargesetzgebung zwar nicht stets, jedoch in einigen Fällen zur Beweiserleichterung auf eine Vorsatzvermutung im Sinne des dolus indirectus nicht verzichten wollte. Daß hierbei Beweisfragen im Vordergrund standen, zeigt besonders das Bayerische StGB von 1813, das späteren deutschen Gesetzbüchern als Vorbild diente[43]. So heißt es in Art. 44 BayStGB:

> „Wenn jemand mit erwiesener Absicht eine Handlung vorgenommen hat, woraus nach allgemein bekannter Erfahrung ein bestimmter gesetzwidriger Erfolg unmittelbar und nothwendig zu entstehen pflegt, so ist für erwiesen anzunehmen, daß dieser Erfolg der Handlung ebenfalls beabsichtigt gewesen sei, wofern nicht durch klare Beweise das Gegentheil dargethan werden kann."

---

[39] In dieser eingeschränkten Form war die Theorie des dolus indirectus allerdings bereits von *Carpzow* vertreten worden, der ebenfalls eine generelle Gefährlichkeit der Handlung in bezug auf den Erfolg forderte (vgl. Klee, S. 17; *Schött*, S. 45).

[40] Vgl. die Nachweise bei *Oehler*, ZStW Bd. 69, S. 509.

[41] Hier ist eine Konkurrenz mit „Tödtung aus Unbedachtsamkeit" (Art. 77, 165) vorgesehen.

[42] Daß es sich dabei um eine Verschuldensvermutung handelt, ergibt sich aus Art. 49 SächsStGB.

[43] *Cohn*, S. 32.

Die generelle Doluspräsumtion wurde somit auf Handlungen beschränkt, die ihrer Tendenz nach eine gewisse Gefährlichkeit aufwiesen. Ursprünglicher Strafgrund für die speziell typisierten Erfolgsqualifikationen ohne ausdrückliche Regelung des Schuldtatbestandes war daher die (vermutete) dolose Erfolgsherbeiführung und nicht etwa allein das sich aus dem Grunddelikt ergebende erhöhte Gefahrmoment. Dieser Deutung steht auch nicht entgegen, daß sich erfolgsqualifizierte Delikte in einigen Partikulargesetzen teils mit, teils ohne Verschuldenserfordernis finden[44]. Hier zeigt sich vielmehr die bereits erwähnte Unsicherheit und Uneinheitlichkeit in der Strafgesetzgebung des 19. Jahrhunderts, was auf dem Umbruch vom Erfolgs- zum Schuldstrafrecht beruhte und möglicherweise auch bei der Schaffung des Preußischen StGB von 1851 den Anlaß gab, zur Vermeidung von Widersprüchen zum ursprünglichen Rechtszustand zurückzukehren und im Rahmen der Erfolgsqualifikationen rigoros auf ein Schulderfordernis hinsichtlich des Erfolges zu verzichten — eine Regelung, die bekanntlich in das RStGB von 1871 übernommen wurde und bis zum Jahre 1953 in Deutschland galt.

Zusammenfassend läßt sich somit festhalten, daß sich die These vom „Gefährdungsdelikt" auch aus der Dogmengeschichte nicht begründen läßt. „Ahnherr"[45] der erfolgsqualifizierten Delikte ist vielmehr die auf den Satz vom versari in re illicita zurückgehende Lehre vom dolus indirectus, die mit fortschreitender Rechtsentwicklung jedoch dahingehend eingeschränkt wurde, daß Vorsätzlichkeit nur noch dann vermutet wurde, wenn auf Grund der besonderen Gefahrenträchtigkeit einer vorsätzlich begangenen Handlung ohnehin auch der Eintritt weiterer Erfolge nahelag.

Weder rechtshistorisch noch auf dem Boden des geltenden Rechts ist ferner die Behauptung haltbar, die jeweiligen Grundtatbestände seien keine Gefährdungsdelikte, sondern würden erst durch Eintritt des entsprechenden Erfolges zu solchen. Wer glaubt, es sei möglich, den überkommenen Erfolgsqualifikationen mit dem Gefährdungsgedanken allein „neues Leben einzuhauchen"[46], verkennt, daß der Gesetzgeber diesem Gedanken überwiegend bereits im Grunddelikt Ausdruck gegeben hat.

---

[44] So tritt z. B. gem. Art. 171 des StGB für das Herzogtum Sachsen-Altenburg von 1841 eine Strafschärfung für eine durch Brandstiftung verursachte Tötung nur bei Fahrlässigkeit des Täters ein; hingegen wird für die Notzucht mit Todesfolge kein Verschulden hinsichtlich des Erfolges verlangt. Vgl. auch Art. 312 des Württembergischen StGB von 1839 (Raub mit fahrlässiger Todesfolge) einerseits und Art. 255 dieses Gesetzes (Abtretung mit Todesfolge — ohne Schulderfordernis —) andererseits.

[45] *Radbruch*, VDA AT Bd. 2, S. 232.

[46] So die kritische Formulierung bei *Schubarth*, ZStW Bd. 85, S. 770.

## 2. Vorsätzliche Gefährdung

Ähnliche Bedenken richten sich gegen die von *Schneider*[47] und *Lange*[48] vertretene Auffassung, wonach der Grund für die erhöhte Bestrafung nicht schon in der objektiven Gefährdung, sondern in deren vorsätzlicher Herbeiführung liege. Dies sei — so *Lange* — „der eigentliche Unrechtskern"[49] der erfolgsqualifizierten Delikte, denn der Täter handle rücksichtslos auf die Gefahr hin, daß Schlimmeres eintritt[50]. Rein terminologisch läßt sich hier ein Widerspruch zu der von *Lange* vertretenen herkömmlichen Straftatsystematik feststellen, wonach „Vorsatz" ausschließlich als Schuldmerkmal zu begreifen ist[51], denn danach könnte allein der Grad der Gefährdung ausschlaggebend für das Unrecht sein, nicht hingegen das Bewußtsein der Mißachtung des Rechtsgutes durch den Täter. Die begriffliche Unschärfe mag darauf zurückzuführen sein, daß *Lange* in Annäherung an die finale Handlungslehre den Fahrlässigkeitsbegriff in Unrechts- und Schuldelemente (Objektive Pflichtwidrigkeit und subjektive Voraussicht des Erfolges) untergliedert[52], wobei er die Verletzung der objektiv erforderlichen Sorgfalt mit der vorsätzlichen Gefährdung gleichsetzt, die — wie er meint — bei den erfolgsqualifizierten Delikten stets gegeben sei. *Arthur Kaufmann* hat diesen Gedankengang, dem er „bestechende Folgerichtigkeit"[53] bescheinigt, konkretisiert: Bei allen Erfolgsqualifikationen sei „Verletzungsvorsatz hinsichtlich des engeren Erfolgs (z. B. Körperverletzungsvorsatz) und Gefährdungsvorsatz hinsichtlich des weiteren Erfolgs (z. B. Lebensgefährdungsvorsatz)"[54] erforderlich. Das sei gleichbedeutend mit Vorsatz für das Grunddelikt und bewußter Fahrlässigkeit in bezug auf die schwere Folge[55]. Diese Argumentation ist im Schrifttum überwiegend nur unter dem Gesichtspunkt kritisiert worden, daß die qualifizierenden Voraussetzungen nach dem Wortlaut des § 18 bzw. § 56 a. F. nicht nur bei bewußter, sondern auch bei unbewußter Fahrlässigkeit gegeben seien[56].

---

47 *Schneider*, Diss., S. 53; *ders.*, JR 1955, S. 414 f.

48 *Kohlrausch / Lange*, § 56 III; *Lange*, Niederschr. Bd. 2, S. 256.

49 *Kohlrausch / Lange*, § 56 III.

50 *Lange*, Niederschr. Bd. 2, S. 256.

51 In den Handlungsbegriff bezieht *Lange* lediglich die Finalität, nicht aber den Vorsatz ein; vgl. *Kohlrausch / Lange*, Syst. Vorbem. II b (S. 4), IV 2, § 59 III.

52 *Kohlrausch / Lange*, § 59 IV.

53 *Arth. Kaufmann*, Das Schuldprinzip, S. 244.

54 *Arth. Kaufmann*, ebd.

55 *Arth. Kaufmann*, ebd.

56 *Gössel*, Lange-Fs., S. 231; *Gosch*, S. 21; *Hirsch*, GA 1972, S. 73; *Oehler*, ZStW Bd. 69, S. 517 f.; *Wolter*, JuS 1981, S. 171; auch *Arth. Kaufmann* (Das

Dabei setzt man jedoch stillschweigend die Prämisse als richtig voraus, bewußte Fahrlässigkeit (hinsichtlich des Verletzungserfolges) sei mit vorsätzlicher Gefährdung identisch; diese verbreitete Gleichstellung[57] findet ihre Grundlage in dem traditionellen „Vorsatz"-Begriff i. S. von „Wissen und Wollen der Tatbestandsverwirklichung" und im verfehlten Begriff der bewußten Fahrlässigkeit. Obwohl gerade beim dolus eventualis für den Nachweis des behaupteten voluntativen Elements im „Vorsatz" erhebliche Schwierigkeiten bestehen, versucht man es dennoch zur Abgrenzung gegenüber der sog. bewußten Fahrlässigkeit heranzuziehen. „Gewollt" sei bei der bewußten Fahrlässigkeit nur die Gefahr[58]; das „Nicht-Wollen" des Erfolges wird dabei mit den bekannten Formeln umschrieben: Der Täter sei mit dem Erfolgseintritt nicht „einverstanden", nehme ihn nicht „billigend in Kauf" bzw. „vertraue" auf sein Ausbleiben.

Mittels derartiger „ganz leerer Begriffshülsen"[59] ist jedoch für eine sachgerechte Unterscheidung von Vorsätzlichkeit und sog. bewußter Fahrlässigkeit nichts gewonnen. Entscheidendes Kriterium kann vielmehr nur die Frage sein, ob der Täter sich in der jeweiligen Handlungssituation der Möglichkeit der konkreten Gefahr für das Rechtsgutsobjekt bewußt ist oder nicht[60]. Wenn der Täter auf Grund des ihm zur Verfügung stehenden Assoziationsmaterials eine Verletzung nicht ausschließen kann und dennoch seine gefährliche Handlung nicht unterläßt, genügt dies für die Feststellung des unsicheren Tatbewußtseins und damit des dolus eventualis. Wer trotz der Kenntnis der konkreten Gefahr handelt, kann nicht gleichzeitig den möglichen Erfolg nicht „billigen" oder gar darauf vertrauen, daß er nicht eintrete. Vertrauen auf den Nichteintritt des Erfolges bedeutet nämlich nichts anderes, als daß der Täter die Möglichkeit einer konkreten Gefahr schließlich doch aus seinen Überlegungen ausscheidet[61].

---

Schuldprinzip, S. 245) räumt ein, daß die Beschränkung der erfolgsqualifizierten Delikte auf die bewußt fahrlässige Erfolgsherbeiführung de lege lata nicht zu vertreten sei.

[57] Vgl. die Nachweise bei *Engisch*, S. 402; in neuerer Zeit neben *Lange* (Fn. 52) und *Arth. Kaufmann* (Fn. 53); *Schneider*, Diss., S. 87 f.; *Schaffstein*, OLG Celle-Fs., S. 180.

[58] Vgl. *Welzel*, Strafrecht, S. 70: Voluntativ sei die Realisierung der Gefahr ausgeklammert; ähnlich *Schneider*, Diss., S. 87: „Wer gefährden will, will nicht verletzen." *Binavince*, S. 155 f., zeigt indessen, daß die herkömmliche Unterscheidung von Gefährdungs- und Verletzungs-„Vorsatz" auch bei Zugrundelegung eines voluntativen Elements im Vorsatzbegriff nicht zwingend sein muß; so auch *Horn*, S. 209; *Zielinski*, S. 309; (kritisch zu dieser Inkonsequenz in der Begriffsbildung *Schmidhäuser*, AT, 7/42, Anm. 41a).

[59] *Schmidhäuser*, AT, 10/94.

[60] *Horn*, S. 209 f.; *Maihofer*, ZStW Bd. 70, S. 191 f.; *Schmidhäuser*, GA 1957, S. 312 ff.; *Schröder*, Sauer-Fs., S. 245.

[61] *Schmidhäuser*, AT, 10/95.

Kennzeichnend für die verfehlte Begriffsbildung der herrschenden Lehre ist ein von *Schneider*[62] gebildetes Beispiel: „Wer hundert Menschen gefährdet, um einen zu verletzen, der will diesen einen gerade nicht lediglich gefährden; die hundert Menschen, die gefährdet werden, will er nur gefährden, nicht verletzen, ... denn der Gefährdungsvorsatz rechnet damit, daß es bei der Gefährdung bewendet.“ Hier wird bei der Abgrenzung von „Vorsatz“ und Fahrlässigkeit somit nur das voluntative Element in den Vordergrund gestellt. Wenn also — um das Beispiel *Schneiders* zu konkretisieren — ein Attentäter eine Bombe in eine Menschenansammlung wirft, um eine darin befindliche Person zu töten, so läge konsequenterweise nur Fahrlässigkeit vor, wenn bis auf diese Person alle im näheren Umkreis befindlichen Menschen getötet werden, deren konkrete Gefährdung der Täter zwar erkannt hat, deren Tod er aber nicht „will“. Dieses unhaltbare Ergebnis, das man überwiegend durch versteckte Anerkennung des bloßen Fürmöglichhaltens in Verbindung mit den vagen Umschreibungen vom „in Kauf nehmen“ oder „Billigen“ zu korrigieren versucht, kann nur dadurch vermieden werden, daß das Willensmoment im Wege einer teleologischen Betrachtungsweise aus dem Begriff des „Vorsatzes“ eliminiert wird[63]. Eine sachgerechte Unterscheidung von Vorsätzlichkeit und Fahrlässigkeit im Hinblick auf die unterschiedlichen Rechtsfolgen kann nur innerhalb der Schuld erfolgen, die nicht als Willensverhalten, sondern als rechtsgutsverletzendes geistiges Verhalten[64] zu definieren ist. Der Abgrenzungspunkt zwischen beiden Schuldformen liegt daher ausschließlich in der Frage nach dem Bewußtsein der Rechtsgutsverletzung: „Ist Vorsätzlichkeit die bewußte Mißachtung, so ist Fahrlässigkeit das (unbewußte) Übersehen des Unrechts der Rechtsgutsverletzung[65].“ Der Wille des Täters wird lediglich bei der Unrechtsbegründung bedeutsam, indem das gewollte Tun, d. h. die willensgesteuerte Körperbewegung, von der für das Strafrecht irrelevanten willenlosen Bewegung (z. B. Reflexbewegung) abgehoben wird. Soweit die willensgetragene Handlung eine objektiv rechtsgutsverletzende Tendenz aufweist, ist damit der Gefährdungsunwert als Handlungsunwert gegeben[66]; der Wille kann auch ohne objektive Gefährdung subjektiv auf ein bestimmtes rechtsgutsverletzendes Ziel gerichtet sein (Zielunwert), und schließlich können Ziel-

---

[62] *Schneider*, Diss., S. 88.

[63] *Schmidhäuser*, AT, 7/38; *ders.*, Vorsatzbegriff, S. 15 ff. Schmidhäuser schlägt daher vor, anstelle des begriffsjuristischen „Vorsatz“-Begriffs den teleologischen Begriff der „Vorsätzlichkeit“ zu verwenden (Vorsatzbegriff, S. 37). Auch die vorliegende Arbeit wird sich an diese Begriffsbildung halten.

[64] *Schmidhäuser*, AT, 6/22.

[65] *Schmidhäuser*, AT, 10/77; über die daraus folgende Entbehrlichkeit des Merkmals der „objektiven Sorgfaltspflichtverletzung“ vgl. unten, IV, 1.

[66] *Schmidhäuser*, AT, 8/31.

und Gefährdungsunwert gemeinsam vorliegen[67]. Das jeweilige Willensverhalten ist dabei für die Unterscheidung von vorsätzlicher und fahrlässiger Tat unerheblich.

Wenn der Begriff der Vorsätzlichkeit somit teleologisch[68] ausschließlich auf die Aktualität des Tat- und Unrechtsbewußtseins beschränkt werden muß, so zeigt sich, daß die Eigenart der erfolgsqualifizierten Delikte keinesfalls in einer „vorsätzlichen Gefährdung" bestehen kann, denn wenn der Täter in Kenntnis aller konkreten Gefahrumstände handelt (und nichts anderes kann bei richtigem Verständnis unter „vorsätzlicher Gefährdung" verstanden werden), liegt stets auch Vorsätzlichkeit hinsichtlich des Erfolges vor, weil Gefährdung die Möglichkeit des Erfolgseintritts bedeutet. Damit ist die Möglichkeit einer lediglich fahrlässigen Erfolgsherbeiführung, die § 18 ausdrücklich vorsieht, begrifflich überhaupt ausgeschlossen.

Die Kritik an der hier behandelten Theorie zur Rechtsnatur der erfolgsqualifizierten Delikte kann also — wie *Seebald*[69] richtig feststellt — von zwei Ausgangspunkten her erfolgen: Wenn man die Auffassung, daß Gefährdungsvorsatz mit bewußter Fahrlässigkeit identisch sei, als richtig zugrunde legt, so steht dies im Widerspruch zur Formulierung des § 18, wonach bereits einfache und nicht nur bewußte Fahrlässigkeit qualifizierend wirkt; dann besteht allenfalls die Möglichkeit, § 18 gegen den Wortlaut dahingehend einschränkend zu interpretieren, daß stets nur bewußte Fahrlässigkeit erfaßt werden soll — eine sicherlich unbefriedigende Lösung. Wenn man aber — wie hier — Verletzungs- und Gefährdungs-„Vorsatz" begrifflich gleichstellt, so kann letzterer in keinem Fall wesentlich für die erfolgsqualifizierten Delikte des geltenden Rechts sein[70].

## IV. Unrechts- bzw. Schuldsteigerung durch erhöhte Fahrlässigkeit

Zwar wird überwiegend anerkannt, daß sich die außerordentlich hohen Strafrahmen der erfolgsqualifizierten Delikte durch das Merkmal der (mit bewußter Fahrlässigkeit gleichgestellten) vorsätzlichen Gefährdung nicht hinreichend erklären lassen; man versucht aber dabei z. T. gleichwohl, — wenn auch mit abweichender Begründung — auf einen erhöhten Fahrlässigkeitsgrad abzustellen, der, obwohl gesetzlich nicht typisiert[71], für die Strafzumessung bedeutsam sei. Nicht die be-

---

[67] *Schmidhäuser*, AT, 8/32.

[68] Zu den Grundlinien einer teleologischen Straftatsystematik vgl. *Schmidhäuser*, AT, 6/1-30; *ders.*, JZ 1979, S. 367.

[69] *Seebald*, Diss., S. 21 f.

[70] *Seebald*, Diss., S. 21.

[71] Zu den Fällen der „Leichtfertigkeit" vgl. unten 3.

wußte Gefährdung sei entscheidend, sondern die durch die vorsätzliche Verwirklichung des Grunddelikts gegebene „bewußte Pflichtverletzung“[72], wodurch der Eintritt eines weiteren Erfolges für den Täter besonders naheliege. Der Grund für die erhebliche Höherbestrafung bei erfolgsqualifizierten Delikten mit Vorsatz-Fahrlässigkeits-Kombination bestehe darin, daß der Täter die durch die typische Gefährlichkeit des Grundtatbestandes gegebene Warnung in den Wind schlage[73].

Hier steht somit das Gefährdungsargument ebenfalls im Vordergrund, was zwar nicht dazu führt, generell bewußte Fahrlässigkeit anzunehmen; man geht jedoch zumindest von einer gesteigerten Erkennbarkeit der Gefahrlage aus. Dadurch sei — so heißt es etwa bei *Oehler*[74] — auch „das Maß der Fahrlässigkeit besonders hoch, nämlich an der Grenze zum bedingten Vorsatz“.

Andere Autoren begründen die erhöhte Fahrlässigkeit mit einem „besonders schwerwiegenden Sorgfaltsverstoß“[75], der in der vorsätzlichen Begehung des Grunddelikts liege. Zum einen wird somit zur Erklärung der angehobenen Strafrahmen eine gegenüber der einfachen Fahrlässigkeit gravierendere Schuld (unter Bezug auf die für den Täter besonders naheliegende Möglichkeit des Gefahrwissens) angenommen; zum anderen glaubt man daneben von einem besonderen Unrechts- bzw. Schuldgehalt aufgrund eines außerordentlich schweren Pflichtenverstoßes ausgehen zu können.

### 1. Gesteigerte Sorgfaltspflichtverletzung

Eine Auseinandersetzung mit dem erstgenannten Aspekt sei hier noch dahingestellt; zunächst ist zu fragen, ob mit Hilfe des von der h. L. weitgehend anerkannten Instituts der sog. objektiven Sorgfaltspflichtverletzung als Moment der Unrechtsbegründung beim Fahrlässigkeitsdelikt überhaupt eine Abstufung innerhalb der Fahrlässigkeit vorgenommen werden kann.

---

[72] *Schroeder*, LK (10. Aufl.), § 18 Rdz. 34.

[73] *Schroeder*, ebd.; auch *Hardwig* (GA 1965, S. 100) benutzt diese Formel, leitet daraus aber keine erhöhte Fahrlässigkeit her, sondern eine eigenständige Schuldform.

[74] *Oehler*, ZStW Bd. 69, S. 513; ebenso *Horn*, SK § 226 Rdz. 11.

[75] *Frisch*, GA 1972, S. 333; ähnlich *Gössel*, Lange-Fs., S. 234 (Verletzung einer vom Gesetzgeber aufgestellten „besondere(n) Sorgfaltspflicht“); *Meisenberg*, NJW 1972, S. 94; *Schroeder*, der das Merkmal der objektiven Sorgfaltspflichtverletzung im übrigen als unwesentlich für den Begriff der Fahrlässigkeit erachtet (LK, 10. Aufl., § 16 Rdz. 157 f.), scheint im Rahmen der erfolgsqualifizierten Delikte nicht darauf verzichten zu wollen, denn er spricht von einem „besonders strafwürdigen Typ der Fahrlässigkeit“, die dadurch gekennzeichnet sei, daß „aus der großen Zahl der Sorgfaltspflichtverletzungen ... besonders gefahrenträchtige“ herausgegriffen würden (LK, 10. Aufl., § 18 Rdz. 34).

*Schmidhäuser*[76] hat dies mit dem Hinweis darauf verneint, daß der für die Straftat wesentliche Handlungsunwert bereits mit der Gefährlichkeit der Handlung gegeben sei. Es genüge zu sagen, der Täter habe so, wie er handelte, nicht handeln dürfen. Das Merkmal der Sorgfaltspflichtverletzung sei allenfalls dort von Bedeutung, wo ein generell gefährliches Verhalten grundsätzlich erlaubt sei (vor allem im Rahmen der sozialen Adäquanz) und nur ausnahmsweise — nämlich bei unsorgfältiger Vornahme dieser gefährlichen Handlung — keine Rechtfertigung vorliege[77]. Diese Auffassung vermeidet somit die vor allem von der finalen Handlungslehre vorgenommene Unterscheidung von „Vorsatz" und Fahrlässigkeit im Unrecht[78] und nimmt eine Abgrenzung ausschließlich in der Schuld vor, wobei nur auf den Vorstellungsinhalt abgestellt wird.

Wie oben (S. 47 f.) bereits dargelegt, erscheint allein eine derartige teleologische Begriffsbildung sachgerecht, wonach Unrecht als rechtsgutsverletzendes Willensverhalten, Schuld dagegen als geistige Mißachtung des vom Rechtsgut ausgehenden Wertanrufs definiert wird. Damit wird das Merkmal der objektiven Sorgfaltspflichtverletzung für das Unrecht der Fahrlässigkeitsdelikte und damit auch der erfolgsqualifizierten Delikte mit „Vorsatz"-Fahrlässigkeits-Kombination überflüssig. So ist es etwa bei der Brandstiftung mit fahrlässig herbeigeführter Todesfolge (§ 307 Nr. 1) wenig sinnvoll zu fragen, ob der Täter das Feuer „sorgfältiger" hätte legen können. Entscheidend ist vielmehr, ob durch die Handlung unerlaubt eine Gefahr für das Leben des Opfers geschaffen wurde; eine „Pflichtverletzung" kann allenfalls darin liegen, daß die gefährliche Handlung nicht überhaupt unterlassen wurde[79].

Die Entbehrlichkeit des Merkmals der Sorgfaltspflichtverletzung kommt auch darin zum Ausdruck, daß es herkömmlicherweise als Bestandteil des Unrechtstatbestandes bei der fahrlässigen, nicht dagegen bei der vorsätzlichen Tat angesehen wird. Gerade bei der Kombination dieser Delikte im Rahmen der Erfolgsqualifikationen ergibt sich daraus die seltsame Konsequenz, daß der Sorgfaltsverstoß in bezug auf die Verwirklichung des Grundtatbestandes als unerheblich angesehen wird, wenn der Erfolg nicht eingetreten ist; ist dies jedoch der Fall, so soll dieses Merkmal auf einmal zur Feststellung der Fahrlässigkeit erfor-

---

[76] *Schmidhäuser*, Schaffstein-Fs., S. 129 ff. (133).

[77] *Schmidhäuser*, a. a. O., S. 138 ff.; *ders.*, AT, 9/33 ff.; hierbei wird die soziale Adäquanz im Gegensatz zu der wohl überwiegenden Auffassung im Schrifttum als Rechtfertigungsgrund angesehen.

[78] Vgl. etwa *Jescheck*, AT, S. 457; *Maurach / Zipf*, S. 228; *Stratenwerth*, Rdz. 1084 ff.; *Welzel*, Strafrecht, S. 129 ff.; *Wessels*, AT, S. 145 ff.

[79] Dies räumt auch *Jescheck* (AT, S. 176) speziell im Hinblick auf die erfolgsqualifizierten Delikte ein; warum soll hier aber etwas anderes gelten als für die übrigen Fahrlässigkeitsdelikte?

derlich sein. Stellt sich dann aber heraus, daß der Täter hinsichtlich des Erfolges nicht nur „wenigstens fahrlässig", sondern sogar vorsätzlich handelte, so fällt die objektive Sorgfaltswidrigkeit für die Unrechtsbegründung wieder unter den Tisch — obwohl es stets um ein und dasselbe Verhalten geht.

Statt aus diesen Ungereimtheiten die einzig zwingende Konsequenz zu ziehen und für die Abgrenzung von Vorsätzlichkeit und Fahrlässigkeit einheitliche Begriffe zugrunde zu legen, wird z. T. argumentiert, daß sich die „Vorsatz-Fahrlässigkeits-Kombinationen" der Aufspaltung in unterschiedliche Unrechtstypen „entziehen"[80] bzw. daß der Sorgfaltsverstoß bei den erfolgsqualifizierten Delikten stets schon mit der Verwirklichung des Grunddelikts gegeben sei[81], da man den Vorwurf mangelnder Sorgfalt nicht nach dem Grunddelikt einerseits und nach der Herbeiführung des schweren Erfolges andererseits aufspalten könne[82].

Dies stellt aber im Grunde ein klares Eingeständnis der Überflüssigkeit dieses Merkmals dar, denn es wird letztlich nur bestätigt, daß die gefährliche Handlung als solche zu unterlassen ist[83]. Warum sollen nun aber für die Feststellung der Fahrlässigkeit beim erfolgsqualifizierten Delikt andere Grundsätze gelten als beim normalen fahrlässigen Erfolgsdelikt? Konsequenterweise kann hier wie dort nur auf die Gefährlichkeit der Handlung abgestellt werden, ohne daß es darauf ankäme, ob diese Handlung selbständig mit Strafe bedroht ist oder nicht. Eine Reihe von Verfechtern des Merkmals „objektive Sorgfaltspflichtverletzung" bestreitet daher die These, daß ein derartiger Pflichtenverstoß im Rahmen der Erfolgsqualifikationen stets vorliege[84]. Es sei vielmehr in jedem Einzelfall genau zu prüfen, ob der Eintritt des Erfolges objektiv vorhersehbar war; andernfalls würden auch völlig untypische Kausalabläufe erfaßt. Die Begehung des Grunddelikts sei nämlich nur dann objektiv sorgfaltswidrig im Hinblick auf den Erfolg, wenn sich darin gerade die vom Täter pflichtwidrig geschaffene, spezielle Gefahr realisiert habe[85].

---

[80] *Schroeder*, LK, § 59 a. F., Rdz. 13.

[81] BGHSt 24, 213, 215; *Blei*, AT, S. 275; *Koffka*, Niederschr. Bd. 2, S. 242; *Jescheck*, Niederschr. Bd. 2, S. 248; *ders.*, AT, S. 463; kritisch hierzu *Wolter*, JuS 1981, S. 171.

[82] BGHSt 24, 215.

[83] So ausdrücklich *Blei*, AT, S. 275; vgl. auch *Schmidhäuser* (Schaffstein-Fs., S. 135), der zutreffend darauf hinweist, daß mit der Anerkennung einzelner gefährlicher Handlungen, die „ohne weiteres" als objektiv sorgfaltswidrig bezeichnet werden, für die Begriffsbildung nichts gewonnen wird.

[84] *Hirsch*, GA 1972, S. 73 Anm. 44a; *Maurach*, Heinitz-Fs., S. 416; *Rudolphi*, SK § 18, Rdz. 3.

[85] *Rudolphi*, a. a. O.

Es liegt auf der Hand, daß es sich hierbei nur um ein Scheingefecht handeln kann: Die objektive Zurechnung wird nämlich auch von der Gegenauffassung durchaus berücksichtigt[86], denn es wird ebenfalls gefragt, ob sich der Erfolg als Ergebnis einer hierfür spezifischen Gefahrlage darstellt, die der Täter durch die Verwirklichung des Grunddelikts herbeigeführt hat. Sind diese Bedingungen im Einzelfall erfüllt, so erscheint es müßig, daneben noch eine besondere Sorgfaltspflichtverletzung vorauszusetzen. Auch dort, wo die angebliche Unentbehrlichkeit dieses Begriffs für die objektive Zurechnung des Erfolges behauptet wird, steht letztlich nur die besondere Gefahr im Vordergrund.

Aus alledem folgt, daß ein u. U. bestehender erhöhter Fahrlässigkeitsgrad als Merkmal erfolgsqualifizierter Delikte sich jedenfalls nicht aus einem „schwerwiegenden Sorgfaltsverstoß" herleiten läßt. Eine Schuldabstufung kann vielmehr nur nach dem Grade der Erkennbarkeit der unerlaubten Gefährdung erfolgen. Ob bei jeder Verwirklichung eines erfolgsqualifizierten Delikts zumindest eine besonders leichte Erlangbarkeit des Tat- und Unrechtsbewußtseins[87] und damit eine außerordentlich „grobe" Fahrlässigkeit gegeben ist, sei im folgenden näher untersucht.

### 2. Erhöhte Erkennbarkeit der Gefahrlage

Es steht außer Frage, daß bei der Vornahme einer Handlung, die typischerweise eine Gefahr für Leib oder Leben eines Menschen nach sich zieht, meist auch von einer besonders leichten Einsehbarkeit einer solchen Gefahrlage ausgegangen werden kann. Zweifelhaft erscheint allerdings, ob dies generell für jede schuldhafte Verwirklichung eines erfolgsqualifizierten Delikts gelten kann, d. h. ob tatsächlich ausnahmslos eine „an der Grenze zum bedingten Vorsatz" liegende Fahrlässigkeit gegeben ist, wie vereinzelt[88] behauptet wird. Das würde bedeuten, daß die Regelung des § 18 dahingehend interpretiert werden müßte, daß zwar theoretisch ein nur geringer Fahrlässigkeitsgrad für die Bestrafung aus dem Qualifikationstatbestand genügen würde, daß aber praktisch überhaupt keine derartige Konstellation vorkommen könnte, son-

---

[86] Daß sich der Erfolg als Realisierung einer durch das Grunddelikt geschaffenen spezifischen Gefahr erweisen muß, ist überwiegend anerkannt; vgl. die Nachweise bei *Ulsenheimer*, GA 1966, S. 266 f. Anm. 53; ferner *Geilen*, Welzel-Fs., S. 674 ff.

Es erstaunt, daß sich diese Betrachtungsweise nicht in gleicher Form auch für die Zurechnung beim gewöhnlichen Erfolgsdelikt findet, obwohl es sich der Sache nach um nichts anderes handelt. — Eine generelle Anwendung der Äquivalenztheorie wird lediglich von *Schröder* (*Schönke / Schröder*, 16. Aufl., § 56 Rdz. 3) und *Cramer* (*Schönke / Schröder / Cramer*, § 18 Rdz. 4) befürwortet.

[87] So die Definition bei *Schmidhäuser* (AT, 10/111).

[88] Vgl. Fn. 74.

dern daß stets — abgesehen von völliger Schuldlosigkeit — denknotwendig wenigstens eine besonders erhöhte Fahrlässigkeit vorläge[89].

Es lassen sich jedoch genügend Beispiele bilden, an denen deutlich wird, daß ein qualifizierender Erfolg durchaus auch leicht fahrlässig herbeigeführt werden kann. Wenn etwa das Opfer einer vorsätzlichen Körperverletzung vor Aufregung einem Herzanfall erliegt, so bestehen bei der Prüfung der Strafbarkeit aus § 226 nicht nur die beiden Alternativen, daß der Täter diese Folge entweder überhaupt nicht oder besonders leicht einsehen konnte, sondern bei Vorliegen einer bestimmten Konstellation kann statt dessen auch durchaus nur eine sehr geringe Fahrlässigkeit gegeben sein. Dann aber läßt sich die These, wonach das Wesensmerkmal der erfolgsqualifizierten Delikte mit sog. Vorsatz-Fahrlässigkeits-Kombinationen in einer generell gesteigerten Fahrlässigkeit bestehe, nicht mehr als allgemeines Prinzip halten[90].

### 3. „Leichtfertigkeit"

Selbst wenn die Mindestschuldvoraussetzungen de lege ferenda generell angehoben würden, bliebe fraglich, ob sich die Existenz eigenständiger Erfolgsqualifikationen mit erheblich erhöhten Strafdrohungen hierdurch eher rechtfertigen ließen.

In der Gesetzgebung der letzten Jahre scheint sich allerdings eine derartige Tendenz abzuzeichnen. Es ist bemerkenswert, daß die in neuerer Zeit geschaffenen erfolgsqualifizierten Delikte mit dem Merkmal der Todesfolge wie erpresserischer Menschenraub (§ 239 a II), Geiselnahme (§ 239 b II) und Angriff auf den Luftverkehr (§ 316 c II) nicht mehr „wenigstens Fahrlässigkeit", sondern „Leichtfertigkeit" hinsichtlich der Folge voraussetzen.

Gleiches gilt für die Neufassung bereits bestehender Qualifikationen wie sexueller Mißbrauch von Kindern, Vergewaltigung und sexuelle Nötigung mit Todesfolge (§§ 176 IV, 177 III, 178 III) sowie Raub mit Todesfolge (§ 251 StGB). Nach dem Willen des Gesetzgebers soll damit vor allem den kritischen Einwänden in bezug auf die Strafrahmen begegnet werden[91].

---

[89] Davon geht offenbar *Maiwald* (GA 1974, S. 269) aus.

[90] Im Ergebnis ebenfalls ablehnend *Gosch* (S. 19), mit allerdings abwegiger Begründung: Es erscheine nicht sachgerecht, einem Täter vorzuwerfen, daß er sich von einem Umstand, an den er nicht gedacht habe, den er aber habe in Betracht ziehen müssen, nicht hemmen ließ. Zum Vorwurf könne ihm nur das „Primäre, nämlich das Nichterkennen der Gefährdung ... gemacht werden". Dieser Vorwurf allein vermag aber sicherlich keine Fahrlässigkeitsschuld zu begründen, wenn nicht zugleich feststeht, daß der Täter die Gefährdung hätte erkennen können. Andernfalls wäre man wieder beim „versari in re illicita". Kritisch zur These *Horns* (Fn. 74), es handle sich bei den erfolgsqualifizierten Delikten um „quasivorsätzliche Verletzungsstraftaten", auch *Wolter*, JuS 1981, S. 171.

Es gehe darum, jene Folgen als Qualifikationsvoraussetzungen auszuscheiden, die nicht unbedingt typisch für das Grunddelikt seien, dem Täter aber dennoch als (leicht-)fahrlässig zugerechnet werden können; in diesen Fällen reiche die Strafdrohung des Grunddelikts aus[92].

Daß mit der Einführung des Begriffs „Leichtfertigkeit" bei einer Reihe von erfolgsqualifizierten Delikten der Anwendungsbereich eingeschränkt wird, ist nicht weiter zu erörtern. Ob dieses Merkmal indessen dazu beiträgt, die Natur dieser Delikte, deren Eigenständigkeit gegenüber anderen Deliktskombinationen sowie die Erweiterung der Strafrahmen hinreichend zu erklären, erscheint zweifelhaft.

Trotz z. T. abweichender Definitionen der „Leichtfertigkeit"[93], die hier nicht im einzelnen diskutiert werden sollen, ist man sich allgemein darüber einig, daß es sich bei dieser Schuldform um eine besonders grobe Fahrlässigkeit handelt[94]. Kann aber allein eine solche Schuldsteigerung zu einer Strafdrohung führen, die weit über jener liegt, die für ein tateinheitliches Zusammentreffen von Grunddelikt und fahrlässigem Erfolgsdelikt (z. B. § 222) vorgesehen ist? Kann denn nicht auch § 222 bei den Tötungsdelikten *alle* Fahrlässigkeitsstufen — auch die denkbar höchste — erfassen? Wenn tatsächlich nur der erhöhte Fahrlässigkeitsgrad entscheidend wäre, ließe sich ferner kaum erklären, warum etwa für eine leichtfertige Tötung auf Grund eines Raubes (§ 251) eine erheblich schärfere Bestrafung vorgesehen ist als für eine vorsätzliche Tötung (§ 212), die mit § 249 bzw. § 250 ideell konkurriert. Ein kurzes Beispiel mag dies demonstrieren: Ein maskierter Täter dringt in ein Ladengeschäft ein, fordert den Inhaber auf, ihm den Inhalt der Kasse auszuhändigen, und stellt plötzlich fest, daß sich zufällig der ihm schon lange verhaßte X im Geschäft befindet, der ihn zwar nicht erkennt und der — wie der Täter weiß — ihn auch nicht an der Durchführung seines Vorhabens hindern würde; dennoch erschießt er den X ohne zu zögern und flieht mit seiner Beute. Da die Tötung hier kein spezifischer Bestandteil der Raubhandlung ist[95] und auch nicht zur Verdeckung oder

[91] *Bohlinger*, JZ 1972, S. 232; *Maiwald*, GA 1974, S. 257; *Schlee / de With*, BtDrucks. VI/2722, S. 2 ff. (zu §§ 239a, b); vgl. auch *Diemer-Nicolaus*, Prot. VI, S. 1609 (zu § 177 III); ebenso *Laufhütte*, Prot. VI, S. 1610: Die erhöhte Mindeststrafdrohung lasse sich nur durch ein erhöhtes Maß an Schuld rechtfertigen.

[92] *Diemer-Nicolaus*, Prot. VI, S. 1609; *Sturm*, Prot. VI, S. 1609 f.

[93] *Hall*, Mezger-Fs., S. 248 („Mangel an Haltung"); *Maiwald*, GA 1974, S. 260 („frivole Rücksichtslosigkeit"); *Maurach*, Heinitz-Fs., S. 417 („Rücksichtslosigkeit"); *Tenckhoff*, ZStW Bd. 88, S. 912 („gesteigerte Pflichtverletzung"). Differenzierend *Arzt*, Schröder-Gedächtnisschrift, S. 119 ff.

[94] Vgl. die zahlreichen Nachweise bei *Tenckhoff*, ZStW Bd. 88, S. 898 Anm. 14.

[95] Dies wird für die Strafbarkeit aus § 251 allgemein vorausgesetzt, vgl. z. B. *Dreher / Tröndle*, § 251 Rdz. 2; *Lackner*, § 251 Anm. 1; *Samson*, SK § 251 Rdz. 6; *Schönke / Schröder / Eser*, § 251 Rdz. 4.

Ermöglichung einer Straftat begangen wurde, ist — soweit keine niedrigen Beweggründe vorliegen — lediglich ein Totschlag (§ 212) in Tateinheit mit einem besonders schweren Raub (§ 250 I Nr. 1) gegeben. Der Strafrahmen reicht von fünf Jahren bis zu fünfzehn Jahren Freiheitsstrafe[96]. Wird der Beispielsfall jedoch dahingehend umgebildet, daß der Täter den X in der Aufregung überhaupt nicht wahrnimmt, daß sich aber bei dem unvorsichtigen Hantieren mit der Waffe ein Schuß löst und den X tödlich trifft, was der Täter sehr leicht hätte voraussehen können, so ist die Strafe gem. § 251 lebenslange Freiheitsstrafe oder Freiheitsstrafe nicht unter zehn Jahren.

Käme es also wirklich nur auf die „Leichtfertigkeit" an, so wäre die gegenüber der vorsätzlichen Erfolgsherbeiführung erhöhte Strafdrohung nur dann plausibel, wenn der Gesetzgeber leichtfertiges Verhalten für strafwürdiger hielte als vorsätzliches. Dies steht jedoch im Widerspruch zu der im StGB allgemein zum Ausdruck kommenden Wertung, wonach dem fahrlässigen Verhalten ein geringerer Unwert beigemessen wird. Allerdings wird vielfach darauf hingewiesen[97], daß dieses Prinzip für das Strafrecht keine generelle Geltung beanspruchen könne, da Vorsätzlichkeit und Fahrlässigkeit im Nebenstrafrecht[98] zum Teil gleichgestellt werden. Ferner sei die traditionell unterschiedliche Bewertung keineswegs selbstverständlich, denn die leichtsinnige Herbeiführung des Erfolges sei unter Umständen sogar verwerflicher als die Tat dessen, der immerhin die Gefahr vorausbedenke[99]. Man beruft sich dabei gern

---

[96] Auch wenn man in dem genannten Beispielsfall von einer tatmehrheitlichen Begehung ausgehen wollte, dürfte die Gesamtstrafe nach § 54 II StGB 15 Jahre nicht überschreiten.

[97] *Engisch*, S. 50, Anm. 2 und 3; *Hall*, Mezger-Fs., S. 241; *Jacobs*, Beiheft ZStW 1974, S. 58; *Maiwald*, GA 1974, S. 260.

[98] Z. B. in § 21 II Nr. 2, 3, StVG; vor allem im Ordnungswidrigkeitenrecht ist diese Gleichstellung häufig zu finden; vgl. etwa §§ 48 I Nr. 6, II Nr. 1 AuslG, 62 BImSchG, 2—4 WiStG, 27 GeschlKrG. Im Kernstrafrecht findet sich ein übereinstimmender Strafrahmen für vorsätzliche und fahrlässige Begehung in den §§ 323a (Vollrausch) und 316 (Trunkenheit im Verkehr), ferner in § 311e IV (Fehlerhafte Herstellung einer kerntechnischen Anlage), früher § 48 IV AtomG.; vgl. zu §§ 323a und 316 unten, 5. Kapitel, III 3b cc).

[99] *Maiwald*, wie Fn. 94; *Arzt*, Schröder-Gedächtnisschrift, S. 128, konstatiert, daß es Fälle gibt, in denen sich Fahrlässigkeit (im oberen Bereich) mit dem unteren Bereich des Vorsatzes von der Strafwürdigkeit her „überschneidet". Die bewußte Rechtsgutsgefährdung sei ebenso strafwürdig wie die bewußte Rechtsgutsverletzung. Dagegen ist einzuwenden, daß eine „Überschneidung" bei sachgerechter begrifflicher Eingrenzung von dolus eventualis und sog. bewußter Fahrlässigkeit nicht denkbar ist. Die (unsichere) Kenntnis der konkreten Gefahr für das Rechtsgutsobjekt ist als Vorsätzlichkeit zu qualifizieren, ohne daß es der gängigen Abgrenzungsformeln vom „In-Kauf-Nehmen" oder „Billigen" bedürfte. Darin liegt auch nicht etwa eine ungerechtfertigte Schlechterstellung desjenigen, der die Gefahr vorausbedenkt, denn wenn er trotz dieser Überlegungen die Tat begeht, ist sein Verhalten strafwürdiger als die Tat desjenigen, der sich keine Gedanken macht (vgl. *Schmidhäuser*, JuS 1980, S. 250).

auf den bekannten Satz *Fouchés:* „C'est plus q'un crime, c'est une faute[100]." Eine derartige Argumentation, der man zu Recht einen „elitären Standpunkt"[101] bescheinigt hat, läßt sich jedoch nicht mit einem richtig verstandenen Schuldprinzip vereinbaren, das allein auf die geistige Beziehung des Täters zur Tat abstellt und der bewußten Mißachtung der Rechtsordnung ein größeres Gewicht in bezug auf die Strafrechtsfolge zumißt als der unbewußten. Wenn dem Täter lediglich vorzuwerfen ist, es sei ihm möglich gewesen, das Unrechte seiner Tat zu erkennen, so liegt darin kein gleich hoher und erst recht kein gesteigerter Unwert gegenüber der klar erkannten, unerlaubten Rechtsgutsverletzung.

Vorsätzlichkeit und Fahrlässigkeit stehen daher (bei sonst gleichen Umständen) ausnahmslos — und nicht nur grundsätzlich — in einem Verhältnis von Mehr zu Weniger[102]. Es mag hier dahingestellt sein, welche Gründe den Gesetzgeber dazu bewogen, beide Schuldformen in einigen Nebengesetzen gleich zu behandeln; im Rahmen der erfolgsqualifizierten Delikte ging er jedenfalls offenbar von einem Stufenverhältnis aus, denn wie anders sollte wohl die ausdrückliche Formulierung des § 18 („wenigstens" Fahrlässigkeit) zu verstehen sein[103]? Bei den Qualifikationen mit Leichtfertigkeitserfordernis fehlt zwar das Wort „wenigstens", dabei kann jedoch — was das Minus zur Vorsätzlichkeit angeht — nichts anderes gelten, wenn man berücksichtigt, daß es sich nur um eine besonders gesteigerte Form der Fahrlässigkeit handelt.

Diese Schuldabstufung, die etwa auch in § 138 III (Nichtanzeige geplanter Straftaten) zum Ausdruck kommt, muß daher auch hier gelten, denn andernfalls läge ein Wertungswiderspruch des Gesetzgebers vor, der „dogmatisch nicht erklärbar und kriminalpolitisch kaum vertretbar"[104] wäre.

Bestünde somit der Unterschied zwischen den erfolgsqualifizierten Delikten, die hinsichtlich der Folge Leichtfertigkeit voraussetzen, und dem tateinheitlichen Zusammentreffen des Grunddelikts mit dem entsprechenden fahrlässigen Erfolgsdelikt tatsächlich nur in dieser Schuldsteigerung, so wäre sicherlich ein derartiger Wertungswiderspruch zu bejahen. Das Merkmal der Leichtfertigkeit vermag daher die Eigenständigkeit der Erfolgsqualifikationen nicht zu begründen, wenngleich

---

[100] *Maurach*, Heinitz-Fs., S. 417.

[101] *Röhl*, JZ 1974, S. 527; krit. *Tenckhoff*, ZStW Bd. 88, S. 905 Anm. 57.

[102] *Schmidhäuser*, AT, 10/115.

[103] Ob das Schuldprinzip auch gebietet, daß sich dieses Stufenverhältnis zugleich in der Strafdrohung niederschlagen muß, wird unten (5. Kapitel, III 3 b) noch erörtert.

[104] *Tenckhoff*, ZStW Bd. 88, S. 917.

der Gesetzgeber offenbar davon ausging; wie sollte nämlich sonst erklärt werden, daß die Bestrafung bei einfacher Fahrlässigkeit nach den normalen Konkurrenzregeln erfolgt? Daraus ergibt sich z. B. bei den §§ 249, 222, 22, 52 im Verhältnis zu § 251 allein auf Grund der nur geringen Schuldabstufung eine Ermäßigung der Mindeststrafe um neun (!) Jahre.

## V. Das erfolgsqualifizierte Delikt als qualifiziertes Fahrlässigkeitsdelikt

Im Gegensatz zu den vorgenannten Autoren lehnt *Seebald*[105] eine generell erhöhte Fahrlässigkeit als Wesensmerkmal erfolgsqualifizierter Delikte ab, legt jedoch das Schwergewicht ebenfalls nicht auf das Grunddelikt, sondern auf die schwere Folge; es handle sich um Fahrlässigkeitsdelikte, die jeweils durch ein Vorsatzdelikt qualifiziert seien[106]. Im Vordergrund stehe dabei die Verletzung des höheren Rechtsgutes, die den Erfolgsunwert konstituiere; der für das Fahrlässigkeitsdelikt wesentliche Handlungsunwert werde durch das vorsätzliche Grunddelikt begründet, wobei die Besonderheit der erfolgsqualifizierten Delikte darin liege, daß der Handlungsunwert tatbestandsmäßig bestimmt sei. Demgegenüber beschränkten sich die Mehrzahl der gewöhnlichen Fahrlässigkeitsdelikte (z. B. § 222) vom Wortlaut her auf eine bloße Erfolgsverursachung[107].

---

105 *Seebald*, Diss., S. 12 ff., 22 ff.

106 *Seebald*, Diss., S. 13; ebenso *Schmidhäuser*, AT, 10/112; *ders.*, BT 2/26, der § 226 als „eine fahrlässige Tötung ..., die durch eine vorsätzliche Körperverletzung qualifiziert ist“, bezeichnet. Der Begriff „qualifizierte Fahrlässigkeit“ wurde zuerst von *Gallas* (Niederschr. Bd. 2, S. 257) gebraucht, allerdings in einem anderen Sinne: *Gallas* geht von einer „besonderen“ Fahrlässigkeitsschuld aus, die aus der Begehung des Grunddelikts folge, was letztlich einer Argumentation auf dem Boden des „versari“-Gedankens gleichkommt (so zutreffend *Hänle*, S. 48). Differenzierend neuerdings *Wolter* (JuS 1981, S. 170), der den Grund für die erhöhte Bestrafung nicht nur in der „qualifizierten Fahrlässigkeitsschuld“, sondern zusätzlich in einem qualifizierten Handlungsunwert (charakterisiert durch das Merkmal der „objektiven Unmittelbarkeit“) und einem qualifizierten Erfolgsunwert sieht („Realisierung des unmittelbaren Todesrisikos“). Auch dieser Versuch, die Struktur der erfolgsqualifizierten Delikte mittels einer restriktiven Interpretation zu erklären, scheitert jedoch — wie *Wolter* selbst zugesteht (a. a. O., S. 169, 178) — de lege lata an den weit überzogenen Strafrahmen; er fordert deshalb zu Recht de lege ferenda eine erhebliche Herabsetzung der Strafdrohungen, verbunden mit einer Konkretisierung der Tatbestandsvoraussetzungen dahingehend, daß das Merkmal der „Verursachung“ durch das Merkmal der (unmittelbaren) Erfolgsherbeiführung ersetzt wird. Die Mindestschuldform soll generell Leichtfertigkeit sein. Es erscheint allerdings zweifelhaft, ob bei einer solchen Änderung de lege ferenda noch ein Bedürfnis für die Beibehaltung eines eigenständigen Deliktstypus gegenüber der entsprechenden tateinheitlichen Kombination von Grund- und „Folge“-Delikt verbleibt.

107 *Seebald*, Diss., S. 25.

Man könne also gewissermaßen von einem Stufenverhältnis der Fahrlässigkeitstatbestände ausgehen: auf der untersten Stufe stünden diejenigen, deren Tatbestand sich in der Umschreibung des Erfolges erschöpfe; auf den nächsten beiden Stufen würden die fahrlässigen (und vorsätzlichen) Gefährdungsdelikte sowie die Kombinationen von fahrlässigem Grunddelikt und fahrlässiger „Folge" (z. B. §§ 309, 313, 320) stehen; an oberster Stelle seien schließlich die erfolgsqualifizierten Delikte mit Vorsatz-Fahrlässigkeits-Kombination einzuordnen[108]. Die normalen vorsätzlichen Erfolgsdelikte sowie das Zusammentreffen von vorsätzlichem Grunddelikt und vorsätzlich herbeigeführter Folge läßt *Seebald* außer Betracht, so daß offen bleibt, ob die genannte Stufenfolge damit fortzusetzen ist. Diese Beschränkung allein soll hier jedoch nicht zum Anlaß genommen werden, auf eine Auseinandersetzung mit seinen Thesen völlig zu verzichten, denn möglicherweise läßt sich hierdurch zumindest die Eigenständigkeit der erfolgsqualifizierten Delikte mit sog. Vorsatz-Fahrlässigkeits-Kombinationen begründen, obwohl — was zumindest bei einigen dieser Tatbestände allgemein anerkannt ist[109] — auch die vorsätzliche Erfolgsverursachung qualifizierend wirkt.

### 1. Einwände des Schrifttums gegen diese Theorie

Gegen die Theorie vom „qualifizierten Fahrlässigkeitsdelikt" ist unter anderem eingewendet worden, sie widerspreche der historischen Entwicklung dieser Normen, denn bereits die Lehre vom versari in re illicita habe auf das vorsätzlich begangene Grunddelikt abgestellt[110]. Darauf liege auch der Schwerpunkt im geltenden Recht: So sei etwa § 226 StGB von der Systematik des Gesetzes her nicht als ein Sonderfall der fahrlässigen Tötung, sondern als eine besonders schwere Körperverletzung anzusehen, was sich auch aus der Strafmilderungsmöglichkeit gem. § 228 (jetzt § 226 II) StGB ergebe, die für § 222 nicht gelte[111].

Diese sicherlich beachtenswerten Einwände reichen jedoch allein nicht aus, um *Seebalds* Theorie den Boden zu entziehen: Die Geschichte der erfolgsqualifizierten Delikte ist nämlich, wie bereits gezeigt, für die Feststellung ihrer Rechtsnatur nur wenig hilfreich. Bis zum Jahre 1953 bestand ohnehin nicht die Möglichkeit, sie als Fahrlässigkeitsdelikte zu bezeichnen; durch die Schaffung des § 56 a. F. hat der Gesetzgeber jedoch die Strafbarkeit einer weiteren Erfolgsverursachung von einem Verschulden abhängig gemacht und damit das Verhältnis von Grund-

---

108 *Seebald*, Diss., S. 25 ff.; *ders.*, GA 1964, S. 167 f.

109 Vgl. oben, Fn. 34.

110 *Gosch*, S. 20.

111 *Gosch*, ebd.

delikt und schwerer Folge anders gewichtet, ohne zugleich die bestehenden Qualifikationstatbestände neu zu strukturieren. Wenn diese Entwicklung von einigen Autoren zum Anlaß genommen wird, den Schwerpunkt nunmehr auf das Fahrlässigkeitselement zu verlagern, so kann dem gerade nicht entgegengehalten werden, daß eine derartige Betrachtungsweise im Widerspruch zu dem historisch überkommenen Verständnis der erfolgsqualifizierten Delikte stehe, denn — wenn überhaupt — so hat der Gesetzgeber diesen Widerspruch durch die Einführung des § 56 a. F. herbeigeführt[112]. Aus demselben Grund ist auch der Hinweis auf den systematischen Standort sämtlicher Erfolgsqualifikationen im Strafgesetzbuch nicht geeignet, die These zu widerlegen, wonach es sich von der Rechtsnatur her um spezielle Fahrlässigkeitstatbestände handle, da die Zuordnung zu dem jeweiligen Grunddelikt schon bei Inkrafttreten des StGB üblich gewesen sei. Wenn der Gesetzgeber dieses Prinzip auch nach 1953 beibehielt und sogar bei der Neuschaffung von erfolgsqualifizierten Delikten nicht davon abwich, so mag dies vielleicht daran liegen, daß man befürchtete, eine Reihe der überlieferten Tatbestände würden an Prägnanz verlieren, wenn sie systematisch als Unterfälle eines einzigen fahrlässigen Erfolgsdelikts (z. B. § 222 StGB) behandelt würden[113].

Darüber hinaus ergäben sich bei einer derartigen Systematik des Gesetzes auch erhebliche technische Schwierigkeiten, denn die Mehrzahl der erfolgsqualifizierten Delikte nennt als „Folge“ nicht nur den Tod eines Menschen, sondern auch eine schwere Körperverletzung (§ 224), was zu der Notwendigkeit führen würde, jeweils zwei selbständige Qualifikationstatbestände zu schaffen (z. B.: „Ist die fahrlässige Tötung — oder aber: die fahrlässig herbeigeführte schwere Körperverletzung — infolge einer Freiheitsberaubung, § 239 I, verursacht worden, ist auf Freiheitsstrafe zu erkennen.“). Eine solche Regelungsweise wäre zwar (die Theorie vom „qualifizierten Fahrlässigkeitsdelikt“ einmal als zutreffend unterstellt) von der Systematik her korrekt, zugleich aber auch äußerst umständlich, denn es müßte bei jeder einzelnen Vorschrift auf Tatbestandsvoraussetzungen an anderen Stellen des Gesetzes verwiesen werden. Im übrigen ist der Standort einer Norm im StGB nur bedingt geeignet, ihre Funktion und Zielsetzung zu bestimmen[114], so daß eine Argumentation, die sich vorwiegend auf die gesetzessystematische Stellung der erfolgsqualifizierten Delikte bezieht, nur wenig aussagekräftig ist.

---

[112] *Hänle*, S. 43.

[113] So wurde etwa § 226 StGB in den Sitzungen der Großen Strafrechtskommission als „in der Volksüberzeugung fest verwurzelte(r) Deliktstyp ...“ bezeichnet (vgl. *Jescheck*, Niederschr. Bd. 2, S. 247; *Mezger*, ebd., S. 255).

[114] *Hänle*, S. 44, verweist hierzu auf die zahlreichen systematischen Widersprüche innerhalb des StGB.

Die Konstruktion eines durch ein Vorsatzdelikt qualifizierten Fahrlässigkeitstatbestandes ist schließlich mit dem Hinweis darauf abgelehnt worden, daß bei der fahrlässigen Straftat im Gegensatz zur vorsätzlichen nicht einmal ein „Mindestmaß an finaler Steuerung“[115] gegeben sei. Ein einheitliches Fahrlässigkeitsdelikt sei daher auf Grund der divergierenden Handlungsformen nicht möglich; beide Tatbestandselemente stünden gleichberechtigt nebeneinander.

Dieser Kritik kann allerdings auf der Grundlage des hier vertretenen (vgl. schon oben, 3. Kapitel, III. 2.), teleologisch gebildeten Begriffs der Fahrlässigkeit nicht gefolgt werden: Vorsätzliche und fahrlässige Straftat unterscheiden sich allein in der Schuld; die das Unrecht begründende Handlung (als gewolltes Tun) ist in beiden Fällen die gleiche. Das Zusammentreffen der voneinander abweichenden Schuldformen in einem einzigen Tatbestand ist daher dogmatisch zwanglos zu erklären: Es liegt im Unrechtstatbestand eine einzige Handlung vor, wobei sich die Vorsätzlichkeit auf den früheren, die Fahrlässigkeit auf den späteren, einen besonderen Taterfolg umfassenden Abschnitt des Tatverlaufs bezieht[116]. Die finale Handlungslehre indessen, die schon die normale fahrlässige Straftat nicht als „Handlung“ i. S. v. „Zwecktätigkeit“[117] einzuordnen weiß[118] und als Unterlassung zu deuten versucht[119], gerät beim erfolgsqualifizierten Delikt mit sog. Vorsatz-Fahrlässigkeits-Kombination in erhebliche Schwerigkeiten. Es läßt sich wohl kaum erklären, wie die stets behauptete fundamentale Gegensätzlichkeit der Handlungsbegriffe nunmehr in einem einzigen Tatbestand synthetisch vereinigt werden soll. Die Formulierung *Seebalds*[120], wonach die Finalität des fahrlässigen Täters identisch sei mit dem Vorsatz zur Begehung der Primärhandlung, vermag die festgestellte begriffliche Widersprüchlichkeit nicht zu überwinden, denn „das Fehlen eines Mindestmaßes an finaler Steuerung

---

115 *Hänle*, S. 44.

116 *Schmidhäuser*, AT, 10/112; in den Fällen allerdings, in denen sich das Grunddelikt aus zwei Handlungsabläufen zusammensetzt (z. B. §§ 249/251), ist es möglich, daß der qualifizierende Erfolg schon infolge des einen Deliktsteils (Gewaltanwendung) eintritt, die Vollendung des Grunddelikts (Wegnahme) hingegen erst danach. Die Vorsätzlichkeit kann sich dabei also sowohl auf einen früheren als auch auf einen späteren als den qualifizierenden Erfolg erstrecken. Auch hier aber richtet sich der Handlungsunwert nicht danach, ob beim Täter hinsichtlich der Folge Vorsätzlichkeit oder Fahrlässigkeit gegeben ist.

117 *Maurach / Zipf*, S. 209; *Welzel*, Strafrecht, S. 31.

118 Man begnügt sich damit, die Finalität mit der „konkreten Steuerung“ des Handelns (*Welzel*, Strafrecht, S. 130) i. S. v. „gewolltem Tun“ gleichzusetzen. Von „Zwecktätigkeit“ kann dann freilich keine Rede mehr sein.

119 Im Gegensatz zum Vorsatzdelikt soll die Fahrlässigkeitstat durch das „Ausbleiben der generell gebotenen und dem Täter möglichen Finalsteuerung“ gekennzeichnet sein (*Maurach / Zipf*, S. 213).

120 *Seebald*, Diss., S. 14 f.

dem Vorhandensein eines solchen gleichzusetzen ..., ist logisch unmöglich“[121].

Der Einwand, die erfolgsqualifizierten Delikte seien wegen der nicht zu vereinbarenden Handlungsformen in einem Tatbestand keine qualifizierten Fahrlässigkeitsdelikte, trifft also nur für jene Autoren zu, die diese Theorie auf dem Boden der finalen Handlungslehre vertreten. Im übrigen bestehen konstruktiv keine Bedenken dagegen, den schweren Erfolg der Gesamthandlung wegen der Verletzung des höheren Rechtsgutes in den Vordergrund zu stellen und den Schwerpunkt auf das Fahrlässigkeitselement zu legen. Doch ist damit die Frage nach der Natur der erfolgsqualifizierten Delikte hinreichend beantwortet?

Wie schon dargelegt[122], genügt es für die Rechtfertigung der erhöhten Strafdrohungen nicht, festzustellen, ob eine Präponderanz des Grunddelikts oder der schweren Folge gegeben ist, sofern daraus nicht auf den materialen Gehalt der Erfolgsqualifikation geschlossen wird. Sofern sich die Theorie vom „qualifizierten Fahrlässigkeitsdelikt“ also lediglich darauf beschränkt, diese Vorschrift systematisch als Unterfälle anerkannter Deliktsformen zu erfassen[123], wird damit nur eine (im Ergebnis durchaus einleuchtende) strukturelle Analyse im Hinblick auf Teilnahme- und Versuchsfragen gegeben; für die hier interessierende Problematik ist allerdings wenig gewonnen. Es fehlt an einer Erklärung für die Eigenständigkeit dieser Tatbestände, denn es wird nicht gefragt, ob sich aus der Struktur auch eine Begründung für einen gesteigerten Unwert des erfolgsqualifizierten Delikts gegenüber den Fällen der Tateinheit herleiten läßt, welcher allein einen speziellen Deliktstypus mit erhöhter Strafdrohung rechtfertigen könnte. Zwar wird vereinzelt versucht, aus der Feststellung, es handle sich bei den Erfolgsqualifikationen um qualifizierte Fahrlässigkeitsdelikte, auch eine materiale Aussage zu treffen[124], dies scheitert aber an den sehr hohen Mindest- und Höchststrafen, die sich wesentlich von den Rechtsfolgen der sonstigen fahrlässigen Erfolgsdelikte abheben. Die Vorschriften über erfolgsqualifizierte Delikte entziehen sich damit im Grunde jeglicher systematischer Einordnung[125], auch wenn sie strukturell als Fahrlässigkeitsbestimmungen erfaßt werden können.

---

[121] *Hänle*, S. 49; dies gilt im übrigen nicht nur für die These, es handle sich um qualifizierte Fahrlässigkeitstatbestände, sondern auch für die Kennzeichnung als Vorsatzdelikte! Konsequent ist auf dem Boden dieser Lehre nur die Theorie von der „Aufstockung“ eines Vorsatzdelikts auf ein Fahrlässigkeitsdelikt (vgl. dazu unten, 3. Kapitel, VI).

[122] Oben, 3. Kapitel, I.

[123] So *Schmidhäuser*, AT, 10/112.

[124] Vgl. *Seebald*, S. 15 ff., der den Gefährdungsgedanken heranzieht.

[125] *Jakobs*, Konkurrenz, S. 169; zwar beschränkt sich *Jakobs* mit seiner Feststellung auf §§ 221 III und 229 II, der „Rigorismus ihrer Strafdrohungen“ ist allerdings auch bei anderen Erfolgsqualifikationen zu finden.

### 2. Exkurs: Bedeutungslosigkeit des Streits um die Zuordnung der Erfolgsqualifikationen zu den Fahrlässigkeitsdelikten bei sachgerechtem Verständnis der Teilnahmeakzessorietät

Die Tatsache, daß dennoch weiterhin darum gestritten wird, ob es sich bei den Erfolgsqualifikationen mit sog. Vorsatz-Fahrlässigkeits-Kombination um „Vorsatz"- oder Fahrlässigkeitsdelikte handelt, kann nur daraus erklärt werden, daß sich nach verbreiteter Auffassung die Teilnahmeproblematik in jeweils anderer Weise stellt[126]. Unter Berufung auf §§ 26 und 27 StGB wird nämlich überwiegend vertreten, daß eine Anstiftung bzw. Beihilfe zum erfolgsqualifizierten Delikt dogmatisch nicht möglich sei, wenn es als Fahrlässigkeitstat verstanden werde. Es sei dann vielmehr eine Kombination von Teilnahme am Grunddelikt und fahrlässiger Nebentäterschaft bezüglich der Folge gegeben[127]. Stelle sich aber der qualifizierende Umstand nur als „Anhängsel"[128] des Vorsatztatbestandes dar, so sei eine Beteiligung am Gesamtdelikt zwanglos zu konstruieren[129].

Eine nähere Auseinandersetzung mit diesen unterschiedlichen Teilnahmekonstruktionen würde den Rahmen des vorliegenden Kapitels sicher sprengen; hier soll lediglich darauf hingewiesen werden, daß der Streit um die Zuordnung der Erfolgsqualifikationen zu den Vorsatz- oder Fahrlässigkeitsdelikten bei einem sachbezogenen Verständnis der Teilnahmeakzessorietät[130] erheblich an Bedeutung verlieren würde. Der Unrechtstatbestand der Anstiftung und Beihilfe ist dadurch gekennzeichnet, daß derselbe vom Rechtsgut ausgehende Achtungsanspruch wie bei der Haupttat verletzt wird. Völlig unabhängig davon ist die jeweilige Schuldbeziehung zu beurteilen, denn teleologisch gesehen kann es für die Strafbarkeit des Teilnehmers — vor allem unter dem

[126] Dieser Streit wird daher auch bezeichnenderweise vorwiegend im Rahmen von Untersuchungen zur Teilnahme am erfolgsqualifizierten Delikt behandelt; vgl. etwa *Gosch*, S. 19 f.; *Hänle*, S. 46 ff.; *Seebald*, Diss., S. 22 ff.; *Gössel*, Lange-Fs., S. 225 f.

[127] *Gössel*, Lange-Fs., S. 228 ff.; *Hirsch*, GA 1972, S. 76; *Maurach*, AT, S. 689; *Welzel*, Strafrecht, S. 122; vgl. auch BGHSt 19, 339 (341 f.) m. Anm. *Cramer*, JZ 1965, S. 31;*Schönke / Schröder / Cramer*, § 18 Rdz. 7; demgegenüber spricht *Schmidhäuser* (AT, 14/128 Anm. 21) ausdrücklich von einer „Anstiftung zum fahrlässigen Delikt", da die Strafe eben doch aus dem Gesetz des erfolgsqualifizierten Delikts genommen werde. Daß die erstgenannte Auffassung auch durch die Neufassung des § 18 und die neu eingeführte Regelung des § 11 II nicht obsolet geworden ist, zeigen die Ausführungen *Gössels*, a. a. O.

[128] *Schneider*, Diss., S. 60.

[129] *Koffka*, Niederschr. Bd. 2, S. 239; *Gosch*, S. 40; *Lackner*, § 18 Anm. 3, der aber auch die Konstruktion einer fahrlässigen Nebentäterschaft als vertretbar anerkennt. *Gössel*, Lange-Fs., S. 225 f., weist demgegenüber völlig richtig darauf hin, daß eine derartige Auffassung auf dem Boden einer Lehre, welche die Fahrlässigkeit nicht ausschließlich als Schuldmerkmal begreift, im Grunde inkonsequent ist.

[130] Vgl. dazu *Schmidhäuser*, AT, 14/76 ff.

Aspekt der Strafwürdigkeit — nicht darauf ankommen, ob die Tat auch dem Haupttäter subjektiv zuzurechnen ist[131].

Entscheidend ist lediglich die Schuld des Teilnehmers hinsichtlich der von ihm veranlaßten bzw. geförderten tatbestandlich-rechtswidrigen Haupttat.

Aus dieser Sicht erscheint die vom Gesetzgeber offenbar angestrebte Beschränkung der Teilnehmerakzessorietät überaus bedenklich[132] — jedenfalls dann, wenn die neugeschaffenen Vorschriften dahingehend interpretiert werden, daß eine Anstiftung bzw. Beihilfe zu fahrlässiger Tat ausgeschlossen ist. Jenem Wortlaut ist im Hinblick auf die erfolgsqualifizierten Delikte dadurch Rechnung getragen worden, daß die Kombination von Vorsätzlichkeit und Fahrlässigkeit in einem einzigen Tatbestand zum Vorsatzdelikt erklärt wird (§ 11 II StGB). Diese wenig glückliche Legaldefinition kann aber nicht darüber hinwegtäuschen, daß materiell eben doch ein Fahrlässigkeitselement in der Haupttat enthalten ist, wodurch die Verfehltheit der Regelung in §§ 26/27 StGB erneut bestätigt wird.

*Gössel*[133] hat den Widerspruch dadurch zu lösen versucht, daß er § 11 II für die Teilnahme am erfolgsqualifizierten Delikt nicht anwendet und es bei der herkömmlichen Konstruktion (Beteiligung am Grunddelikt nebst fahrlässiger Nebentäterschaft bezüglich der Folge) beläßt[134]. Dagegen spricht aber die vom Gesetz ausdrücklich anerkannte Teilnahme am Gesamtdelikt gem. § 18 StGB; im übrigen ist unerfindlich, warum die Strafe schließlich doch dem Strafrahmen des Qualifikationstatbestandes entnommen werden soll. Richtigerweise ist § 11 II für die Teilnahme am erfolgsqualifizierten Delikt im Grunde überflüssig, denn ein sachgerechtes Ergebnis läßt sich nur finden, wenn gem. § 29 jeder Beteiligte nur nach seiner Schuld bestraft wird. Es ist daher für die Bestrafung des Teilnehmers völlig unerheblich, ob der Haupttäter vorsätzlich oder fahrlässig handelt. Eine Vereinbarkeit mit dem Wortlaut der §§ 26, 27 kann sich allerdings nur ergeben, wenn unter „vorsätzlich" lediglich das für jedes Begehungsdelikt erforderliche „gewollte Tun" (im Gegensatz zum Tun ohne steuernden Willen) verstanden wird[135].

---

[131] *Schmidhäuser*, AT, 14/76, 78.

[132] Kritisch hierzu *Schmidhäuser*, AT, 14/93 ff.

[133] *Gössel*, Lange-Fs., S. 236.

[134] Das ist auf dem Boden der finalen Handlungslehre und ihrer Folgelehren, die „Vorsatz" und Fahrlässigkeit im Unrecht als gänzlich andersartig unterscheiden, auch durchaus folgerichtig, denn eine Teilnahme an fahrlässiger Tat ist danach schon konstruktiv nicht möglich. Ob sich daher vor allem die Vertreter dieser Lehre der Auffassung *Gössels* (a. a. O.) anschließen werden, bleibt abzuwarten.

[135] So auch *Schmidhäuser* in der 1. Aufl. des Lehrbuchs zum AT (14/88). In der 2. Aufl. (14/93 ff.) beschränkt er sich allerdings nur auf die Kritik der am

Eine solche Interpretation steht zwar im Gegensatz zu der Intention des Gesetzgebers, den Streit um den Umfang der Akzessorietät zu beenden; die Entstehungsgeschichte einer Norm kann jedoch für eine ausschließlich teleologisch ausgerichtete Rechtsanwendung nur von untergeordneter Bedeutung sein. Im Vordergrund kann vielmehr lediglich die sachgerechte Folge der Straftat stehen. Wenn sich aber teleologisch Vorsätzlichkeit und Fahrlässigkeit als Schuldmomente darstellen (was zwar im wissenschaftlichen Gespräch umstritten ist, vom Gesetzgeber aber in keinem Falle in dem einen oder anderen Sinne abschließend „entschieden" werden kann)[136], so ist die Frage der Teilnahmeakzessorietät konsequenterweise ausschließlich nach § 29 StGB zu beantworten. Es ist zwar nicht von der Hand zu weisen, daß die hier vertretene einschränkende Auslegung des Begriffs „vorsätzlich" in §§ 26, 27 etwas konstruiert erscheint (zumal es sich bei einem derartigen Verständnis um ein zur Kennzeichnung der Haupttat völlig überflüssiges, weil selbstverständliches Merkmal handelt); die gesetzliche Regelung des § 11 II, worin eine Kombination von Vorsätzlichkeit und Fahrlässigkeit per definitionem in eine „vorsätzliche" Tat verwandelt wird, ist es nicht weniger[137].

Gleiches gilt für den oben erwähnten Vorschlag *Gössels*, § 11 II entgegen der ausdrücklichen Intention des Gesetzgebers für die Teilnahme überhaupt nicht anzuwenden.

Zusammenfassend sei daher festgehalten, daß sich die Strafbarkeit eines Anstifters oder Gehilfen bei einem erfolgsqualifizierten Delikt nicht nach dem Verschulden des Haupttäters richtet, so daß es für die Teilnahmeproblematik völlig unerheblich ist, ob der Schwerpunkt dabei auf dem Vorsätzlichkeits- oder Fahrlässigkeitsteil liegt, oder ob beide Teile gleichwertig sind[138]. Für jede der drei Möglichkeiten gibt es wegen der eigenartigen Struktur dieser Delikte vernünftige Gründe — daran ändert dogmatisch auch die gesetzliche Fiktion des § 11 II nichts. Eine Entscheidung für die eine oder andere Lösung kann aber hinsichtlich der Teilnahme auf Grund der ausdrücklichen Bestimmung des § 29 offenbleiben. Auch für die Versuchsstrafbarkeit kommt es nicht darauf an, ob es sich bei den erfolgsqualifizierten Delikten um „Vorsatzdelikte" im Sinne des Gesetzes handelt, da sich die Vorsätzlichkeit nur auf das Grunddelikt beziehen muß (§ 18). Eine Eingruppierung der Erfolgs-

---

1. 1. 1975 in Kraft getretenen gesetzlichen Beschränkung der Teilnahmeakzessorietät in §§ 26, 27 I StGB und geht unter Aufgabe der in der Vorauflage vertretenen Auffassung von einer Straflosigkeit der Teilnahme an fahrlässiger Haupttat aus.

136 *Schmidhäuser*, AT, 14/94.

137 Wie kann aber vom Rechtsanwender erwartet werden, daß er die Termini ernster nimmt als der Gesetzgeber selbst?

138 Letzteres vertritt *Hänle*, S. 51 ff.

qualifikationen in bereits bekannte Deliktskategorien ist aber nicht nur hinsichtlich Teilnahme und Versuch ohne Belang, sondern auch die eigentlich wesentliche Frage nach der Eigenständigkeit dieser Tatbestände im Vergleich zur Tateinheit wird durch eine derartige Zuordnung nicht hinreichend beantwortet.

## VI. „Aufstockung" bzw. „Kombination" zweier Tatbestände

Auf ein „Schwergewicht" von Grunddelikt oder schwerer Folge verzichtet eine andere Auffassung, welche die erfolgsqualifizierten Delikte als Zusammensetzung zweier Tatbestände — im Sinne einer Addition — begreift. So wird vertreten, § 226 StGB sei nichts anderes als eine „Kombination"[139] einer vorsätzlichen Körperverletzung mit fahrlässiger Tötung. Andere sehen darin eine „Aufstockung"[140] zweier Tatbestände ohne irgendeine innere Beziehung[141]. Zum Teil wird auch von „aufgepfropften"[142] Deliktserfolgen gesprochen.

Eine nähere Begründung wird hierfür nicht gegeben; vermutlich beruht diese Theorie aber — zumindest bei den Autoren, die die finale Handlungslehre zugrunde legen — auf der behaupteten Andersartigkeit von „Vorsatz" und Fahrlässigkeit im Unrecht, denn wie schon gezeigt (oben S. 59 ff.), ist bei einer solchen Begriffsbildung eine Vereinigung der beiden Verhaltensformen in einer Handlung undenkbar[143].

Davon ausgehend, ist die These, es handle sich um zwei aufeinander aufgestockte, selbständige Tatbestände, begrifflich durchaus konsequent. Wie soll aber erklärt werden, daß Grunddelikt und „Folge"-Delikt dann nicht auch eigenständig und unabhängig voneinander behandelt werden, sondern in einem einzigen Tatbestand miteinander verknüpft sind? Und offen bleibt vor allem, wie es zu rechtfertigen ist, daß die Strafdrohungen, insbesondere die Mindeststrafen der erfolgsqualifizierten Delikte, sich nicht kumulativ aus einer „Aufstockung" des Strafrahmens des Fahrlässigkeitsdelikts ergeben, sondern z. T. weit darüber liegen. Schon deshalb kann dieser Auffassung, die auch im Schrifttum[144]

---

[139] *Schönke / Schröder / Cramer*, § 18 Rdz. 2; *Welzel*, Strafrecht, S. 122.

[140] *Dreher*, JZ 1953, S. 426.

[141] Äußerst unklar ist hierbei die Argumentation *Arth. Kaufmanns* (Das Schuldprinzip, S. 241), der — ausgehend von der von ihm kritisierten Vorschrift des § 56 a. F. — zunächst ein derartiges inneres Beziehungsgefüge ablehnt, es aber dann doch unter Bezug auf den „adäquate(n) Zusammenhang" zwischen dem Grunddelikt und dem Erfolg bejaht (a. a. O., S. 243 f.), wobei nicht deutlich wird, ob § 56 a. F. außer Betracht bleiben soll.

[142] *Maurach*, AT, S. 416; *Maurach / Zipf*, S. 494; zustimmend *Hänle*, S. 53 f.

[143] Auf die Verfehltheit dieser Begriffsbildung wurde schon mehrfach hingewiesen, vgl. oben S. 47 f., 50.

[144] *Boldt*, ZStW Bd. 68, S. 356; *Gosch*, S. 17 f.; *Kohlrausch / Lange*, § 56 III;

auf Ablehnung gestoßen ist, nicht gefolgt werden, denn die Rechtsnatur einer Norm kann nicht losgelöst von den gesetzlich festgelegten Rechtsfolgen bestimmt werden. Der bloße Hinweis auf die „Unstimmigkeit“[145] der Strafrahmen ist keinesfalls ausreichend, da damit nicht beantwortet wird, in welcher Höhe sie statt dessen „stimmig“ wären.

Wenn tatsächlich nur die Aufstockung zweier ohnehin selbständiger Delikte gegeben wäre, so läge die obere Grenze der Bestrafung doch wohl allenfalls in der Summe der Höchststrafen beider Delikte, wobei freilich ebenfalls erklärt werden müßte, warum gerade nur hinsichtlich dieser Tatbestandskombinationen das sonst übliche Absorptionsprinzip bei der Tateinheit durchbrochen wird. Der Gefährdungsgedanke, der in diesem Zusammenhang häufig ins Spiel gebracht wird[146], ist — wie schon ausführlich erörtert — dabei kaum hilfreich, denn bei den meisten Erfolgsqualifikationen berücksichtigt schon das Grunddelikt die erhöhte Gefahr für weitere Rechtsgüter.

## VII. Bloße Strafzumessungsfunktion der erfolgsqualifizierten Delikte

Schließlich fehlt es im Schrifttum auch nicht an Stimmen, die den erfolgsqualifizierten Delikten jede materielle Eigenständigkeit absprechen und sie lediglich als Sonderfälle der Tateinheit einordnen[147]. Gleichwohl glaubt man auf diese Tatbestände nicht ohne weiteres verzichten zu können: Entbehrlich seien sie nur unter der Voraussetzung, daß der Gesetzgeber entweder nicht nur für die Tatmehrheit, sondern auch für die Tateinheit das Strafschärfungsprinzip einführe, oder aber die Strafrahmen der Grunddelikte dahingehend erweitere, daß dem Richter ein angemessener Spielraum für die Strafzumessung verbleibe[148]. Die erfolgsqualifizierten Delikte des geltenden Rechts seien nämlich nichts anderes als besondere Strafzumessungsvorschriften, da das bei der Tateinheit vorgesehene Absorptionsprinzip (Bestimmung der Strafe bei mehreren Gesetzesverletzungen nach dem Gesetz, das die schwerste Strafe androht, vgl. § 52 II StGB) in bestimmten Konstellatio-

---

*Oehler*, ZStW Bd. 69, S. 517, 519 f.; *Seebald*, Diss., S. 25; *Ulsenheimer*, GA 1966, S. 267.

145 *Arth. Kaufmann*, Das Schuldprinzip, S. 242.

146 Vgl. z. B. *Hänle*, S. 54; *Arth. Kaufmann*, Das Schuldprinzip, S. 243 f.; *Maurach / Zipf*, S. 496.

147 Vgl. bereits *Löffler*, S. 280; *Radbruch*, S. 243 f.; *Binding*, S. 19; ferner *Baumann*, ZStW Bd. 70, S. 238; *Jescheck*, Niederschr. Bd. 2, S. 248; *Lang-Hinrichsen*, GA 1957, S. 5 f.; *Mezger*, Niederschr. Bd. 2, S. 255; *Noll*, ZStW Bd. 76, S. 711; *Schubarth*, ZStW Bd. 85, S. 755; *Zielinski*, S. 193 f.

148 *Löffler*, a. a. O.; *Radbruch*, a. a. O.; *Noll*, a. a. O.; *Schneider*, Diss., S. 97 ff.; *Zielinski*, a. a. O.

nen versage und keine ausreichende Bestrafung gewährleiste; es handle sich also lediglich um ein Problem der Gesetzestechnik[149].

Die Vertreter dieser Auffassung räumen allerdings ein, daß die Strafrahmen der erfolgsqualifizierten Delikte de lege lata häufig nicht einmal dem Asperationsprinzip (Bildung einer Gesamtstrafe durch Erhöhung der verwirkten höchsten Strafe, vgl. §§ 53 I, 54 I StGB) entsprechen, sondern (vor allem im Maximum) erheblich darüber liegen. Darauf hatte bereits *Löffler*[150] mit Nachdruck hingewiesen: Noch nie habe „ein verständiger Mensch das Prinzip aufgestellt, daß die Strafe der Idealkonkurrenz *höher* sein soll als die *Summe* der durch die konkurrierenden Verbrechen ... verwirkten Strafen". Das würde nämlich bedeuten, daß derjenige, der zuerst das Grunddelikt und dann durch einen zweiten Akt eine fahrlässige Tötung begangen habe, besser behandelt würde als derjenige, der das Grunddelikt ebenso begangen, dann aber das „Unglück" gehabt habe, bereits hierdurch den Todeserfolg herbeizuführen, was nach *Löffler* ein „unerhörtes Privilegium"[151] für den ersten darstellt. Mit dieser häufig erhobenen Forderung nach einheitlicher und ausnahmsloser Durchsetzung des Asperationsprinzips wird also im Gegensatz zu den vorgenannten Theorien ein Alternativstrafrahmen für die erfolgsqualifizierten Delikte de lege ferenda vorgeschlagen (und z. T. sogar für ihre Abschaffung im Falle einer entsprechenden Änderung der Konkurrenzvorschriften plädiert); man läßt jedoch ebenfalls offen, welche Folgerungen sich aus den als erheblich überhöht empfundenen Strafdrohungen des *geltenden* Rechts vor allem im Hinblick auf Gerechtigkeit und Gleichbehandlung bei der Strafzumessung ergeben[152]. Es wird lediglich behauptet, daß eine normale konkurrenzmäßige Behandlung — jedenfalls in den Konstellationen, die als Erfolgsqualifikationen typisiert sind — auf dem Boden des für verfehlt erkannten Absorptionsprinzips zu einer nicht hinreichenden Bestrafung führe, denn der Richter könne die kumulative Verwirklichung von Unrechtselementen aus verschiedenen Tatbeständen nicht genügend berücksichtigen[153]. Dabei scheint man offenbar eher bereit zu sein, eine selbst im Vergleich zur Tatmehrheit erheblich überhöhte Strafdrohung hinzunehmen, als möglicherweise eine zu niedrige Strafe zu akzeptieren, die sich nach Meinung der Autoren bei einer generellen Anwendung des Absorptionsprinzips auf alle Fälle der Tateinheit unter Umständen ergeben würde.

---

149 *Lang-Hinrichsen*, GA 1957, S. 5.

150 *Löffler*, S. 280.

151 *Löffler*, S. 280.

152 Lediglich *Schubarth*, ZStW Bd. 85, S. 769, deutet einen möglichen Verstoß gegen den Gleichheitssatz an.

153 *Noll*, ZStW Bd. 76, S. 711.

Erstaunlich ist ferner, daß die Strafrahmen für fahrlässig herbeigeführte schwere Folgen außerhalb der bestehenden Qualifikationstatbestände (z. B. Diebstahl oder Nötigung mit Todesfolge) anscheinend als ausreichend empfunden werden[154], ohne daß eine Begründung für die unterschiedliche Behandlung gegeben wird. Es läßt sich aber kaum plausibel machen, warum etwa für denjenigen, der einen anderen mit vorgehaltener Pistole zur Vornahme einer beliebigen Handlung nötigt (vgl. § 240 StGB) und ihn durch unachtsame Handhabung der Waffe tötet (§ 222 StGB), andere Regeln bei der Strafzumessung (hinsichtlich der Tateinheit) gelten sollen als für den Täter, der den Erfolg in völlig gleicher Weise verursacht, bei dem das Ziel der Nötigung jedoch nicht in einer beliebigen Handlung, sondern in der Duldung der rechtswidrigen und auf Dauer gerichteten Wegnahme einer für den Täter fremden Sache besteht (vgl. §§ 249, 251 StGB). Unterstellt, daß eine normale, nach den Regeln der Tateinheit erfolgende Bestrafung von besonders schwerem Raub (§ 250 I Nr. 1) und fahrlässiger Tötung (Mindeststrafe fünf Jahre, Höchststrafe 15 Jahre Freiheitsentzug) tatsächlich nicht ausreichend wäre, so müßte dies erst recht für die Tateinheit von §§ 240 und 222 gelten, denn danach wäre theoretisch im Mindestmaß Geldstrafe, höchstens aber eine Freiheitsstrafe von fünf Jahren möglich.

Wer somit behauptet, die erfolgsqualifizierten Delikte unterschieden sich im Unrechts- und Schuldgehalt nicht im geringsten von den ihnen zugrunde liegenden Tatbeständen und seien de lege lata nur aus Gründen der Strafzumessung unentbehrlich, hat nicht nur zu erklären, weshalb die Höhe der Strafrahmen allen anerkannten Konkurrenzgrundsätzen widerspricht und welche Folgerungen sich daraus für eine sachgerechte Rechtsanwendung ergeben, sondern auch, auf Grund welcher Kriterien gerade in bestimmten Ausnahmefällen von einer vom Gesetzgeber allgemein formulierten Konkurrenzregelung abgewichen werden soll und weshalb im übrigen die sich aus dem Absorptionsprinzip ergebenden Rechtsfolgen nicht derart unbillig und unzureichend erscheinen, daß hierfür Sondertatbestände geschaffen werden müßten. Eine befriedigende Antwort ist hierauf noch nicht gegeben worden. Das bedeutet jedoch nicht, daß die Theorie, die die Notwendigkeit erfolgsqualifizierter Delikte ausschließlich unter Strafzumessungsgesichtspunkten bejaht, damit von vornherein abzulehnen wäre; ein Blick auf die bisherige Untersuchung zeigt nämlich, daß sich tatsächlich kein Anhaltspunkt für eine Unrechts- bzw. Schuldsteigerung gegenüber Grund- und Folgetatbestand finden läßt, weshalb der These ohne Einschränkung zuzustimmen ist, wonach es sich materiell lediglich um Fälle der Tateinheit

---

[154] Bei keinem der Kritiker des Absorptionsprinzips findet sich nämlich der Vorschlag, die Zahl der Erfolgsqualifikationen zu erweitern, falls der Gesetzgeber dieses Prinzip beibehalten sollte.

handle, so daß sich das Erfordernis von Sondertatbeständen allenfalls im Hinblick auf die Rechtsfolgen ergeben könnte. Insofern bestehen also keine Bedenken gegen diese Auffassung. Zu kritisieren ist lediglich die offenbar als selbstverständlich angenommene Notwendigkeit einer Höherbestrafung bei ganz bestimmten (nämlich den vom Gesetzgeber typisierten) Deliktskombinationen. Wenn es tatsächlich nur um eine einheitliche Durchsetzung des Asperationsprinzips ginge, so genügte es, irgendeinen Fall der Tateinheit (z. B. die gleichzeitige Begehung eines Betruges und einer Urkundenfälschung) beispielhaft herauszustellen und auf die sich angeblich aus dem Absorptionsprinzip ergebenden Hindernisse für eine angemessene Bestrafung hinzuweisen. Bezeichnenderweise werden jedoch stets die erfolgsqualifizierten Delikte als Argument für die als verfehlt angesehene Regelung in § 52 (§ 73 a. F.) StGB genannt[155], was darauf schließen läßt, daß man die Konsequenzen des Absorptionsprinzips in den anderen Fällen der Tateinheit offenbar eher hinzunehmen bereit ist.

Die bloße Andeutung einer nicht näher umschriebenen, besonderen „Strafwürdigkeit“[156] der Qualifikationstatbestände genügt dabei keineswegs, denn es bleibt offen, was die Grundlage jenes Strafwürdigkeitsurteils sein soll, insbesondere, ob es sich dabei um einen eigenständigen, außerhalb von Unrecht und Schuld liegenden Unwertsachverhalt handelt[157] und wenn ja, welche Momente eines solchen zusätzlichen Straftatmerkmals entscheidend sein sollen.

Ohne eine derartige Erläuterung bleibt aber der Hinweis auf die außerordentliche Strafwürdigkeit ohne Aussagekraft. Ob sich tatsächlich Argumente für eine erhöhte Strafwürdigkeit finden, wird im weiteren Verlauf der Arbeit erörtert werden müssen; hier sollte zunächst nur darauf hingewiesen werden, daß die pauschale Behauptung, eine Sonderbehandlung dieser Fälle sei nur aus Gründen der Strafzumessung erforderlich, keinesfalls zur Erklärung der Natur der erfolgsqualifizierten Delikte ausreicht.

---

155 Vgl. Fn. 147.

156 *Noll*, ZStW Bd. 76, S. 711.

157 Vgl. dazu näher unten, 4. Kapitel, III.

*Viertes Kapitel*

# Keine materielle Eigenständigkeit der Erfolgsqualifikationen gegenüber der tateinheitlichen Begehung von Grund- und Folgedelikt

## I. Vorläufiges Resümee der dargestellten Auffassungen

Die Analyse der im Schrifttum zur Natur der erfolgsqualifizierten Delikte vertretenen Auffassungen hat gezeigt, daß eine plausible Erklärung für die Eigenständigkeit dieser Normen im Vergleich mit der normalen konkurrenzmäßigen Behandlung von Grund- und Folgedelikt bisher nicht gegeben wurde. Es überzeugt weder der Hinweis auf die angeblich durch den Erfolgseintritt indizierte besondere Gefährdung für die Rechtsgüter anderer (denn überwiegend ist eine solche Gefährdung bereits im Unrechtstatbestand des Grunddelikts enthalten und auch in der Strafdrohung entsprechend berücksichtigt), noch die häufig zu findende These, es liege eine erhebliche Unrechts- bzw. Schuldsteigerung auf Grund einer außerordentlich hohen Fahrlässigkeit vor.

Eine materielle Besonderheit der erfolgsqualifizerten Delikte ließe sich selbst dann nicht hinreichend begründen, wenn der Gesetzgeber das Schulderfordernis hinsichtlich der schweren Folge generell durch das Merkmal der „Leichtfertigkeit" erhöhen würde. Schließlich liegt auch keine besondere, „dritte" Schuldform neben Vorsätzlichkeit und Fahrlässigkeit vor, die sich aus dem Gedanken des „versari in re illicita" herleiten ließe, denn dafür fehlt es an jeglicher gesetzlichen Grundlage. Davon ausgehend erscheint die These, wonach es sich materiell um normale Fälle der Tateinheit handle, die vom Gesetzgeber besonders vertypt worden seien, am ehesten einleuchtend, wenngleich die Strafrahmen dem zu widersprechen scheinen.

## II. Sonderstellung der §§ 224, 225, 239 II 1. Alt. StGB

Damit können aber — was bisher noch nicht erörtert wurde — nicht alle Erfolgsqualifikationen des geltenden Rechts erfaßt werden, denn von vertypter Tateinheit kann natürlich nur dann gesprochen werden, wenn der betreffenden Norm zumindest zwei selbständige Straftatbestände zugrunde liegen, die miteinander in Konkurrenz treten können. Eine Sonderstellung nehmen daher die §§ 224 und 225 (Schwere bzw. besonders schwere Körperverletzung) sowie § 239 II 1. Alt. StGB (Freiheitsberaubung von mehr als einer Woche Dauer) ein, bei denen die vorsätzliche oder fahrlässige Herbeiführung des Erfolges schon innerhalb des Grundtatbestandes als Erfolg erfaßt ist.

Die Frage nach der Natur dieser Delikte kann aber um so leichter beantwortet werden, als es hier an einer vom Gesetzgeber in vergleichbarer Weise geregelten und mit unterschiedlichen Rechtsfolgen versehenen Konstellation fehlt.

Die Strafschärfung in § 224 StGB beruht darauf, daß der im Grundtatbestand pauschal als körperliche Mißhandlung bzw. Gesundheitsbeschädigung beschriebene Erfolg in besonderer Weise spezifiziert wird. Es handelt sich also genau genommen nicht um eine „Folge" eines an sich schon bestehenden Körperverletzungserfolges; vielmehr wird dadurch, daß das Gesetz den Verlust eines wichtigen Gliedes, des Gehörs oder des Sehvermögens gesondert nennt, deutlich gemacht, daß derartige Erfolge aus Gründen der Strafwürdigkeit vom Strafrahmen des Grunddelikts nicht erfaßt werden sollen. Hier liegt also ein besonderes Unrechtsmerkmal in Form eines gesteigerten Erfolgsunwertes vor[1], der sich aber im Gegensatz zu anderen Erfolgsqualifikationen begrifflich als Unterfall des im Grundtatbestand generell geschilderten Erfolges darstellt[2].

Gleiches gilt für die mehr als eine Woche andauernde Freiheitsberaubung (§ 239 II 1. Alt. StGB), wobei nicht einmal im Gesetzeswortlaut von einer „Folge" die Rede ist, sondern allein die zeitliche Verlängerung der Rechtsgutsverletzung qualifizierend wirkt. Die Spezifikation des Unrechts wird also nur bezogen auf den im Grunddelikt genannten Erfolgsunwert; — es liegt nur ein einziger Erfolg einer einzigen Rechtsgutsverletzung vor, nicht aber sind mehrere Wertverfehlungen gegeben.

Die allgemein übliche Gleichstellung der §§ 224, 225, 239 II 1. Alt. StGB mit den sonstigen erfolgsqualifizierten Delikten beruht lediglich auf der Anwendbarkeit des § 18, was aber nur den Grad des Verschul-

---

[1] Eine eingehende Auseinandersetzung mit dem strafrechtlichen Handlungsbegriff soll unterbleiben, denn nach der hier vertretenen teleologischen Straftatsystematik spielt er keine entscheidende Rolle. Wesentlich für die Unrechtsbegründung im Unrechtstatbestand ist allein der Handlungsunwert als rechtsgutsverletzendes Willensverhalten in der Form des Gefährdungs- bzw. Zielunwerts (vgl. *Schmidhäuser*, AT, 8/20 ff.). Der Unwert der Tat kann jedoch durch einen tatsächlich eingetretenen Erfolg gesteigert werden und damit für die Strafwürdigkeit bedeutsam sein (*Schmidhäuser*, AT, 8/91).

[2] Das Verhältnis der §§ 224, 225 zueinander soll hier nicht im einzelnen erörtert werden. Hingewiesen sei lediglich darauf, daß sich § 225 nur durch ein zusätzliches, besonders wertwidriges Willensziel im Unrecht von § 224 unterscheidet. Dieser zielgerichtete Handlungswille ist völlig unabhängig von den Schuldformen Vorsätzlichkeit und Fahrlässigkeit (vgl. *Schmidhäuser*, AT, 10/34, 50).

dens in bezug auf den Erfolg betrifft; es ist aber im Gegensatz zu anderen Erfolgsqualifikationen im Willensverhalten nur eine einzige Wertverfehlung gegeben. Die Natur der §§ 224, 225, 239 II 1. Alt. ist daher relativ problemlos zu bestimmen. Vergleicht man damit aber zum Beispiel die Vorschrift des § 316 c II StGB (Angriff auf den Luftverkehr mit Todesfolge), so wird deutlich, daß hier nicht etwa der generell umschriebene Erfolgsunwert (Gewaltanwendung zur Entführung eines Luftfahrzeugs, d. h. die Verletzung des Rechtsguts der Freiheit bzw. der körperlichen Integrität) besonders spezifiziert wird, sondern es wird ein darüber hinausgehender Erfolg vorausgesetzt, dessen rechtswidrige und schuldhafte Herbeiführung anders als etwa bei § 224 StGB schon ohnehin selbständig strafbar ist; konstruktiv liegt also eine Tateinheit von § 316 c und § 222 (Fahrlässige Tötung) vor, soweit der Täter leichtfertig handelte.

Auch der Vorschrift des § 226 StGB (Körperverletzung mit Todesfolge) könnte möglicherweise eine Sonderstellung innerhalb der Erfolgsqualifikationen zukommen. Diese Bestimmung hat nämlich mit den §§ 224, 225 und 239 II 1. Alt. StGB gemeinsam, daß der Qualifikationstatbestand lediglich eine *Intensivierung* des grundlegenden Erfolgsunwertes nennt. Anders als bei der Mehrzahl der erfolgsqualifizierten Delikte setzt der qualifizierende Sekundärerfolg stets *notwendig* auch das Unrecht des Primärerfolges voraus: Die Tötung eines Menschen ist ohne die gleichzeitige Beeinträchtigung der körperlichen Unversehrtheit nicht denkbar; ein derartiges Abhängigkeitsverhältnis ist etwa bei einer Tötung aufgrund einer Vergewaltigung oder Geiselnahme nicht gegeben. Gleichwohl ergibt sich daraus noch keine materielle Eigenständigkeit des § 226 StGB im Vergleich zur Tateinheit von vorsätzlicher Körperverletzung und fahrlässiger Tötung, denn die Herbeiführung des schweren Erfolges ist anders als bei den §§ 224, 225, 239 II 1. Alt. in einem besonderen Tatbestand (§ 222, Fahrlässige Tötung) selbständig unter Strafe gestellt. Es handelt sich also auch bei der Körperverletzung mit Todesfolge um einen Fall vertypter Tateinheit, auch wenn insofern eine Besonderheit besteht, als die in der Qualifikation miteinander verknüpften Tatbestände innerlich zusammengehören und aufeinander aufbauen.

Eine materielle Besonderheit des § 226 könnte allenfalls dann bejaht werden, wenn sich gerade aus der Tatsache, daß die qualifizierende Todesfolge *durch* eine vorsätzliche Körperverletzung *verursacht* sein muß, eine erhöhte Strafwürdigkeit gegenüber der bloßen tateinheitlichen Kombination von Körperverletzung und fahrlässiger Tötung ergäbe. Das ist jedoch eine Problematik, die sich für sämtliche erfolgsqualifizierten Delikte, bei denen es sich um Fälle vertypter Tateinheit handelt, in gleicher Weise stellt — und nicht nur speziell für § 226.

Eine Sonderstellung innerhalb der Bestimmungen über erfolgsqualifizierte Delikte nehmen daher nur die §§ 224, 225, 239 II 1. Alt. StGB ein. Bei der anschließenden Gegenüberstellung der Erfolgsqualifikationen mit vergleichbaren Fällen der Tateinheit unter Strafwürdigkeitsgesichtspunkten sollen diese drei Vorschriften daher außer Betracht bleiben, denn ihnen kommt ein eigenständiger Regelungsgehalt schon deshalb zu, weil der im Tatbestand genannte besondere Erfolgsunwert anderweitig nicht geregelt ist.

## III. Gesteigerte Strafwürdigkeit bestimmter Fälle der Tateinheit?

### 1. Vorbemerkung

Wie bereits erwähnt, ist es bemerkenswert, daß selbst die Kritiker der erfolgsqualifizierten Delikte deren völlige Abschaffung nur unter der Voraussetzung einer entsprechenden Strafschärfung bei der Tateinheit fordern und die Notwendigkeit derartiger Qualifikationen z. T. mit einer besonderen „Strafwürdigkeit“ begründen, die allerdings nicht näher umschrieben wird. Soweit damit lediglich ein erhöhtes Unrechts- bzw. Schuldmaß gemeint sein sollte, wäre das für den weiteren Fortgang dieser Untersuchung nicht von Relevanz, zumal bereits festgestellt wurde, daß sich die erfolgsqualifizierten Delikte jedenfalls in Unrecht und Schuld nicht von den jeweils zugrundeliegenden, tateinheitlich konkurrierenden Delikten unterscheiden.

Es empfiehlt sich daher, zunächst den Begriff der Strafwürdigkeit zu klären, denn nur unter der Voraussetzung, daß sich die Strafwürdigkeit als völlig eigenes Verbrechenselement darstellte, ließe sich fragen, ob gerade die erfolgsqualifizierten Delikte einen derart hohen Strafwürdigkeitsgrad aufweisen, daß eine besondere gesetzliche Regelung außerhalb der Vorschriften über die Tateinheit notwendig erscheint.

### 2. Zum Begriff der Strafwürdigkeit

Im Schrifttum ist noch heute weitgehend ungeklärt, was unter „Strafwürdigkeit“ konkret zu verstehen ist[3]. Zum Teil wird der Begriff lediglich mit Unrecht und Schuld des gesetzlichen Tatbestandes gleichge-

---

[3] *Langer*, S. 328. *Schmidhäuser*, AT 2/16, Anm. 40, weist darauf hin, daß die Strafwürdigkeit in den meisten Lehrbüchern „wenn überhaupt, nur ganz am Rande erwähnt“ wird; er selbst befaßt sich dagegen mit diesem Begriff sehr ausführlich (vgl. die folgenden Ausführungen im Text). Monographisch wird die Strafwürdigkeit häufiger behandelt, vgl. etwa *Bloy*, S. 228 ff.; *Otto*, Schröder-Gedächtnisschrift, S. 53 ff.

setzt[4]. Ausdrücklich anerkannt und zugleich eingehend begründet wird die Existenz eigenständiger Strafwürdigkeitsmomente außerhalb von Unrecht und Schuld lediglich von *Schmidhäuser*[5] und *Langer*[6].

*Schmidhäuser* bezeichnet die Strafwürdigkeit als Werturteil über das Ob bzw. das Wie der Bestrafung im Vergleich zu anderen Taten (absolute bzw. relative Strafwürdigkeit)[7], wobei als Wertmaßstab nicht nur das materielle Strafrecht, sondern auch die gesamte Verfassungsordnung zugrunde zu legen sei, und zwar vorrangig der Wert der Menschenwürde, das Schuldprinzip und das Verhältnismäßigkeitsprinzip; ferner das Subsidiaritäts- und Toleranzgebot. Bei der Frage, wann ein bestimmtes Verhalten vom Gesetzgeber toleriert werden müsse und wann nicht, seien vorrangig kriminalpolitische Aspekte heranzuziehen[8].

Die von *Schmidhäuser* gegebene zusammenfassende Definition der Strafwürdigkeit als ein „über Unrecht und Schuld hinausgehendes Unwerturteil"[9] ist insofern mißverständlich, als man annehmen könnte, die Strafwürdigkeit sei stets völlig unabhängig von Unrecht und Schuld zu beurteilen; es wird jedoch ausdrücklich darauf hingewiesen, daß es sich bei diesen notwendigen Merkmalen jeder Straftat um „strafwürdigkeitsbegründende Momente"[10] handelt, womit klargestellt wird, daß das Strafwürdigkeitsurteil sich auch durchaus nur auf die tatbestandsmäßig erfaßte Schuld (und das damit korrespondierende Unrecht) bezieht. Aus der Tatsache jedoch, daß das Strafgesetz in einer Reihe von Normen strafbegründende oder strafschärfende Voraussetzungen außerhalb von Unrecht und Schuld (z. B. sog. objektive Strafbarkeitsbedingungen in §§ 227 und 323 a StGB sowie das Merkmal der „Gewohnheitsmäßigkeit" in § 292 III StGB) enthält, schließt *Schmidhäuser*, daß derartige „zusätzliche Straftatmerkmale" nur unter dem Gesichtspunkt der Strafwürdigkeit erfaßt werden können[11]; damit wird diesen Merkmalen unter dem Aspekt der Strafwürdigkeit eine eigenständige Funktion im Aufbau der Straftat zuerkannt[12].

---

[4] So versteht etwa *Gallas* (ZStW Bd. 67, S. 18) unter „Tatbestandsmäßigkeit" nur das „auf Grund bestimmter Zweckerwägungen und sozialethischer Wertvorstellungen als strafwürdig ausgelesene ... schuldhafte ... Unrecht", wobei er allerdings ausdrücklich klarstellt, „daß es sich hier nicht ... um etwas zu Unrecht und Schuld hinzukommendes Drittes, sondern um eine Erscheinungsform schuldhaften Unrechts handelt". Ähnlich *ders.*, in: Deutsche Beiträge, S. 32 Anm. 45. Vgl. auch *Bloy*, S. 231 ff. (235).

[5] *Schmidhäuser*, AT, 2/14 ff., 12/1 ff., 13/1 ff.

[6] *Langer*, S. 327 ff.

[7] Zur begrifflichen Unterscheidung zwischen absoluter und relativer Strafwürdigkeit *M.-K. Meyer*, S. 133 ff.

[8] *Schmidhäuser*, AT, 2/14.

[9] *Schmidhäuser*, AT, 2/15.

[10] *Schmidhäuser*, ebd.

[11] *Schmidhäuser*, AT, 12/2.

Eine ähnliche Argumentation findet sich bei *Langer*, der die Strafwürdigkeit ebenfalls als ein über Unrecht und Schuld hinausgehendes Unwerturteil begreift, nämlich bezogen auf den Zweck der Strafe als Schutz vor Störungen der Grundlagen eines gedeihlichen Gemeinschaftslebens. Strafwürdig sei ein Verhalten, welches jene Grundlagen angreife, „und zwar in dem Maße, in dem es jene Grundlagen verletzt und deshalb der Zurückdrängung bedarf“[13]. Während aber bei *Schmidhäuser* offen bleibt, ob der Strafwürdigkeit generell eine Eigenständigkeit im Verbrechensaufbau zukommt, oder ob dies nur für die zusätzlichen Straftatmerkmale gelten soll, entwickelt *Langer* den Begriff des „Strafwürdigkeitstatbestandes“ als gleichrangiges Element neben Unrechts- und Schuldtatbestand und unterscheidet innerhalb des Strafwürdigkeitstatbestandes zwischen „abhängigen“ und „selbständigen“ Strafwürdigkeitselementen[14]. Letztere sind begrifflich identisch mit den von *Schmidhäuser* als „zusätzliche Straftatmerkmale“ bezeichneten, im Tatbestand neben Unrecht und Schuld gesondert mitvertypten Voraussetzungen der Strafbarkeit. Hier erscheint es durchaus berechtigt, von einem eigenständigen „Strafwürdigkeitstatbestand“ zu sprechen, denn auf andere Weise wäre eine sachgerechte Einordnung dieser Merkmale wohl kaum möglich: Der Gesetzgeber legt über die Schilderung der grundlegenden Rechtsgutsverletzung hinaus weitere Momente fest, die entweder die Schwelle zum strafwürdigen Unrecht oder aber den relativ höheren Unwert eines Tatgeschehens kennzeichnen sollen. Die Besonderheit derartiger zusätzlicher Momente besteht darin, daß sich die absolute und die relative Strafwürdigkeit nicht ausschließlich aus der Rechtsfolgeanordnung als solcher herleiten lassen, sondern daß der gesetzliche Tatbestand selbst Voraussetzungen der Strafwürdigkeit außerhalb von Unrecht und Schuld nennt. Das gesetzgeberische Werturteil über das Ob oder das Wie einer Bestrafung wird damit nicht nur durch die Beschreibung des schuldhaften Unrechts, sondern darüber hinaus (etwa bei den sog. objektiven Strafbarkeitsbedingungen) durch zusätzliche *Tatbestands*merkmale offenbar und kann bei der Rechtsanwendung nachvollzogen werden. Zur systematischen Erfassung dieser Merkmale im Verbrechensaufbau besteht daher bei richtigem Verständnis keine andere Möglichkeit, als ihnen innerhalb des Straftatbegriffs einen selbständigen Platz außerhalb von Unrechts- und Schuldtatbestand zuzuweisen — gleichgültig, ob man von „zusätzlichen Straftatmerkmalen“ oder von „selbständigen Strafwürdigkeitselementen“ als Bestandteil eines „Strafwürdigkeitstatbestandes“ spricht. Daraus folgt aber noch keineswegs, daß sich ein solches zusätzliches Verbrechenselement im Aufbau *jeder* Straftat nachweisen läßt.

---

[12] *Schmidhäuser*, AT, 12/6 Anm. 5.
[13] *Langer*, S. 330.
[14] *Langer*, S. 334 ff.

*Langer* bejaht dies mit dem Hinweis auf sog. „abhängige Strafwürdigkeitselemente", die sich (anders als die „selbständigen") nicht unmittelbar aus der tatbestandlichen Schilderung ergäben, sondern sich lediglich aus dem Maß der Schuld (und damit auch des Unrechts) ableiten ließen. In jeder Strafbestimmung sei neben dem Unrechts- und Schuldtatbestand auch der Strafwürdigkeitstatbestand nachweisbar, und zwar allein auf Grund der Tatsache, daß eine bestimmte Begehungsform vom Gesetz überhaupt als Straftat erfaßt sei: „Jedes Verhalten ist erst durch Verhaltensschilderung und Strafdrohung zusammen erschöpfend charakterisiert; diese dialektische Einheit nötigt dazu, den Strafwürdigkeitstatbestand von der Rechtsfolgeanordnung her (‚wird bestraft') zu begreifen und infolgedessen alle Deliktsbeschreibungen als ausdrückliche Kennzeichnungen strafwürdigen Verhaltens zu erkennen[15]." Die Strafwürdigkeit gehe also als Ausleseprinzip über Unrecht und Schuld hinaus und sei damit logisch zwingend von Unrecht und Schuld selbst verschieden, denn sie müsse auch als Element im ausgewählten Gegenstand enthalten sein[16].

Dem ist insofern zuzustimmen, als der Tatbestandsfassung und der darauf bezogenen Strafdrohung häufig auch andere Momente als nur das Maß des Unrechts und der Schuld zugrunde liegen, z. B. kriminalpolitische Aspekte, die sich etwa bei der kriminologischen Häufung einer bestimmten Begehungsweise in der Typisierung des Tatbestandes niederschlagen[17, 18].

Lassen sich aber derartige Zweckerwägungen des Gesetzgebers, die sich nur mittelbar aus einer besonderen Kombination von Unwertmomenten ableiten lassen, sprachlich überhaupt noch als „Strafwürdigkeits*tatbestand*" bezeichnen? Wird damit im Ergebnis nicht eben doch eine verfehlte Gleichsetzung von Strafwürdigkeit und Strafbarkeit vorgenommen, indem allein aus der Tatsache, daß ein bestimmtes vom Gesetz besonders beschriebenes Verhalten positiv unter Strafe gestellt bzw. gegenüber anderen Rechtsgutsverletzungen mit höherer Strafe bedroht ist, die absolute bzw. relative Strafwürdigkeit abgeleitet wird? Damit bleibt das zuvor festgestellte Wertungselement bei der Strafwürdigkeit völlig außer Betracht, denn es wird nicht die der Rechtsfolge zugrundeliegende gesetzgeberische Bewertung nachvollzogen; es wird nicht gefragt, ob sich das geschilderte Verhalten tatsächlich als derart

---

15 *Langer*, S. 361.

16 *Langer*, S. 331.

17 Vgl. dazu vor allem *Schmidhäuser*, MschrKrim 1973, S. 342 ff.

18 Dies übersieht *Bloy* (S. 334), der einwendet, die Auswahl strafwürdigen Verhaltens erfolge allein im Hinblick auf die Schwere des Unrechts: Es bleibt unbeantwortet, welche Gesichtspunkte im einzelnen den Ausschlag geben können, daß in bestimmten Konstellationen schuldhaften Unrechts eine Rechtsfolge ausgelöst wird, in anderen jedoch nicht.

gemeinschaftsschädlich darstellt, daß unter dem Gesichtspunkt der Zweckmäßigkeit staatlichen Strafens überhaupt eine derartige Reaktion erforderlich erscheint. Nur dann aber wäre der Nachweis eines über Unrecht und Schuld hinausgehenden Unwertsachverhaltes relevant, denn andernfalls bliebe die Feststellung einer besonderen Strafwürdigkeit auf die Feststellung der Strafbarkeit beschränkt.

Obwohl sich also in zahlreichen Tatbeständen Verbrechensmerkmale finden, die sich weder dem Unrechts- noch dem Schuldtatbestand zuordnen lassen, wird damit die Existenz eines „Strafwürdigkeitstatbestandes" als selbständiges, drittes Verbrechenselement nicht belegt. Der Terminus „Strafwürdigkeits*tatbestand*" ist vielmehr sogar irreführend, wenn das Strafwürdigkeitsurteil des Gesetzgebers ausschließlich aus dem tatbestandlich erfaßten Unrecht und den damit korrespondierenden allgemeinen und besonderen Schuldmerkmalen der jeweiligen Norm abzuleiten ist.

Nur in den Fällen, in denen das Gesetz Voraussetzungen für die Begründung oder Erhöhung der Strafbarkeit außerhalb von Unrecht und Schuld nennt (speziell bei den sog. objektiven Strafbarkeitsbedingungen), ist es hilfreich, eine weitere Kategorie von Verbrechensmerkmalen anzuerkennen, die allerdings nicht konstitutives Merkmal *jeder* Straftat sind.

### 3. Unwerterhöhung durch kausale Erfolgsverknüpfung?

Nachdem nunmehr geklärt ist, daß aus der erhöhten Strafdrohung allein kein besonderes Strafwürdigkeitsmerkmal als Bestandteil eines „Strafwürdigkeitstatbestandes" herzuleiten ist, stellt sich im folgenden die Frage, ob sich in den Vorschriften über erfolgsqualifizierte Delikte Merkmale finden, welche unabhängig von Unrecht und Schuld der zugrundeliegenden Delikte die relative Strafwürdigkeit derart steigern, daß die im Gesetz vorgesehenen Strafschärfungen für die speziellen Kombinationen von Grund- und Folgedelikt plausibel werden.

#### *a) Strafwürdigkeitsvergleich der Erfolgsqualifikationen mit der tateinheitlichen Begehung der Einzeldelikte*

Stellt man die Einzeldelikte wie etwa Körperverletzung, Vergewaltigung, Raub oder Brandstiftung einerseits und fahrlässige Tötung oder schwere Körperverletzung andererseits gegenüber, so liegt die einzige Augenfälligkeit, die eine Abweichung in der Strafwürdigkeit gegenüber den tateinheitlichen Kombinationen dieser Delikte begründen könnte, in der besonderen Verknüpfung der jeweiligen Vorschriften: Es genügt nicht, daß die einzelnen Straftatbestände durch „dieselbe Handlung"

(§ 52 StGB) verletzt werden, sondern der qualifizierende Erfolg muß „Folge" der Verwirklichung des Grunddelikts sein.

So verlangt § 226 StGB, daß der Tod des Verletzten *durch* die Körperverletzung verursacht sein muß; die Voraussetzungen für die Erfolgsqualifikation sind also enger als für die Tateinheit von vorsätzlicher Körperverletzung und fahrlässiger Tötung. Daraus läßt sich aber isoliert noch nicht auf eine erhöhte Strafwürdigkeit schließen; entscheidend ist vielmehr, ob die „Verursachung" des weiteren Erfolges durch einen selbständig unter Strafe gestellten, vorsätzlich herbeigeführten Primärerfolg schwerer wiegt als das bloße tateinheitliche Zusammentreffen zweier Delikte.

Bei dieser Überlegung scheiden Momente wie „erhöhte Gefährlichkeit" oder „gesteigerte Erkennbarkeit" der Gefahrlage von vornherein aus, da es sich hierbei — wie schon gezeigt wurde[19] — um Unrechts- bzw. Schuldmerkmale handelt, die bereits in den jeweiligen Einzeldelikten enthalten sind und deren Strafwürdigkeit durch die Zusammenfassung in der Erfolgsqualifikation nicht berührt wird.

Ohne das Gefährdungsargument, das überwiegend zur Begründung des erhöhten Unrechts der erfolgsqualifizierten Delikte herangezogen wird, bleibt aber kaum noch ein Gesichtspunkt, aus dem sich eine gesteigerte Strafwürdigkeit ableiten ließe. Vergleicht man nämlich die Erfolgsqualifikationen und die tateinheitliche Begehung von Grund- und Folgedelikten vom Unwertgehalt her, so ergibt sich keine derart entscheidende Divergenz, wie sie auf Grund der sprunghaft angehobenen Strafrahmen vermutet werden müßte.

Bezeichnend ist in diesem Zusammenhang die in sich widersprüchliche Rechtsprechung über das Verhältnis der Qualifikationsfolge zum Grunddelikt: Würden sich tateinheitliche Begehung und Erfolgsqualifikation im Strafwürdigkeitsurteil deutlich unterscheiden, so wäre hier längst eine befriedigende Abgrenzung gefunden worden. Tatsächlich ist das Bild der Rechtsprechung zu diesem Fragenkomplex „buntscheckig"[20] und läßt keine klare Linie erkennen; entsprechendes gilt für die Stellungnahmen im Schrifttum.

Instruktiv ist dabei vor allem die Entscheidung des BGH vom 30. 9. 1970[21]: Hier ging es darum, ob die Voraussetzungen einer Körperverletzung mit Todesfolge (§ 226 StGB) auch dann vorliegen, wenn der Täter einen anderen zunächst mißhandelt und das Opfer daraufhin — für den Täter voraussehbar — auf der Flucht vor weiteren Tätlichkeiten aus dem Fenster stürzt und stirbt. Der BGH hat in diesem Fall — im

[19] Vgl. oben, 3. Kapitel, III.

[20] *Geilen*, Welzel-Fs., S. 672.

[21] NJW 1971, S. 152 m. Anm. *Schröder*, JR 1971, S. 206.

Gegensatz zu früheren Entscheidungen[22] — die qualifizierenden Voraussetzungen des § 226 StGB verneint und lediglich auf Körperverletzung in Tateinheit mit fahrlässiger Tötung erkannt. Es fehle an einer „engeren Beziehung"[23] zwischen Grundtatbestand und Qualifikation.

Eine Bestrafung konnte also nur nach dem Strafrahmen der §§ 223, 222, 52 StGB (Geldstrafe bzw. Freiheitsstrafe bis zu fünf Jahren) erfolgen. Wäre das Opfer dagegen nicht erst auf der Flucht, sondern bereits auf Grund der Schläge des Täters gestorben, so wäre der Strafrahmen des § 226 StGB zur Anwendung gekommen (Freiheitsstrafe von drei Jahren bis zu fünfzehn Jahren). Eine unterschiedliche Strafwürdigkeit der beiden Fallkonstellationen ist jedoch trotz der erheblichen Abweichungen in den Strafrahmen nicht gegeben. Es ist nämlich nicht einzusehen, warum das Verhalten desjenigen, der sein Opfer brutal mißhandelt und es dadurch in den Tod treibt, weniger strafwürdig sein soll als vielleicht nur ein einziger kräftiger Faustschlag, der den Tod unmittelbar (z. B. durch eine Gehirnblutung) herbeiführt[24].

Die Auffassung des BGH ist allerdings nicht unbestritten: Zum Teil wird vertreten, es genüge, daß der qualifizierende Erfolg eine kausale Folge der Körperverletzungs*handlung* und nicht nur des Körperverletzungs*erfolges* sei, und zwar kausal im Sinne der Bedingungstheorie[25]. Damit ist jedoch eine Tateinheit zwischen vorsätzlicher Körperverletzung und fahrlässiger Tötung nicht mehr denkbar. So würde etwa auch der Tatbestand des § 226 StGB eingreifen, wenn das Opfer auf Grund einer leichten Ohrfeige stolpert, auf die Straße stürzt und — für den Täter voraussehbar — von einem Auto überfahren wird. Die Erfolgsqualifikation würde gewissermaßen eine selbständige Konkurrenzregelung darstellen, und die Vorschrift über die Tateinheit (§ 52 StGB) würde für sämtliche in der Erfolgsqualifikation enthaltenen Einzeltatbestände unanwendbar werden[26]. Ob eine so weitgehende Erstreckung der Qualifikationstatbestände sinnvoll ist, erscheint angesichts der hohen Mindeststrafen zweifelhaft[27].

Der geschilderte Meinungsstreit soll hier nicht weiter vertieft werden; an dieser Stelle ging es lediglich darum, aufzuzeigen, daß die Abgren-

---

[22] Vgl. die Übersicht über die widersprüchliche Rechtsprechung des BHG bei *Geilen*, a. a. O., S. 657 ff.

[23] BGH NJW 1971, S. 153.

[24] So *Geilen*, Welzel-Fs., S. 681.

[25] *Schröder*, JR 1971, S. 206 ff.; *Stree*, GA 1960, S. 294.

[26] Zu den Bedenken gegen eine Einordnung der erfolgsqualifizierten Delikte als bloße Konkurrenzvorschriften vgl. schon oben, 3. Kapitel, VII.

[27] Auch der BGH zieht erstaunlicherweise die hohe Strafdrohung des § 226 StGB als Argument für eine einschränkende Auslegung des Tatbestands heran (NJW 1971, S. 153).

zung zwischen tateinheitlicher Begehung und den Voraussetzungen für eine Bestrafung nach den Vorschriften über erfolgsqualifizierte Delikte nicht ohne Schwierigkeiten vorgenommen werden kann. Vereinzelt findet sich im Schrifttum sogar das Eingeständnis, daß sich einheitliche und allgemeinverbindliche Kriterien nicht finden ließen[28]. Dann aber kann auch der Strafwürdigkeitsgehalt der erfolgsqualifizierten Delikte nicht derart gesteigert sein, daß eine gegenüber der Tateinheit vervielfachte Strafdrohung angemessen erschiene.

Bisher hat sich also noch kein Anhaltspunkt für eine erhöhte Strafwürdigkeit der Erfolgsqualifikationen ergeben: Es hat sich gezeigt, daß deren einzige Besonderheit, nämlich die im Verhältnis zur Tateinheit engeren Voraussetzungen, keinen Aufschluß über den Grad der Strafwürdigkeit gibt.

Auch im Schrifttum scheint dies erkannt worden zu sein, denn der angeblich eigenständige Strafwürdigkeitsgehalt wird z. T. nicht schon aus den Erfolgsqualifikationen selbst herzuleiten versucht, sondern vielmehr unter Bezugnahme auf die ähnlich strukturierte Vorschrift über den Raub (§ 249 StGB): Es wird argumentiert, im Falle einer Entbehrlichkeit der erfolgsqualifizierten Delikte sei es nur konsequent, auch § 249 StGB zu beseitigen. Wenn etwa die Körperverletzung mit Todesfolge (auch was die Strafwürdigkeit angeht) nichts qualitativ anderes sei als eine in Tateinheit mit fahrlässiger Tötung begangene vorsätzliche Körperverletzung, dann müsse dasselbe auch für die im Tatbestand des Raubes miteinander kombinierten Delikte gelten; auch hier liege dann nur eine Nötigung (§ 240) und ein Diebstahl (§ 242) durch „dieselbe Handlung" (§ 52) vor[29]; damit eliminiere man einen selbständigen Tatbestand der Schwerkriminalität[30].

Es wird also nicht gefragt, ob eine Strafbarkeitslücke bei einer Beseitigung der *Erfolgsqualifikationen* entstünde; vielmehr werden die möglichen kriminalpolitischen Auswirkungen auf eine einzelne Strafvorschrift *außerhalb* der Erfolgsqualifikationen erörtert. Da man diese Vorschrift (§ 249 StGB) für unentbehrlich hält, soll sich damit zugleich auch der eigenständige Strafwürdigkeitsgehalt der Erfolgsqualifikationen ergeben. Die Stichhaltigkeit dieser Argumentation wird im folgenden überprüft werden.

---

[28] *Geilen*, Welzel-Fs., S. 682; *Lackner*, § 18 Anm. 4.

[29] *Mezger*, Niederschr. Bd. 2, S. 255; *Koffka*, ebd., S. 257; *Hirsch*, GA 1972, S. 70.

[30] *Hirsch*, a. a. O.

### *b) Strafwürdigkeitsvergleich der Erfolgsqualifikationen mit § 249 StGB*

Es erscheint in der Tat bedenklich, den Bestimmungen über den Raub einen erhöhten Strafwürdigkeitsgehalt gegenüber der bloßen tateinheitlichen Kombination von Diebstahl und Nötigung abzusprechen; gleichwohl — und dies wird meist übersehen — verbietet sich eine Gleichstellung mit den erfolgsqualifizierten Delikten, da die einzelnen Deliktskomponenten beim Raub in anderer Weise als bei den Erfolgsqualifikationen miteinander verknüpft sind: Es genügt nicht, daß die Wegnahme „Folge" der Drohung oder der Gewaltanwendung ist, sondern die Nötigungshandlung muß (in der Zielsetzung des Täters) gerade das *Mittel* zur Wegnahme gewesen sein. Auf ein solches Mittel-Zweck-Verhältnis von Gewaltanwendung und Vorteilserlangung als Wesensmerkmal des Raubes hat in diesem Zusammenhang bereits *Burkhardt*[31] hingewiesen. Ohne dieses Merkmal sei es „nicht zu erklären, weshalb der Gesetzgeber die kombinierte Beeinträchtigung zweier Rechtsgüter mit einer so viel höheren Strafdrohung bewehrt als ihre ‚isolierte Verletzung'"[32].

Freilich setzt — wie sich aus § 240 II StGB ableiten läßt — auch bereits der Unrechtstatbestand der Nötigung ein besonderes Willensziel des Täters im Hinblick auf den (erreichten) Erfolg voraus[33]. Daraus läßt sich jedoch nicht ableiten, daß beim Raub kein zusätzliches Unrechtselement und keine gesteigerte Strafwürdigkeit gegeben wäre. Hier liegt nämlich ein durch die Nötigungshandlung zielgerichtet herbeigeführter, *besonderer Erfolgsunwert* vor, der aus Gründen der Strafwürdigkeit in einem speziellen Tatbestand erfaßt ist. Eine Drohung oder Gewaltanwendung, die eine über die Willensbeeinträchtigung *hinausgehende*

---

[31] *Burkhardt*, JZ 1973, S. 110 ff. (115); *ders.*, NJW 1975, S. 1687 f.

[32] *Burkhardt*, NJW 1975, S. 1688.

[33] Wenn nämlich das Willensverhalten nur in der Form des Gefährdungsunwertes vorliegt, so ist eine Gegenüberstellung von Zweck und Mittel (§ 240 II) undenkbar. § 240 ist daher ein Zieldelikt (zum Begriff vgl. *Schmidhäuser*, AT, 8/43 ff.) mit erreichtem Ziel — im Gegensatz zu einem Willensziel, das über den im Tatbestand geschilderten Erfolg hinausreicht, z. B. die Absicht der Täuschung im Rechtsverkehr bei der Urkundenfälschung, § 267 StGB. Dabei ist zu beachten, daß die „Verwerflichkeitsregel" des Abs. 2 nicht Bestandteil des Unrechtstatbestandes ist. Vielmehr stellt jede Willensbeeinträchtigung durch Nötigungsmittel eine Rechtsgutsverletzung dar (vgl. *Schmidhäuser*, AT, 9/11 mit weiteren Nachweisen zum Meinungsstand). Die Vorschrift des § 240 II greift lediglich als Rechtfertigungsgrund ein. Aus der Formulierung ergibt sich jedoch für die Auslegung des Absatz 1, daß ein Willensziel bezüglich des Nötigungserfolges gegeben sein muß, andernfalls wäre eine Gegenüberstellung von Mittel und Zweck nicht möglich. Für die h. L. ist der (auf den „Zweck" bezogene) zielgerichtete Wille ohnehin unrechtsbegründend, denn § 240 II wird überwiegend als Tatbestandsmerkmal angesehen (vgl. etwa *Jescheck*, AT, S. 198). Da sich insofern keine Abweichung im Hinblick auf den hier interessierenden Aspekt ergibt, soll in diesem Zusammenhang eine Auseinandersetzung mit der h. L. unterbleiben.

Rechtsgüterverletzung *bezweckt*, ist verwerflicher als der bloße Zwang zu einem Verhalten des Opfers, mit dem keine weitere Rechtsgutsverletzung verbunden ist. Auch in zahlreichen anderen Tatbeständen hat der Gesetzgeber bestimmte schwerwiegende Nötigungserfolge aus dem Tatbestand des § 240 StGB herausgelöst, die wegen ihrer erheblichen Strafwürdigkeit nicht mehr vom Strafrahmen dieser Vorschrift erfaßt werden können, etwa beim Zwang zur Ausübung der Prostitution (§ 181 Nr. 1 StGB) oder zur Vornahme sexueller Handlungen (§ 178 StGB)[34]. Auch hier ist allerdings wie auch bei § 249 oder § 253 StGB nicht der Erfolg allein ausschlaggebend, sondern die verwerfliche Zielsetzung des Täters, der das Nötigungsmittel gerade deshalb einsetzt, um das Opfer entwürdigende oder das Vermögen schädigende Handlungen vornehmen bzw. dulden zu lassen.

Ein Vergleich mit den Vorschriften über erfolgsqualifizierte Delikte ist daher unter Strafwürdigkeitsgesichtspunkten nur bedingt möglich: Während beim Raub ein gegenüber dem „Grunddelikt" der Nötigung gesteigerter, zielgerichtet herbeigeführter Erfolgsunwert Tatbestandsvoraussetzung ist, wird dies bei den Erfolgsqualifikationen mit Ausnahme des § 225 StGB (Beabsichtigte schwere Körperverletzung) nicht verlangt. § 225 StGB nimmt aber auch innerhalb der hier behandelten Deliktsgruppe eine Sonderstellung ein.

Im übrigen ist ein auf den weiteren Erfolg gerichtetes Willensziel gerade nicht typisch für die erfolgsqualifizierten Delikte. Selbst bei vorsätzlicher Verwirklichung von Grund- und Folgedelikt ist ein derartiges Willensziel im Gegensatz zu § 249 StGB keine zwingende Tatbestandsvoraussetzung.

Es wird an anderer Stelle[35] noch zu untersuchen sein, ob der Unrechts- und damit auch der Strafwürdigkeitsgehalt der Erfolgsqualifikationen im Vergleich zu den jeweiligen Einzeldelikten jedenfalls dann gesteigert ist, wenn die Begehung des Grunddelikts von der Zielsetzung des Täters her das Mittel zur Verwirklichung des weiteren Erfolges sein soll. Selbst wenn aber die hohen Strafdrohungen für *diese* Konstellation angemessen wären, ließe sich daraus noch keine allgemeingültige Erklärung für die Sonderstellung dieser Tatbestände ableiten, denn das Wesensmerkmal der „klassischen" Erfolgsqualifikationen liegt nach herkömmlichem Verständnis gerade in dem „ungewollten"[36] weiteren Erfolg.

---

[34] Bei § 178 StGB genügt allerdings ebenso wie bei § 249 StGB nicht eine Drohung mit einem empfindlichen Übel, sondern es wird im Gegensatz zu § 240 eine Drohung mit gegenwärtiger Gefahr für Leib oder Leben vorausgesetzt.

[35] Vgl. unten, 7. Kapitel, II 2a bb).

[36] Dabei wird aber für die „ungewollte" Erfolgsherbeiführung nicht zwi-

Zusammenfassend läßt sich daher festhalten, daß sich eine besondere Strafwürdigkeit der erfolgsqualifizierten Delikte nicht mit dem Hinweis auf den ähnlich strukturierten Tatbestand des § 249 StGB begründen läßt, bzw. daß ein Wegfall der Erfolgsqualifikationen zugunsten einer Bestrafung nach den Regeln der Tateinheit nicht auch zwingend die Eliminierung der Raubtatbestände nach sich ziehen würde[37].

Man macht es sich allerdings zu leicht, wenn man eine solche Parallele schon deshalb ablehnt, weil die Kombination zweier Vorsatzdelikte nicht unbedingt den gleichen Regeln zu unterliegen habe wie die Kombination eines Vorsatzdelikts mit einem Fahrlässigkeitsdelikt[38]. Eine genauere Analyse zeigt vielmehr, daß der entscheidende Unterschied nicht in der Schuldform liegt (auch bei den meisten Erfolgsqualifikationen ist nämlich eine Kombination von vorsätzlichem Grunddelikt und vorsätzlicher Erfolgsherbeiführung denkbar), sondern in der Struktur des Unrechtstatbestandes: Es handelt sich beim Raub nicht lediglich um eine bloße Zusammenfassung von Nötigung und Diebstahl, sondern um einen speziellen, schwerwiegenden Nötigungserfolg, der vom Strafwürdigkeitsgehalt des § 240 nicht erfaßt wird; der Unwert der Tat wird zusätzlich dadurch gesteigert, daß das Willensziel des Täters gerade auf diesen Nötigungserfolg gerichtet ist. Bei den erfolgsqualifizierten Delikten fehlt es dagegen — abgesehen von § 225 StGB — an einer vergleichbaren Konstellation. Die Berufung auf die Vorschrift des § 249 StGB, mit der man herkömmlicherweise die Eigenständigkeit der Erfolgsqualifikationen zu verteidigen versucht, ist daher bei genauerem Hinsehen nur ein Scheinargument.

#### 4. Kriminologischer Häufigkeitstypus?

Bis hierher ist lediglich versucht worden, eine möglicherweise gegebene höhere Strafwürdigkeit der erfolgsqualifizierten Delikte ausschließlich aus der Wertwidrigkeit des tatbestandlich geschilderten Verhaltens zu ermitteln. Diese Betrachtungsweise berücksichtigt jedoch nicht, daß sich der Gesetzgeber bisweilen weniger an der eigentlichen Wertverfehlung, sondern an bestimmten Begehungsweisen orientiert; es finden sich im Besonderen Teil des Strafgesetzbuchs Tatbestände, in

---

schen Ziel- und Gefährdungsunwert differenziert, sondern das auf den Erfolg gerichtete Willensziel wird überwiegend mit dem Begriff des „Vorsatzes" gleichgesetzt.

[37] Die Brüchigkeit dieser Argumentation zeigt sich nicht zuletzt auch daran, daß es offenbar nicht gelingt, die besondere Strafwürdigkeit unmittelbar aus den Vorschriften über erfolgsqualifizierte Delikte abzuleiten, denn andernfalls bedürfte es des Hinweises auf § 249 StGB nicht; die Erfolgsqualifikationen würden für sich selbst sprechen.

[38] Eine derartige pauschale Kritik findet sich bei *Schubarth*, ZStW Bd. 85, S. 209 f.

denen nicht der abstrakte Unwertsachverhalt, sondern vielmehr ein kriminologischer Tattyp kodifiziert worden ist.

*Schmidhäuser*[39] hat dies an einigen Beispielen demonstriert: So zeigt etwa die Dogmengeschichte des § 239 a StGB (Erpresserischer Menschenraub) die Bindung des Gesetzgebers an die Verbrechenswirklichkeit als Vorbild für die Formulierung des Tatbestandes. Während die aus Anlaß des Lindbergh-Falles im Jahre 1936 eingeführte Vorschrift anfangs nur für die Entführung von Kindern galt, wurde sie im Jahre 1971 unter dem Eindruck zunehmender Entführungen von Erwachsenen allgemein auf die Entführung eines „anderen" ausgedehnt. Ein weiteres, von *Schmidhäuser* genanntes Beispiel ist die Fassung des § 242 StGB (Diebstahl): Der eigentliche Unwertsachverhalt liegt ebenso wie bei der Sachentziehung und der Sachbeschädigung in der Eigentumsverletzung durch Ent-Eignung bzw. der darauf gerichteten Absicht. Dieses Unrecht wird durch das Ziel des Täters, sich die Sache anzueignen, in keiner Weise berührt[40]; gleichwohl ist das Merkmal der Zueignungsabsicht Tatbestandsvoraussetzung des § 242, was nur darauf zurückzuführen ist, daß der „normale" Dieb die Sache für sich selbst haben und mit ihr wie ein Eigentümer verfahren will. Im Vordergrund steht hier also ebenfalls der kriminologische Häufigkeitstypus, der dem Gesetzgeber als Leitbild für die Formulierung des Tatbestandes dient. Eine solche Typisierung muß nicht zwangsläufig zu sachwidrigen Ergebnissen führen; es kann vielmehr durchaus sein, daß sich eine besondere Begehungsform gerade wegen ihrer Häufigkeit als derart sozialschädlich erweist, daß eine tatbestandliche Beschreibung gerade dieses Verhaltens aus kriminalpolitischen Gründen zweckmäßig ist. Dabei spielen natürlich auch Strafwürdigkeitsmomente eine Rolle.

Zur Verdeutlichung sei nochmals auf die Vorschrift des § 242 StGB verwiesen: Es wäre durchaus denkbar, die dauernde Sachentziehung (ohne das Merkmal der Aneignungsabsicht) und die Sachbeschädigung in einem einzigen Tatbestand mit einheitlicher Strafdrohung für beide Begehungsweisen zusammenzufassen, denn der Unwert, der in der Enteignung des Eigentümers liegt, kann — soweit die Sachbeschädigung sich im Einzelfall entsprechend auswirkt — derselbe sein. Wenn der Gesetzgeber statt dessen zwei selbständige Tatbestände schafft und für den Diebstahl eine relativ höhere Strafdrohung vorsieht, so liegt dies nicht zuletzt daran, daß kriminalstatistisch gesehen der besondere Tattyp der Wegnahme in Zueignungsabsicht weitaus häufiger zu verzeichnen ist als die Beschädigung oder bloße Entziehung fremder Sachen. Geht man dabei davon aus, daß primär die Aneignungsabsicht

---

[39] *Schmidhäuser*, MschrKrim 1973, S. 344 ff.

[40] *Schmidhäuser*, MschrKrim 1973, S. 347 ff.; *ders.*, Bruns-Fs., S. 345 ff.

als Motiv ausschlaggebend für die größere Zahl der Delikte ist, so ließe sich vertreten, daß gerade in diesem Motiv die besondere Sozialschädlichkeit liegt, die bei der erhöhten Strafdrohung berücksichtigt wird.

Man mag über eine derartige Argumentationsweise streiten, zumal fragwürdig ist, ob eine Anhebung der Höchststrafe überhaupt geeignet sein kann, einer Begehungsmotivation generalpräventiv entgegenzuwirken; in diesem Zusammenhang geht es aber weniger um die Zweckmäßigkeit und Sachgerechtigkeit von Straftatbeständen[41]; hier sollte vorerst nur dargelegt werden, daß auch die Verbrechenswirklichkeit, vor allem die kriminologische Häufigkeit von Begehungsweisen, Anhaltspunkte für das Strafwürdigkeitsurteil geben können.

Lassen sich nun für die erfolgsqualifizierten Delikte unter dem Aspekt der kriminologischen Begehungshäufigkeit Argumente für eine gegenüber der Tateinheit gesteigerte Strafwürdigkeit finden? Ist die Koppelung von Delikten wie z. B. Raub, Vergewaltigung oder Brandstiftung mit (vorsätzlicher bzw. fahrlässiger) Körperverletzung oder Tötung so „typisch" und „häufig", daß aus Gründen der Strafwürdigkeit ein spezieller Tatbestand der Erfolgsqualifikation mit eigener Strafdrohung geschaffen werden muß?

Unversehens gerät man bei dieser Überlegung wieder in den Argumentationskreislauf zur Rechtsnatur der erfolgsqualifizierten Delikte: Zwar ist es unbestreitbar, daß etwa eine Beleidigung mit Todesfolge seltener vorkommt als eine Geiselnahme, die einen solchen Erfolg nach sich zieht, es wurde aber bereits mehrfach darauf hingewiesen, daß die „typische" Gefahr vom Gesetzgeber sowohl im Tatbestand des Grunddelikts als auch in der darauf bezogenen Strafdrohung berücksichtigt wird. Wenn dem Grundtatbestand damit die Funktion einer „vorgelagerten Schutznorm"[42] gegen typische Weiterungen zukommt, kann die Strafwürdigkeit der Tat beim Eintritt einer solchen Weiterung nicht wesentlich verändert sein; andernfalls läge eine „Doppelverwertung" von Strafwürdigkeitsgesichtspunkten vor.

Im übrigen ist es mit der Typizität (im Sinne einer kriminologischen Eigenart) der geschilderten Verhaltensweisen bei den erfolgsqualifizierten Delikten ohnehin nicht weit her: Im Vordergrund steht stets das vorsätzliche Grunddelikt; der weitere Erfolg ist nur ein „Nebenprodukt" der Grundhandlung — anders als etwa beim Raub, wo die Elemente der Nötigung und der Wegnahme gleichberechtigt miteinander verknüpft

---

[41] Innerhalb eines gewissen Spielraums ist der Gesetzgeber frei in der Bestimmung der Strafwürdigkeit; wo die Grenzen dieses gesetzgeberischen Ermessens liegen, soll später noch erörtert werden.

[42] *Bruns*, S. 423.

sind und durch die Mittel-Zweck-Relation einen speziellen Unwertgehalt erhalten.

Auch im vielberufenen „Volksbewußtsein“[43] sind die Erfolgsqualifikationen — vielleicht mit Ausnahme des § 226 StGB (Körperverletzung mit Todesfolge)[44] nicht derart fest als eigenständiger Deliktstypus verankert, daß hierfür besondere Strafvorschriften bestehen müßten.

Schließlich zeigt ein Blick auf die Kriminalstatistik[45], daß die Häufigkeit schwerer Verbrechensfolgen keineswegs so groß ist wie man meinen möchte: Insgesamt 3540 Verurteilungen wegen einfachen und schweren Raubes (§§ 249, 250 StGB) standen im Jahre 1977 sieben (!) Verurteilungen wegen Raubes mit Todesfolge (§ 251) gegenüber, das sind ca. 0,2 %. Sogar bei der „klassischen“ Erfolgsqualifikation des § 226 StGB betrug das Verhältnis zum Grundtatbestand (§§ 223 bzw. 223 a) nur knapp 0,3 % (116 : 38.844). Selbst wenn man nur die gefährliche Körperverletzung berücksichtigt, steigt der Prozentsatz nicht über 0,6 %. Angesichts dieser geringen Prozentzahlen wird deutlich, daß sich eine höhere Strafwürdigkeit auch nicht aus einer besonderen kriminologischen Begehungshäufigkeit herleiten läßt — vorausgesetzt, man anerkennt überhaupt das Häufigkeitskriterium als Anhaltspunkt für das Maß der Strafwürdigkeit[46].

## IV. Zusammenfassende Stellungnahme

Ausgangspunkt für die Überlegungen zur Strafwürdigkeit war die nicht selten vertretene These, es handle sich bei den erfolgsqualifizierten Delikten lediglich um ein Problem der Gesetzestechnik; materiell sei zwar nur eine tateinheitliche Verwirklichung zweier selbständig straf-

---

[43] *Mezger*, Niederschr. Bd. 2, S. 255; ähnlich *Wolter*, JuS 1981, S. 169.

[44] *Koffka* (Niederschr. Bd. 2, S. 244) bezweifelt, ob eine Konkurrenz der Einzeldelikte ebenso „profiliert“ wäre wie die Körperverletzung mit Todesfolge; vgl. auch *Wolter* (wie Fn. 43). Problematisch ist dabei, ob der Gesetzgeber sich bei der Fassung von Strafgesetzen danach richten kann, ob eine Vorschrift „profiliert“ genug ist oder ob er sich nicht besser am abstrakten Unwertgehalt orientieren sollte.

[45] Statistisches Bundesamt, Fachserie 10: Rechtspflege, Reihe 3 (Strafverfolgung 1977), 1979, S. 14 ff.

[46] Um sogleich einem möglichen Mißverständnis vorzubeugen: Das statistische Material allein kann natürlich für die Strafwürdigkeit eines Verhaltens nicht aussagefähig sein. Aus der Tatsache, daß ein Delikt nur selten begangen wird, kann selbstverständlich nicht geschlossen werden, daß damit die abstrakte Deliktsbeschreibung im Besonderen Teil des StGB obsolet wird bzw. daß das Verhalten weniger strafwürdig ist (andernfalls müßte der Diebstahl mit einer höheren Strafe bedroht sein als der Mord). Das Abstellen auf die kriminologische Häufigkeit kann vielmehr allenfalls nur ein ergänzender Gesichtspunkt (neben dem Unrechts- und Schuldgehalt) bei der Ermittlung der relativen Strafwürdigkeit sein, vgl. *Maurach / Gössel / Zipf*, S. 433.

barer Einzeldelikte gegeben, für den erhöhten Strafwürdigkeitsgehalt dieser Kombination reiche jedoch das in § 52 II StGB festgelegte Absorptionsprinzip nicht aus[47]. Es hat sich nunmehr gezeigt, daß auch diese Argumentation nicht haltbar ist. Damit soll nicht gesagt werden, daß gegen die Strafzumessungsregelung in § 52 II keine Einwände bestünden (es wäre vielmehr durchaus überlegenswert, de lege ferenda auch bei der Tateinheit das Asperationsprinzip zugrunde zu legen); entscheidend ist vielmehr, daß sich kein vernünftiger Grund dafür anführen läßt, das Absorptionsprinzip (für das sich der Gesetzgeber nun einmal entschieden hat) gerade bei den hier in Frage stehenden Deliktskombinationen zugunsten einer *Kumulation* der Strafdrohungen zu durchbrechen.

Eine relativ höhere Strafwürdigkeit, auf die man sich häufig (ohne nähere Begründung) beruft, konnte nicht festgestellt werden. Weder die im Vergleich zur Tateinheit engeren Tatbestandsvoraussetzungen noch eine besondere Begehungshäufigkeit lassen sich als Indiz für eine gesteigerte Strafwürdigkeit anführen.

Es mag sein, daß in der pauschalen Behauptung, eine Körperverletzung mit Todesfolge sei nun einmal a priori strafwürdiger als eine vorsätzliche Körperverletzung in Tateinheit mit fahrlässiger Tötung, noch ein Relikt des überkommenen (und überwundenen) versari-Denkens steckt; dann aber sollte man sich ausdrücklich zu dem Prinzip des versari in re illicita bekennen und dieses Prinzip am Schuldgrundsatz messen. Ein Strafwürdigkeitsurteil indessen, das sich nicht argumentativ belegen läßt, sondern auf einem diffusen und rational nicht überprüfbaren Strafbedürfnis beruht, kann nicht allgemein verbindlich sein und ist deshalb auch nicht geeignet, die Eigenständigkeit der hier behandelten Deliktsgruppe zu begründen.

Welche Folgerungen sind nun aus den bisher gewonnenen Erkenntnissen zu ziehen?

Am nächsten liegt die Forderung, diejenigen Qualifikationstatbestände zu streichen, die materiell bereits eine abschließende Regelung im Strafgesetzbuch gefunden haben[48] und daher entbehrlich sind; damit würden auch die umstrittenen Teilnahme- und Versuchsprobleme im Zusammenhang mit den erfolgsqualifizierten Delikten obsolet werden; Entsprechendes gilt für den Meinungsstreit über die Zurechnung des Sekundärerfolges zum Grunddelikt sowie für die Konkurrenzproblematik. Diese Forderung ist natürlich nicht neu. Es wurde bereits erwähnt, daß die Existenzberechtigung der erfolgsqualifizierten Delikte im strafrechtswissenschaftlichen Schrifttum schon häufig bezweifelt worden

---

47 Vgl. oben, 3. Kapitel, VII.

48 Davon auszunehmen sind die §§ 224, 225, 239 II 1. Alt. StGB, vgl. oben, 4. Kapitel, II.

ist[49]; der Gesetzgeber hat sich indessen nicht nur für ihre Beibehaltung entschieden, sondern läßt den „Dschungel“ der Qualifikationen ständig weiter wuchern. Es ist daher kaum zu erwarten, daß hier in absehbarer Zeit eine durchgreifende Bereinigung des Gesetzes stattfinden wird[50] — man bedenke, daß es trotz der unmittelbar nach dem Inkrafttreten des Strafgesetzbuches einsetzenden Kritik an der fehlenden Verschuldensvoraussetzung mehr als achtzig Jahre dauerte, bis dem Schuldprinzip durch die Einführung des § 56 a. F. (§ 18 n. F.) jedenfalls insoweit Genüge getan wurde.

Zwar bleibt zu hoffen, daß die Abschaffung der erfolgsqualifizierten Delikte nicht entsprechend lange auf sich warten lassen wird (zumal die eigentliche Problematik dieser Tatbestände nicht mehr durch den vordergründigen Streit um die notwendige Verschuldensbeziehung verdeckt ist[51]), dennoch genügt es nicht, die vorliegende Untersuchung mit einem bloßen Postulat de lege ferenda zu beschließen. Für die Rechtsanwendung auf dem Boden des *geltenden* Rechts ist vielmehr allein von Bedeutung, ob der als unbefriedigend empfundene Rechtszustand bis zu einer Änderung des Gesetzes gleichsam „schicksalhaft“ hingenommen werden muß (etwa nach dem Grundsatz: Es liegt nun einmal „im Bereich des gesetzgeberischen Könnens, sachwidrige Vorschriften zu erlassen“[52]) oder ob der Gesetzgeber seinen von der Verfassung vorgezeichneten Regelungsspielraum derart überschritten hat[53], daß die hier behandelten Tatbestände als nichtig anzusehen oder, anders als bisher, verfassungskonform — restriktiv — auszulegen sind.

In den folgenden Kapiteln soll daher — ausgehend von den bisher erarbeiteten Ergebnissen — untersucht werden, ob die erfolgsqualifizierten Delikte mit ihren sehr hohen Strafdrohungen den Anforderungen des Grundgesetzes an die Strafgesetzgebung widersprechen, oder ob sich die als sachwidrig erkannte Typisierung noch im Rahmen des gesetzgeberischen Ermessens bei der Auswahl und tatbestandlichen Beschreibung strafwürdigen Unrechts hält.

---

49 Vgl. oben S. 18.

50 *Dreher*, Bruns-Fs., S. 152, bezweifelt, daß sich „die Hoffnung auf eine allseitige gründliche Überprüfung und Harmonisierung unserer Strafrahmen, die dringend notwendig ist, in absehbarer Zeit erfüllen wird“.

51 Es ist bedauerlich, daß sich die Diskussion um die erfolgsqualifizierten Delikte bis zum Jahre 1953 auf die Notwendigkeit einer Verschuldensbeziehung zwischen Grundhandlung und schwerem Erfolg konzentriert hat. Wäre die Vorschrift des § 56 a. F. (= § 18 n. F.) schon bei Inkrafttreten des Strafgesetzbuches im Gesetz enthalten gewesen, hätte sich die Frage nach der Eigenständigkeit der Erfolgsqualifikationen sicher viel früher gestellt. So aber fehlte es zunächst an einer Vergleichbarkeit mit den entsprechenden tateinheitlichen Deliktskombinationen.

52 *Langer*, GA 1976, S. 207.

53 *Hassemer* (Kriminalpolitik, S. 204 ff.) spricht treffend vom „Mißbrauch kriminalpolitischer Definitionsmacht“.

*Fünftes Kapitel*

# Verfassungsrechtliche Problematik der erfolgsqualifizierten Delikte

## I. Vorbemerkung

Geht es auf dem Gebiete des Verwaltungsrechts um die Frage, ob eine bestimmte Verwaltungsmaßnahme rechtmäßig oder rechtswidrig ist, so ist es selbstverständlich, daß neben der Gesetzmäßigkeit des staatlichen Handelns zugleich geprüft wird, ob die jeweilige Ermächtigungsnorm gegen höherrangiges Recht verstößt. Auf dem Gebiet des Strafrechts hingegen wird die Vereinbarkeit von Strafnormen mit dem Grundgesetz nur selten erörtert. Es ist bezeichnend, daß die einschlägigen Untersuchungen zu den verfassungsrechtlichen Aspekten des Strafrechts — abgesehen von dem relativ häufig behandelten Grundsatz „nullum crimen, nulla poena sine lege“ — sich überwiegend auf die konkreten Deliktsfolgen bei der Strafzumessung beschränken[1], während die abstrakte Strafdrohung als solche in der verfassungsrechtlichen Diskussion nur ein „Schattendasein“[2] führt. Auch das Bundesverfassungsgericht hat sich — gemessen an der Bedeutung des Strafrechts für die Gesamtrechtsordnung — bisher nur relativ selten[3] mit diesem Problembereich auseinandergesetzt; nur in jüngster Zeit ist eine verstärkte Entscheidungstätigkeit auf dem Gebiete des materiellen Strafrechts zu verzeichnen, etwa zur Verfassungsmäßigkeit der Strafdrohung für Mord (§ 211 StGB)[4], bei der Rückfalltat (§ 48 StGB)[5] und beim Bagatelldiebstahl (§ 248 a StGB)[6].

---

[1] Vgl. etwa *Stree*, Deliktsfolgen, passim: Die Verfassungsmäßigkeit gesetzlicher Strafrahmen wird hier nur oberflächlich behandelt; ferner *Tiedemann*, GA 1964, S. 353 ff. Auch die umfangreiche Untersuchung von *Zipf* zur Strafmaßrevision berücksichtigt die Problematik verfassungswidriger Strafrahmen nur sehr knapp (S. 187 ff.).

[2] *Gallwas*, MDR 1969, S. 893. Überhaupt wird der verfassungsrechtliche Aspekt des Strafrechts, gemessen an der Bedeutung dieses Problembereichs, in den Lehrbüchern eher „stiefmütterlich“ (*Gallwas*, a. a. O., S. 892, Fn. 1) behandelt, vgl. etwa *Jescheck*, AT, S. 16 ff.; *Maurach / Gössel / Zipf*, S. 433; *Stratenwerth*, Rdz. 72 ff.; *Welzel*, Strafrecht, S. 238; allerdings wird die Verhältnismäßigkeit staatlichen Strafens in neuerer Zeit immer häufiger angesprochen, vgl. etwa *Ebert*, JR 1978, S. 136 ff. (137 f.); *Günther*, JuS 1978, S. 13; *Schmidhäuser*, JR 1978, S. 268 f.

[3] BVerfGE 6, 439; 27, 43; 34, 267; vgl. auch *Hamann*, S. 11 f.

[4] BVerfGE 45, 187 ff.

Eine plausible Erklärung für eine so unterschiedliche Gewichtung ist kaum zu finden, denn es ist wenig wahrscheinlich, daß eine gesetzgeberische Fehlleistung im Bereich des Verwaltungsrechts näher liegt als bei der Schaffung von Strafnormen. Gerade im Strafrecht geht es zumeist um eine Einschränkung der grundrechtlich geschützten Freiheit, so daß der verfassungsrechtliche Aspekt zumindest in gleicher Weise wie bei sonstigen öffentlich-rechtlichen Vorschriften zu berücksichtigen ist.

Vielleicht ist auch die Vorlagepraxis der Gerichte dafür verantwortlich, daß das BVerfG — auch in der Relation zur Gesamtzahl der betreffenden Verfahren — häufiger über die Rechtmäßigkeit verwaltungsrechtlicher Ermächtigungsgrundlagen entscheidet: Vielleicht sind die Verwaltungsrichter eher geneigt, eine Rechtsnorm im Rahmen des Normenkontrollverfahrens auf ihre Grundrechtsverträglichkeit überprüfen zu lassen als die Strafrichter. Es hat sich gerade bei der im Jahre 1977 ergangenen Entscheidung des Bundesverfassungsgerichts zur Frage der Verfassungswidrigkeit der lebenslangen Freiheitsstrafe gezeigt, daß es nur der Initiative eines einzelnen Schwurgerichts[7] bedarf, und schon ergibt sich die Notwendigkeit der gründlichen Überprüfung einer Strafvorschrift, die von der Rechtsprechung über Jahrzehnte hinweg bedenkenlos angewandt worden ist[8]. In diesem Urteil des BVerfG sind alle Gesichtspunkte enthalten, die auch für die vorliegende Untersuchung relevant sind: Hier wie dort geht es um die Frage, ob die für ein tatbestandlich geschildertes Verhalten angedrohte Strafe so überhöht ist, daß eine Korrektur der Strafdrohung aus verfassungsrechtlichen Gründen erforderlich wird. Auszugehen ist dabei von der Feststellung des BVerfG, daß gerade „auf dem Gebiete der Strafrechtspflege ... höchste Anforderungen an die Gerechtigkeit gestellt werden“[9]. Die Gestaltungsfreiheit des Gesetzgebers sei begrenzt durch die Unantastbarkeit der Würde des Menschen (Art. 1 I GG) als oberstem Prinzip der verfassungsmäßigen Ordnung, aber auch durch weitere Verfassungsnormen wie den Gleichheitssatz (Art. 3 I GG) und das Gebot der Rechts- und Sozialstaatlichkeit, wobei insbesondere der Verhältnismäßigkeitsgrundsatz beachtet werden müsse[10].

Anhand dieser Prinzipien sollen im folgenden die Strafrahmen der erfolgsqualifizierten Delikte untersucht werden; es wird zunächst zu

---

[5] BVerfG NJW 1979, S. 1037 ff.

[6] BVerfG NJW 1979, S. 1039 f.

[7] Vgl. den Vorlagebeschluß des LG Verden, in: EuGRZ 1976, S. 155 ff.

[8] Die Entscheidung des LG Verden und ihre Bedeutung für eine nunmehr zu erhoffende Umkehr der bisherigen BGH-Rechtsprechung zum Mordmerkmal der „Heimtücke“ wird von *Schmidhäuser* (JR 1978, S. 271) ausdrücklich gewürdigt.

[9] BVerfGE 45, 228.

[10] BVerfGE 45, 223.

fragen sein, ob sich die jeweiligen Mindest- und Höchststrafen (darunter auch die häufig als Höchstmaß angedrohte lebenslange Freiheitsstrafe) mit dem Grundsatz der Menschenwürde und dem sich daraus ergebenden Schuldgrundsatz vereinbaren lassen; sodann, ob es dem Gerechtigkeitsgebot zuwiderläuft, wenn für die Verwirklichung eines Qualifikationstatbestandes eine höhere Strafdrohung vorgesehen ist als für die tateinheitliche Kombination der entsprechenden Einzeldelikte; und schließlich, ob das kriminalpolitische Ziel des Gesetzgebers unter Beachtung des Verhältnismäßigkeitsgrundsatzes auch mit einem weniger gravierenden Eingriff in die grundgesetzlich garantierte Freiheitssphäre zu erreichen wäre.

Schon vorab sei darauf hingewiesen, daß es nicht möglich sein wird, die genannten Verfassungsgebote völlig isoliert voneinander zu behandeln, da sie sich z. T. gegenseitig bedingen und überschneiden. So wird etwa der Schuldgrundsatz nicht nur aus dem in Art. 1 I GG normierten Schutz der Menschenwürde, sondern auch aus dem Rechtsstaatsprinzip abgeleitet[11]; und auch der Gleichheitssatz (Art. 3 I GG) wird im Strafrecht durch den Schuldgrundsatz konkretisiert, denn eine „gerechte" Strafe ist nur möglich, wenn das Gesetz gleiche Rechtsfolgen für gleiche Schuld vorsieht. Schließlich „deckt sich der Schuldgrundsatz in seinen die Strafe begrenzenden Auswirkungen mit dem Verfassungsgrundsatz des Übermaßverbotes"[12]. Wenn also im folgenden die jeweiligen Qualifikationsvorschriften anhand der eben nur enumerativ aneinandergereihten Verfassungsprinzipien überprüft werden, so ist dies nur in einer Verknüpfung der einzelnen Grundsätze — wie sie auch das BVerfG vorgenommen hat[13] — möglich.

## II. Die lebenslange Freiheitsstrafe und das Grundrecht der Menschenwürde

Bei der verfassungsrechtlichen Überprüfung der Qualifikationsstrafrahmen stellt sich für das geltende Recht vor allem die Frage der Verfassungswidrigkeit der lebenslangen Freiheitsstrafe als schwerster staatlicher Sanktion, die nicht nur absolut für Mord (§ 211 StGB) ange-

---

[11] BVerfGE 20, 331; 25, 285; 27, 29; 45, 259; im verfassungsrechtlichen Schrifttum wird z. T. isoliert auf Art. 1 I GG bzw. nur auf den Grundsatz der Rechts- und Sozialstaatlichkeit abgestellt (vgl. *Sax* in: *Bettermann / Nipperdey / Scheuner*, S. 937 einerseits und *Leibholz / Rinck*, Anm. 28b zu Art. 20 GG andererseits).

[12] BVerfG NJW 1979, S. 1040.

[13] In dem Urteil zur lebenslangen Freiheitsstrafe (BVerfGE 45, 187 ff.) werden die jeweiligen Grundsätze zwar in getrennten Abschnitten behandelt, dabei handelt es sich aber nur um eine grobe Gliederung: In der Einzeldarstellung werden vielmehr unterschiedliche Verfassungsgebote miteinander verknüpft.

droht ist, sondern auch in zahlreichen Vorschriften über erfolgsqualifizierte Delikte als Höchstgrenze des Strafrahmens vorgesehen ist, z. B. in § 229 II StGB (Vergiftung mit Todesfolge), § 251 StGB (Raub mit Todesfolge) oder §§ 239 a/b II StGB (Erpresserischer Menschenraub bzw. Geiselnahme mit Todesfolge). Es ist problematisch, ob sich diese Strafe mit der im Grundgesetz geschützten Menschenwürde vereinbaren läßt.

### 1. Der Begriff der Menschenwürde

Staatliches Strafen ist vor allem an das oberste Gebot der verfassungsmäßigen Ordnung, die Achtung der Würde des Menschen (Art. 1 I GG) gebunden. Dieses Grundrecht schützt die Freiheit des Menschen zur Selbstbestimmung und Selbstgestaltung als Inhalt der Persönlichkeit[14] und verbietet damit jede erniedrigende oder herabwürdigende Behandlung. Auch gegenüber dem Rechtsbrecher, der die verfassungsmäßige Ordnung bewußt mißachtet hat, darf dieser höchste Wert nicht relativiert werden[15]. Zwar wird die Selbstbestimmung dort begrenzt, wo übergeordnete Gesichtspunkte des Gemeinwohls dies erfordern (dazu gehört auch die zwangsweise Freiheitsentziehung im Rahmen des Strafverfahrens), stets muß aber gewährleistet sein, daß der Betroffene „als selbstverantwortliche Persönlichkeit anerkannt bleibt“[16]. Der Mensch darf nicht zum bloßen Objekt eines staatlichen Verfahrens degradiert werden[17]; es darf über seine Person nicht willkürlich verfügt werden.

Daraus folgt für das Strafrecht zunächst das Verbot grausamer, unmenschlicher oder erniedrigender Strafen[18].

Es würde den Rahmen dieser Untersuchung sprengen, wenn hier auf sämtliche Einzelaspekte bezüglich der „Unmenschlichkeit“ der lebenslangen Freiheitsstrafe eingegangen würde, wobei insbesondere die wissenschaftlich noch keineswegs geklärte Problematik der Persönlichkeitsstörung nach sehr langer Haftdauer im Vordergrund stehen müßte. Dabei handelt es sich primär um medizinische und kriminologische Fragestellungen, die hier naturgemäß nicht näher behandelt werden können, zumal dieser Aspekt der lebenslangen Freiheitsstrafe nicht speziell für die erfolgsqualifizierten Delikte von Bedeutung ist.

Notwendig erscheint allerdings eine Auseinandersetzung mit der Argumentation des BVerfG zur Frage der Vereinbarkeit der lebenslangen Freiheitsstrafe mit Art. 1 I GG im Rahmen der bereits erwähnten Ent-

[14] *Hamann / Lenz,* Art. 1 Anm. 1; *Maunz / Dürig / Herzog / Scholz,* Art. 1 Rdz. 18; *von Münch / Herdemerten,* Art. 1, Anm. 5.

[15] *Niese,* ZStW Bd. 63, S. 228.

[16] BVerfGE 45, 228.

[17] BVerfGE 27, 6; 45, 228.

[18] BVerfGE 45, 228.

scheidung[19] vom 21. 6. 1977; dort geht es nämlich nicht nur um die Verletzung des Grundrechts auf Wahrung der Menschenwürde, sondern grundsätzlich um die Grenzen der verfassungsrechtlichen Nachprüfung einer gesetzlichen Strafdrohung.

### 2. Die Entscheidung des BVerfG vom 21. 6. 1977

Zum einen heißt es in diesem Urteil, es sei mit Art. 1 I GG unvereinbar, „wenn der Staat für sich in Anspruch nehme, den Menschen zwangsweise seiner Freiheit zu entkleiden, ohne daß zumindest die Chance für ihn besteht, je wieder der Freiheit teilhaftig werden zu können“[20], zum anderen argumentiert das BVerfG, die lebenslange Freiheitsstrafe sei — vom Strafzweck her gesehen — „keine sinnlose Strafe“[21]. Dann wiederum heißt es, der moderne Behandlungsvollzug gewährleiste, daß jeder Straftäter die Möglichkeit erhalte, sich nach Verbüßung der Strafe wieder in die Gemeinschaft einzuordnen; das gelte auch für einen zu lebenslanger Freiheitsstrafe Verurteilten, zumal die volle Verbüßung in der Praxis eine seltene Ausnahme sei[22]; allerdings sei es geboten, die derzeitige Gnadenpraxis zu verrechtlichen[23]. Man fragt sich hier, welchen „Sinn“ die Androhung einer „lebenslangen“ Freiheitsstrafe im Gesetz haben kann, wenn es doch erklärtes Ziel der Strafe sein soll, auf eine Wiedereingliederung des Verurteilten nach einer bestimmten Haftdauer hinzuwirken. Nimmt man das Wort „lebenslang“ wirklich ernst (und das BVerfG definiert es zunächst auch wortgetreu als „die endgültige Ausschließung des Straftäters aus der Gesellschaft der freien Bürger“[24], so läßt sich dieses Strafübel begrifflich nicht mit dem Wort „Wiedereingliederung“ in Einklang bringen. Wie aber sollte die Rechtsfolge „lebenslange Freiheitsstrafe“ anders als in dem genannten Sinn verstanden werden?

Hätte das BVerfG diesen Ausgangspunkt im Auge behalten, so hätte es sich in seiner Entscheidung kaum mit der Feststellung begnügt, es sei angesichts der wissenschaftlich noch ungeklärten Frage, ob eine sehr lange Haftdauer (über zwei Jahrzehnte und mehr) schwerwiegende Persönlichkeitsveränderungen nach sich zieht, für die verfassungsgerichtliche Nachprüfung „Zurückhaltung geboten“[25]. Da schwerwiegende Haft-

---

[19] BVerfGE 45, 187 ff.

[20] BVerfGE 45, 229.

[21] BVerfGE 45, 254.

[22] BVerfGE 45, 239 ff.

[23] BVerfGE 45, 242 ff.

[24] BVerfGE 45, 223.

[25] BVerfGE 45, 237 m. w. Nw. Es ist bezeichnend, daß sich das Gericht auf seine Pflicht zur „Zurückhaltung“ angesichts wissenschaftlicher Streitfragen immer dann beruft, wenn im Ergebnis der bestehende Rechtszustand für verfassungsgemäß erachtet wird. Hier wird dem Gesetzgeber eine weitgehende

schäden — wie es in den vom BVerfG herangezogenen Sachverständigengutachten zum Ausdruck kommt — zumindest nicht mit Sicherheit ausgeschlossen werden können, hätte es nahegelegen, schon angesichts der bloßen Möglichkeit einer Persönlichkeitszerstörung einen Verstoß gegen Art. 1 I GG anzunehmen und damit gewissermaßen im Zweifel[26] für die Menschenwürde zu entscheiden.

Dieser Fragestellung weicht das Gericht jedoch aus, indem es unterstellt, daß die verhängte Strafe de facto nicht so vollstreckt wird, wie es der Wortlaut des Gesetzes vorsieht: In einem Behandlungsvollzug, der auf Wiedereingliederung des Verurteilten nach einer begrenzten Haftdauer abziele, werde einer drohenden Persönlichkeitsveränderung dadurch entgegengewirkt, daß die in Art. 1 I GG garantierte Unantastbarkeit der Menschenwürde gewahrt bleibe.

Diese eigenartige und in sich widersprüchliche Argumentation hat *Schmidhäuser*[27] so gekennzeichnet: Das BVerfG „trennte das Wort des Gesetzes und des jeweiligen schwurgerichtlichen Urteilstenors (‚lebenslange Freiheitsstrafe') von dem mit diesem Wort bezeichneten *Strafübel* (daß der Verurteilte vielleicht 28, 43, ja 62 Jahre eingesperrt bleibt, bis der Tod seine Strafe beendet)". Es wird also differenziert zwischen *Androhung* und *Vollzug* der Strafe, wobei ein Vollzug, bei dem für den Verurteilten keine Chance besteht, je wieder in die Freiheit zu gelangen, wegen Verstoßes gegen Art. 1 I GG für verfassungswidrig erklärt wird[28]. Das bedeutet, daß die *wirklich* „lebenslange" Freiheitsstrafe de facto abgeschafft und durch eine zeitlich befristete Vollstreckung abgelöst worden ist (die genaue Frist wird der Gesetzgeber nach einer Übergangszeit im Wege der vom BVerfG geforderten Kodifizierung des Gnadenverfahrens festlegen), wenngleich im Gesetz und im Strafurteil auch weiterhin das Wort „lebenslang" verwendet werden wird.

---

Gestaltungsfreiheit zugestanden (vgl. etwa BVerfGE 37, 118; 43, 347 — numerus clausus —; 41, 125 — zu § 17 StGB —; vgl. neuerdings auch BVerfG NJW 1979, S. 359 ff. (363) — „Schneller Brüter" —. Leider hält sich das BVerfG nicht konsequent an das Gebot richterlicher Selbstbeschränkung („judicial self-restraint"). So wird etwa in der Entscheidung zum Schwangerschaftsabbruch (BVerfGE 39, 1 ff.) nicht nur die generelle Aufhebung des § 218 StGB für verfassungswidrig erklärt, sondern darüber hinaus wird der Inhalt der vom Gericht geforderten Strafbestimmung bereits vorformuliert (BVerfGE 39, 44 ff.).

[26] Das Gericht räumt auch ein, daß es „bedenklich" sei, Unklarheiten in der Bewertung von Tatsachen zu Lasten des Grundrechtsträgers gehen zu lassen (BVerfGE 45, 238).

[27] JR 1978, S. 268.

[28] *Schmidhäuser*, JR 1978, S. 267 ff., hält den Vollzug der lebenslangen Freiheitsstrafe schon wegen Verstoßes gegen den Verhältnismäßigkeitsgrundsatz für verfassungswidrig und geht auf das Grundrecht der Menschenwürde nicht näher ein.

### 3. Kritik der Entscheidung

Es wäre konsequenter gewesen, wenn das BVerfG ohne Umschweife erklärt hätte, der endgültige Ausschluß eines Menschen aus der Gesellschaft der freien Bürger sei nicht mit dem Grundrecht der Menschenwürde zu vereinbaren — mit dem Resultat, daß die in § 211 für Mord angedrohte lebenslange Freiheitsstrafe für verfassungswidrig hätte erklärt werden müssen; dies wäre aber insofern problematisch gewesen, als an die Stelle der bisherigen (unbegrenzten) Strafdrohung die gesetzliche Höchststrafe von 15 Jahren (§ 38 II StGB) getreten wäre. Es ist nämlich nicht möglich, die vom Wortlaut des Gesetzes her unbegrenzte Freiheitsstrafe ohne Gesetzesänderung auf 20 oder 25 Jahre zu begrenzen; darin läge ein Verstoß gegen den in Art. 103 II GG festgelegten Bestimmtheitsgrundsatz, der auch für die Rechtsfolgeseite gilt[29].

Eine Höchststrafe von 15 Jahren erschien dem Gericht aber offenbar zu niedrig, zumal damit kein eigenständiger Anwendungsbereich des Mordparagraphen gegenüber dem Totschlag (§ 212 StGB) mehr verblieben wäre. Von daher ist es verständlich, daß das BVerfG einen weniger rigorosen Weg suchte und deshalb die lebenslange Freiheitsstrafe mit der „Maßgabe" für verfassungsgemäß erklärte, daß dem Verurteilten eine Chance verbleiben müsse, je wieder der Freiheit teilhaftig zu werden. Die Strafe soll also in der Praxis gerade nicht bis zum Tode des Verurteilten vollzogen werden.

Unklar bleibt indessen, wie dies mit dem Gesetzeswortlaut zu vereinbaren ist, denn ein lebenslanger Freiheitsentzug schließt doch eine Befristung denknotwendig aus. Hier setzt sich wiederum die eigenartige Unterscheidung zwischen Androhung und Vollzug durch, die von *Schmidhäuser* gerügt worden ist. Für ihn ergibt sich als „sachlicher Gehalt"[30] der Entscheidung und der Leitsätze, daß die lebenslange Freiheitsstrafe zwar von Verfassungs wegen im StGB angedroht, als Strafe ausgesprochen und im Strafregister eingetragen werden dürfe; ihre Vollstreckung sei aber verfassungswidrig.

Gegen eine solche Differenzierung erheben sich allerdings grundsätzliche Bedenken, gerade auch im Hinblick auf die hier vorzunehmende verfassungsrechtliche Überprüfung der Strafrahmen für erfolgsqualifizierte Delikte: Wenn in dem Vollzug einer staatlichen Zwangsmaßnahme ein Verstoß gegen das Grundgesetz liegt, dann kann für die abstrakte Androhung nichts anderes gelten. Ohne Realisierbarkeit bleibt die im Gesetz vorgesehene Rechtsfolge nämlich eine bloße Attrappe, was mit rechtsstaatlichen Grundsätzen nicht zu vereinbaren ist; andernfalls

---

[29] *Maunz / Dürig / Herzog / Scholz*, Art. 103 Rdz. 108.

[30] *Schmidhäuser*, JR 1978, S. 271.

könnten im StGB Leibesstrafen oder sogar Folterungen angedroht werden — mit der „Maßgabe", eine Vollstreckung dürfe nicht vorgenommen werden.

Würde sich die Argumentationsweise des BVerfG durchsetzen, erübrigte sich eine Kontrolle von gesetzlichen Strafrahmen unter Verfassungsgesichtspunkten weitgehend — es genügte der Hinweis darauf, daß die volle Verbüßung der verhängten Strafe in der Praxis ohnehin eine „seltene Ausnahme" ist. Damit ließe sich jeder noch so überhöhte Strafrahmen relativieren[31].

Welche Folgerungen lassen sich nun aus alledem für den hier interessierenden Gegenstand ziehen? Da die lebenslange Freiheitsstrafe auch in zahlreichen Vorschriften über erfolgsqualifizierte Delikte angedroht ist, gelten die Ausführungen des BVerfG entsprechend auch für die Erfolgsqualifikationen, soweit es um die Vereinbarkeit mit dem Grundrecht der Menschenwürde geht: eine nähere Analyse der Argumentation des BVerfG zeigt, daß es, ausgehend von der (nicht näher begründeten) These des Gerichts, der Vollzug einer wirklich „lebenslangen" Freiheitsstrafe widerspreche der Menschenwürde, die einzig konsequente Lösung gewesen wäre, auch die Androhung dieser Strafe wegen Verstoßes gegen Art. 1 I GG als verfassungswidrig zu verwerfen. Nur die gesetzliche Höchststrafe von 15 Jahren wäre dann nach dem gegenwärtigen Rechtszustand mit dem Grundgesetz zu vereinbaren.

Dieser Hinweis auf die innere Widersprüchlichkeit der Verfassungsgerichtsentscheidung vom 21. 6. 1977 mag zunächst genügen. Ob sich letztlich Tatsachen dafür anführen lassen, daß der Vollzug und damit auch die Androhung der lebenslangen Freiheitsstrafe eine Verletzung der Menschenwürde darstellen, kann — wie schon erwähnt — hier nicht abschließend geklärt werden. Um die pauschale Behauptung des BVerfG zu überprüfen, wonach eine Strafverbüßung ohne die Chance für den Bestraften, je wieder der Freiheit teilhaftig zu werden, menschenunwürdig sei, wäre eine eingehende Auseinandersetzung mit dem medizinisch-psychologischen Schrifttum zum Problem der haftbedingten Persönlichkeitsschäden erforderlich, die hier nicht in angemessenem Umfang vorgenommen werden kann. Auch die oben vorgeschlagene Lösung, wonach das zu schützende Grundrecht im Zweifel den Vorrang haben müsse, solange über die Intensität der Grundrechtsbeeinträchtigung noch ein wissenschaftlicher Streit besteht, ist ohne eine genaue Analyse des Meinungsstandes nicht möglich. Bei der weiteren Überprüfung der Strafrahmen der erfolgsqualifizierten Delikte soll daher die Frage, ob die lebenslange Freiheitsstrafe dem Grundrecht der Menschenwürde

[31] *Dreher* hat sich schon in JZ 1956, S. 682 gegen die verbreitete Auffassung gewandt, die Höchststrafen seien unbeachtlich, da sie praktisch nicht verhängt würden. Entsprechendes gilt dann auch für die Vollstreckung.

widerspricht, ausgeklammert werden. Ob diese Strafe dagegen, sofern sie als Höchstmaß für erfolgsqualifizierte Delikte vorgesehen ist, mit anderen Verfassungsprinzipien, insbesondere mit dem Schuldprinzip und dem Verhältnismäßigkeitsgrundsatz zu vereinbaren ist, wird im nächsten Abschnitt noch eingehend behandelt werden. Die Entscheidung des BVerfG sollte nur zeigen, daß bei einer verfassungsrechtlichen Überprüfung einer Strafdrohung allein die Rechtsfolgeanordnung des Gesetzes berücksichtigt werden darf; die Art und Weise des praktischen Vollzuges ist dabei unerheblich.

Es wäre immerhin wünschenswert, wenn der Gesetzgeber die Thesen des BVerfG im Interesse der Rechtsklarheit zum Anlaß nehmen würde, die Diskrepanz zwischen Androhung und Vollstreckung bei der lebenslangen Freiheitsstrafe zu beseitigen, denn wenn feststeht, daß die Strafverbüßung in aller Regel ohnehin nach 20 Jahren ausgesetzt wird, damit etwaige Persönlichkeitsschäden vermieden werden, liegt es nahe, die (abstrakte) gesetzliche Höchststrafe ebenfalls entsprechend zu begrenzen. Ob sich aber eine solche Gesetzesänderung in absehbarer Zeit politisch realisieren läßt, ist fraglich, zumal in der Öffentlichkeit die Forderung nach schärferen Strafgesetzen vorherrscht. Es besteht für den Gesetzgeber auch keine dringende Notwendigkeit für eine Neugestaltung des Mordparagraphen (und damit auch einiger Erfolgsqualifikationen mit der Rechtsfolge „lebenslange Freiheitsstrafe"), hat doch das BVerfG ausdrücklich bescheinigt, daß die Formulierung des § 211 StGB (um die es bei der Normenkontrolle allein ging) verfassungsrechtlich unbedenklich ist.

Vor diesem Hintergrund erscheint die Einschätzung *Schmidhäusers*, es handle sich bei der Entscheidung des BVerfG zwar um eine fragwürdige, aber doch praktikable „Übergangslösung"[32] bis zu einer offenen Abschaffung der lebenslangen Freiheitsstrafe, zu optimistisch.

## III. Die erweiterten Strafrahmen als Verstoß gegen das Schuldprinzip, das Gerechtigkeitsgebot und den Verhältnismäßigkeitsgrundsatz

### 1. Das Verhältnis von Schuld und Strafe

Das Verbot unmenschlicher oder erniedrigender Strafen ist nur ein Teilaspekt des Grundrechts der Menschenwürde in der Strafrechtsanwendung. Art. 1 I GG bestimmt vielmehr das Verhältnis von Schuld und Strafe schlechthin[33]. Wie sich dieses Verhältnis im einzelnen dar-

---

[32] *Schmidhäuser*, JR 1978, S. 271.

[33] *Maunz / Dürig / Herzog / Scholz*, Art. 1, Rdz. 31.

zustellen hat, ist den Leitsätzen einer Entscheidung des BayVerfGH aus dem Jahre 1950[34] zu entnehmen, die vom Bundesverfassungsgericht in ständiger Rechtsprechung übernommen worden sind[35] und auch im verfassungsrechtlichen Schrifttum einhellig anerkannt werden[36]. Danach erschöpft sich der Schuldgrundsatz nicht nur in dem heute selbstverständlichen Gebot, wonach ein Strafübel grundsätzlich nur bei strafrechtlichem Verschulden des Täters verhängt werden darf, sondern darüber hinaus muß die Strafe in einem gerechten Verhältnis zur Schwere der Straftat und zum Verschulden des Täters stehen[37]. Ferner muß dort, wo die Tat Grade des Verschuldens aufweist, für den Richter grundsätzlich die Möglichkeit bestehen, die Strafe dem anzupassen. Mit der Forderung nach einer (relativ) gerechten Strafe wird nicht nur dem Grundrecht der Menschenwürde, sondern auch dem verfassungsrechtlich verankerten Gleichheitssatz Rechnung getragen, der eine staatliche Ungleichbehandlung ohne hinreichenden sachlichen Grund verbietet. Auch der aus dem Gebot der Rechtsstaatlichkeit (Art. 20 III GG) abgeleitete Verhältnismäßigkeitsgrundsatz ist zu beachten: Nur soweit es zur Bewahrung der staatlichen Ordnung als Voraussetzung für das Gemeinschaftsleben notwendig ist, darf eine Strafe für schuldhaftes Unrecht verhängt werden; dabei ist zu differenzieren nach der Schwere des strafrechtlichen Vorwurfs. So darf etwa die Strafdrohung für eine Bagatelltat, die das Gemeinschaftsleben kaum nennenswert beeinträchtigt, nicht so hoch sein, daß kein Unterschied mehr zu den Strafdrohungen für Delikte der Schwerkriminalität besteht.

Ein so verstandenes Schuldprinzip, welches mehrere Verfassungsgrundsätze miteinander verknüpft[38], verlangt also nicht nur die Verschuldensbeziehung im Tatbestand als solche, sondern darüber hinaus eine „relative Proportionalität“[39] zwischen den Strafrahmen der einzelnen Vorschriften im Besonderen Teil des StGB.

Zwar ist es — wie der BayVerfGH in der erwähnten Entscheidung ausdrücklich festgestellt hat — in aller Regel Sache des Gesetzgebers, das Verhältnis von Schuld und Strafe zu bemessen und zu bewerten, eklatante Verstöße gegen das Gerechtigkeitsgebot und gegen den Ver-

---

[34] BayVerfGH, VerwRspr. 3, S. 145 ff. (146).

[35] BVerfGE 6, 439; 20, 331; 25, 285 f.; 45, 228.

[36] *Maunz / Dürig / Herzog / Scholz*, Art. 1, Rdz. 32; *Nipperdey* in *Neumann / Nipperdey / Scheuner*, S. 32; *Leibholz / Rinck*, Art. 20, Rdz. 28b; *Hamann / Lenz*, Art. 1, Anm. 3b.

[37] BayVerfGH, VerwRspr. 3, S. 146, 150; vgl. ferner Fn. 35.

[38] Dies darf allerdings nicht dahingehend mißverstanden werden, daß das Schuldprinzip mit dem Verhältnismäßigkeitsprinzip gleichzusetzen wäre. Es handelt sich vielmehr um einen Teilaspekt des Schuldprinzips (vgl. zutreffend *Arth. Kaufmann*, Lange-Fs., S. 31 f.).

[39] *Stree*, Deliktsfolgen, S. 14.

hältnismäßigkeitsgrundsatz führen jedoch zur Verfassungswidrigkeit und damit zur Nichtigkeit der Norm[40]. Speziell für die Strafrahmen der erfolgsqualifizierten Delikte ist daher zu fragen, ob es sich bei den jeweiligen Vorschriften im Vergleich zu den Strafrahmen anderer Normen mit entsprechendem Unwertgehalt um eine verfassungsrechtlich zu rechtfertigende staatliche Reaktion handelt, die von der gesetzgeberischen Gestaltungsfreiheit gedeckt wird.

### 2. Strafrahmenvergleich mit den zugrundeliegenden Einzeldelikten

Wenn der Gesetzgeber einen bestimmten Unwertsachverhalt vertatbestandlicht und hierfür eine Strafrechtsfolge vorsieht, ist er zunächst relativ frei in der Bestimmung der Strafhöhe; er bindet sich damit allerdings selbst für die Bewertung weiterer Deliktstatbestände, denn die Strafrahmen sind miteinander in Beziehung zu setzen.

Als Ansatzpunkt für die Kritik der Strafrahmen der erfolgsqualifizierten Delikte im Hinblick auf die relative Gerechtigkeit der dort vorgesehenen Strafdrohungen bietet sich daher eine Gegenüberstellung mit den Strafrahmen der in der Qualifikation zusammengefaßten Einzeldelikte an. Der Gesetzgeber hat bei diesen Einzeldelikten eine grundlegende Wertung vorgenommen und es ist zu untersuchen, inwieweit die Strafdrohungen der darauf aufbauenden Qualifikationsvorschriften davon abweichen.

Zur besseren Übersicht empfiehlt sich zunächst eine nach Mindest- und Höchststrafen geordnete, tabellarische Zusammenstellung der geltenden Vorschriften über erfolgsqualifizierte Delikte des StGB[41] im Vergleich mit den Strafrahmen der entsprechenden Einzeldelikte. Damit kann auf einen Blick festgestellt werden, in welchen Fällen sich die Qualifikationsstrafrahmen noch innerhalb der vom Gesetzgeber selbst vorgezeichneten Grenzen für Grund- und „Folge“-Delikt halten, und in welchen Fällen sie darüber hinausgehen.

In der Tabelle sollen auch die Strafrahmen für eine vorsätzliche Erfolgsherbeiführung berücksichtigt werden, da der Wortlaut des § 18 („wenigstens Fahrlässigkeit“) nicht erkennen läßt, daß als qualifizierend nur die Kombination von vorsätzlichem Grunddelikt und fahrlässig

---

[40] BayVerfGH VerwRspr. 3, S. 146, 150.

[41] Die Erfolgsqualifikationen des Nebenstrafrechts werden nicht berücksichtigt. Ausgenommen werden sollen ferner die §§ 224, 225 und 239 II 1. Alt. StGB. Diese Vorschriften nehmen — wie schon oben (4. Kapitel, II) ausgeführt wurde — eine Sonderstellung ein, da es keine spezielle Strafvorschrift für die vorsätzliche oder fahrlässige Herbeiführung des schweren Erfolges (unabhängig vom Grundtatbestand) gibt. Verfassungsrechtliche Probleme ergeben sich hier nicht, da die Unwertsteigerung nicht bereits anderweitig abschließend erfaßt wird (vgl. auch unten, 8. Kapitel, III).

herbeigeführter Folge gelten kann[42]. Es soll auch noch offen gelassen werden, ob bei den Erfolgsqualifikationen mit dem Merkmal der „Leichtfertigkeit“ eine Bestrafung wegen vorsätzlicher Erfolgsherbeiführung ausgeschlossen ist; auch insoweit werden die Strafrahmen für die entsprechenden Vorsatzdelikte mit in die Übersicht aufgenommen.

[42] Dies gilt nicht für § 226 (Körperverletzung mit Todesfolge) und § 229 II 2. Alt. StGB (Vergiftung mit Todesfolge), weil hier eine vorsätzliche Erfolgsherbeiführung den Deliktscharakter ändern würde (der Schwerpunkt läge nicht mehr auf der Körperverletzung, sondern auf der Tötung). Ferner ist bei einigen Erfolgsqualifikationen, bei denen das Grunddelikt nur eine fahrlässige Begehung unter Strafe stellt, eine vorsätzliche Erfolgsherbeiführung nicht denkbar, z. B. bei § 309 2. Alt. StGB (Fahrlässige Brandstiftung mit Todesfolge).

*a) Tabellarische Strafrahmenübersicht*

| Strafrahmen der Erfolgsqualifikation | Strafrahmen des Grunddelikts | Strafrahmen des „Folge"-Delikts |
|---|---|---|
| **§ 229 II 2. Alt.**<br>Vergiftung mit Todesfolge<br>*10 Jahre / lebenslang* | **§ 229 I**<br>Vergiftung<br>*1 Jahr / 10 Jahre* | **§ 222**<br>Fahrlässige Tötung<br>*Geldstrafe / 5 Jahre*<br>**§ 212**<br>Totschlag — entfällt bei § 229; vgl. Fn. 42 |
| **§ 239 a II**<br>Erpresserischer Menschenraub mit Todesfolge<br>*10 Jahre / lebenslang* | **§ 239 a I**<br>Erpresserischer Menschenraub<br>*3 Jahre / 15 Jahre* | **§ 222**<br>*Geldstrafe / 5 Jahre*<br>**§ 212**<br>*5 Jahre / 15 Jahre* |
| **§ 239 b II**<br>Geiselnahme mit Todesfolge<br>*10 Jahre / lebenslang* | **§ 239 b I**<br>Geiselnahme<br>*3 Jahre / 15 Jahre* | **§ 222**<br>*Geldstrafe / 5 Jahre*<br>**§ 212**<br>*5 Jahre / 15 Jahre* |
| **§ 251**<br>Raub mit Todesfolge<br>*10 Jahre / lebenslang* | **§ 249**<br>Raub<br>*1 Jahr / 15 Jahre* | **§ 222**<br>*Geldstrafe / 5 Jahre*<br>**§ 212**<br>*5 Jahre / 15 Jahre* |
| **§ 307 Nr. 1**<br>Besonders schwere Brandstiftung<br>*10 Jahre / lebenslang* | **§ 306**<br>Brandstiftung<br>*1 Jahr / 15 Jahre* | **§ 222**<br>*Geldstrafe / 5 Jahre*<br>**§ 212**<br>*5 Jahre / 15 Jahre* |
| **§ 312 2. Alt.**<br>Herbeiführen einer Überschwemmung mit Todesfolge<br>*10 Jahre / lebenslang* | **§ 312 1. Alt.**<br>Herbeiführen einer lebensgefährlichen Überschwemmung<br>*3 Jahre / 15 Jahre* | **§ 222**<br>*Geldstrafe / 5 Jahre*<br>**§ 212**<br>*5 Jahre / 15 Jahre* |

| Strafrahmen der Erfolgsqualifikation | Strafrahmen des Grunddelikts | Strafrahmen des „Folge"-Delikts |
|---|---|---|
| **§ 316 c II**<br>Angriff auf den Luftverkehr mit Todesfolge<br>*10 Jahre / lebenslang* | **§ 316 c I**<br>Angriff auf den Luftverkehr<br>*5 Jahre / 15 Jahre* | **§ 222**<br>*Geldstrafe / 5 Jahre*<br>**§ 212**<br>*5 Jahre / 15 Jahre* |
| **§ 319 2. Alt.**<br>Gemeingefährliche Vergiftung mit Todesfolge<br>*10 Jahre / lebenslang* | **§ 319 1. Alt.**<br>Gemeingefährliche Vergiftung<br>*1 Jahr / 10 Jahre* | **§ 222**<br>*Geldstrafe / 5 Jahre*<br>**§ 212**<br>*5 Jahre / 15 Jahre* |
| **§ 176 IV**<br>Sexueller Mißbrauch von Kindern mit Todesfolge<br>*5 Jahre / 15 Jahre* | **§ 176 I**<br>Sexueller Mißbrauch von Kindern<br>*Geldstrafe / 5 Jahre* | **§ 222**<br>*Geldstrafe / 5 Jahre*<br>**§ 212**<br>*5 Jahre / 15 Jahre* |
| **§ 177 III**<br>Vergewaltigung mit Todesfolge<br>*5 Jahre / 15 Jahre* | **§ 177 I**<br>Vergewaltigung<br>*2 Jahre / 15 Jahre* | **§ 222**<br>*Geldstrafe / 5 Jahre*<br>**§ 212**<br>*5 Jahre / 15 Jahre* |
| **§ 178 III**<br>Sexuelle Nötigung mit Todesfolge<br>*5 Jahre / 15 Jahre* | **§ 178 I**<br>Sexuelle Nötigung<br>*1 Jahr / 10 Jahre* | **§ 222**<br>*Geldstrafe / 5 Jahre*<br>**§ 212**<br>*5 Jahre / 15 Jahre* |
| **§ 229 II 1. Alt.**<br>Vergiftung mit schwerer Körper-verletzungsfolge<br>*5 Jahre / 15 Jahre* | **§ 229 I**<br>Vergiftung<br>*1 Jahr / 10 Jahre* | **§ 224**<br>Schwere Körper-verletzung<br>*1 Jahr / 5 Jahre*<br>**§ 225**<br>Beabsichtigte schwere Körperverletzung<br>*2 Jahre / 10 Jahre* |

| Strafrahmen der Erfolgsqualifikation | Strafrahmen des Grunddelikts | Strafrahmen des „Folge"-Delikts |
|---|---|---|
| **§ 318 II 2. Alt.**<br>Beschädigung wichtiger Anlagen mit Todesfolge<br>*5 Jahre / 15 Jahre* | **§ 318 I**<br>Beschädigung wichtiger Anlagen<br>*3 Monate / 5 Jahre* | **§ 222**<br>*Geldstrafe / 5 Jahre*<br>**§ 212**<br>*5 Jahre / 15 Jahre* |
| **§ 221 III 2. Alt.**<br>Aussetzung mit Todesfolge<br>*3 Jahre / 15 Jahre* | **§ 221 I**<br>Aussetzung<br>*3 Monate / 5 Jahre* | **§ 222**<br>*Geldstrafe / 5 Jahre*<br>**§ 212**<br>*5 Jahre / 15 Jahre* |
| **§ 226**<br>Körperverletzung mit Todesfolge<br>*3 Jahre / 15 Jahre*<br>Minder schwerer Fall:<br>*3 Monate / 5 Jahre* | **§ 223**<br>Körperverletzung<br>*Geldstrafe / 3 Jahre*<br>**§ 223 a**<br>Gefährliche Körperverletzung<br>*Geldstrafe / 5 Jahre* | **§ 222**<br>*Geldstrafe / 5 Jahre*<br>§ 212 entfällt bei § 226, vgl. oben Fn. 42 |
| **§ 239 III**<br>Freiheitsberaubung mit Todesfolge<br>*3 Jahre / 15 Jahre*<br>Minder schwerer Fall:<br>*3 Monate / 5 Jahre* | **§ 239 I**<br>Freiheitsberaubung<br>*Geldstrafe / 5 Jahre* | **§ 222**<br>*Geldstrafe / 5 Jahre*<br>**§ 212**<br>*5 Jahre / 15 Jahre* |
| **§ 221 III 1. Alt.**<br>Aussetzung mit schwerer Körperverletzungsfolge<br>*1 Jahr / 10 Jahre* | **§ 221 I**<br>Aussetzung<br>*3 Monate / 5 Jahre* | **§ 224**<br>*1 Jahr / 5 Jahre*<br>**§ 225**<br>*2 Jahre / 10 Jahre* |

| Strafrahmen der Erfolgsqualifikation | Strafrahmen des Grunddelikts | Strafrahmen des „Folge"-Delikts |
|---|---|---|
| **§ 239 II 2. Alt.**<br>Freiheitsberaubung mit schwerer Körperverletzungsfolge<br>*1 Jahr / 10 Jahre*<br>Minder schwerer Fall:<br>*Geldstrafe / 5 Jahre* | **§ 239 I**<br>Freiheitsberaubung<br>*Geldstrafe / 5 Jahre* | **§ 224**<br>*1 Jahr / 5 Jahre*<br>**§ 225**<br>*2 Jahre / 10 Jahre* |
| **§ 318 II 1. Alt.**<br>Beschädigung wichtiger Anlagen mit schwerer Körperverletzungsfolge<br>*1 Jahr / 5 Jahre* | **§ 318 I**<br>Beschädigung wichtiger Anlagen<br>*3 Monate / 5 Jahre* | **§ 224**<br>*1 Jahr / 5 Jahre*<br>**§ 225**<br>*2 Jahre / 10 Jahre* |
| **§ 309 2. Alt.**<br>Fahrlässige Brandstiftung mit Todesfolge<br>*Geldstrafe / 5 Jahre* | **§ 309 1. Alt.**<br>Fahrlässige Brandstiftung<br>*Geldstrafe / 3 Jahre* | **§ 222**<br>*Geldstrafe / 5 Jahre*<br>**§ 212** entfällt bei § 309 2. Alt., vgl. oben Fn. 42 |
| **§ 314 2. Alt.**<br>Fahrlässige Herbeiführung einer Überschwemmung mit Todesfolge<br>*Geldstrafe / 5 Jahre* | **§ 314 1. Alt.**<br>Fahrlässige Herbeiführung einer Überschwemmung<br>*Geldstrafe / 1 Jahr* | **§ 222**<br>*Geldstrafe / 5 Jahre*<br>**§ 212** entfällt, vgl. oben Fn. 42 |
| **§ 320 2. Alt.**<br>Fahrlässige Gemeingefährdung mit Todesfolge<br>*Geldstrafe / 5 Jahre* | **§ 320 1. Alt.**<br>Fahrlässige Gemeingefährdung<br>*Geldstrafe / 1 Jahr* | **§ 222**<br>*Geldstrafe / 5 Jahre*<br>**§ 212** entfällt, vgl. oben Fn. 42 |

### *b) Fehlende Proportionalität der Strafdrohungen*

Die Gegenüberstellung der Strafrahmen läßt ein bestimmtes durchgehendes Prinzip bei der Anhebung der Mindest- und Höchststrafen für eine qualifizierte Begehung nicht erkennen. So unterscheiden sich etwa die Strafrahmen des § 176 I StGB (Sexueller Mißbrauch von Kindern) und des § 177 I StGB (Vergewaltigung) für den Grundtatbestand erheblich; tritt aber die qualifizierende Folge (Tod des Opfers) ein, ist die Strafdrohung gleich. Die Strafminima und -maxima der Qualifikationsvorschriften werden gegenüber den Grunddelikten auch nicht generell erhöht; vielmehr ist die Strafe entweder nur im Mindestmaß oder nur im Höchstmaß angehoben; vgl. etwa § 318 II 1. Alt. (Beschädigung wichtiger Anlagen mit schwerer Körperverletzungsfolge) einerseits und § 309 2. Alt. (Fahrlässige Brandstiftung mit Todesfolge) andererseits.

Eine klare Linie läßt sich auch nicht bei dem Verhältnis der Mindeststrafdrohungen der Qualifikationen zu den Strafrahmen der jeweiligen Grunddelikte feststellen: Zum Teil liegt die erhöhte Mindeststrafe etwa in der Mitte des Strafrahmens für den Grundtatbestand, z. B. bei § 239 a II StGB (Erpresserischer Menschenraub mit Todesfolge); bei einer Reihe von Erfolgsqualifikationen dagegen entspricht das Mindestmaß der Qualifikation der Höchststrafdrohung für das Grunddelikt, z. B. bei § 229 II 2. Alt. (Vergiftung mit Todesfolge) oder bei § 226 (Körperverletzung mit Todesfolge). Fragwürdig ist vor allem die schon mehrfach erwähnte Strafrahmendiskrepanz zwischen den Erfolgsqualifikationen und den entsprechenden vorsätzlichen oder fahrlässigen Erfolgsdelikten wie § 212 (Totschlag) oder § 222 (Fahrlässige Tötung), was bei der tabellarischen Gegenüberstellung besonders deutlich wird. Da nach dem Wortlaut des § 18 die Qualifikationsfolgen schon bei „wenigstens" fahrlässigem Handeln eingreifen, ist es bei zahlreichen Delikten nicht ausgeschlossen, daß sogar eine lebenslange Freiheitsstrafe für eine nur fahrlässig herbeigeführte Todesfolge verhängt wird, obwohl diese Strafdrohung im übrigen nur für Mord oder den besonders schweren Fall des Totschlags, also für eine besonders verwerfliche vorsätzliche Tötung, vorgesehen ist. Setzt man dieses Höchstmaß in Beziehung zu dem Strafrahmen des § 222 (Geldstrafe oder Freiheitsstrafe bis zu fünf Jahren), so kann von einer „relativen Proportionalität" der Rechtsfolgen kaum noch die Rede sein, und zwar auch dann nicht, wenn der Strafrahmen des jeweiligen Grunddelikts (z. B. Vergiftung, § 229 I, Raub, § 249, oder Brandstiftung, § 306) ergänzend herangezogen wird, denn für eine gesteigerte Strafwürdigkeit der Kombination dieser Tatbestände sind — wie sich gezeigt hat — keine Anhaltspunkte gegeben.

Von der grundlegenden gesetzgeberischen Wertung, die in den Strafrahmen der Grund- und „Folge"-Delikte zum Ausdruck kommt, wird aber nicht nur in den Fällen abgewichen, in denen eine lebenslange Freiheitsstrafe als Höchststrafdrohung für die Qualifikation vorgesehen ist. Man vergleiche etwa den Strafrahmen für eine Vergiftung mit schwerer Körperverletzungsfolge (§ 229 II 1. Alt. StGB: Freiheitsstrafe von 5 Jahren bis zu 15 Jahren) mit dem Strafrahmen des Grundtatbestandes und dem des selbständigen „Folge"-Delikts (§ 224: 1 Jahr/5 Jahre). Selbst der Strafrahmen für eine beabsichtigte schwere Körperverletzung (§ 225 StGB) liegt weit unter der Qualifikationsstrafdrohung des § 229 II 1. Alt. StGB.

### 3. Folgerungen für das Gebot der (relativ) gerechten Strafe

Es mag noch im Bereich des gesetzgeberischen Ermessens liegen, die Rechtsfolgen der Qualifikationen im Verhältnis zum Grunddelikt nicht nach einem festen „Schlüssel" zu bestimmen; dagegen ist zweifelhaft, ob sich die genannten Ungereimtheiten, die sich aus der Gegenüberstellung der Strafrahmen für die fahrlässige Herbeiführung des qualifizierenden Sekundärerfolgs einerseits und der Strafdrohungen für eine vorsätzliche Verwirklichung des entsprechenden Erfolgsdelikts andererseits ergeben, mit dem Verfassungsprinzip[43] vereinbaren lassen, wonach Tatbestand und Rechtsfolge — gemessen an der Idee der Gerechtigkeit — sachgerecht aufeinander abgestimmt sein müssen.

Dabei sind zwei Ausgangspunkte zu unterscheiden:

(1) Folgt man einer verbreiteten Ansicht, wonach die qualifizierenden Folgen der Tat ausschließlich bei der Kombination von vorsätzlichem (bzw. fahrlässigem) Grunddelikt und nur fahrlässig oder „leichtfertig" herbeigeführter „Folge" eingreifen, so fragt sich, ob das Schuldprinzip unter dem Aspekt der relativen Gerechtigkeit der Strafdrohungen verletzt ist (zumindest im Hinblick auf die Höchststrafen), und zwar wegen der Diskrepanz zwischen den Rechtsfolgen für die Erfolgsqualifikation und den Strafdrohungen, die das Gesetz für die tateinheitliche Verwirklichung von vorsätzlichem Grunddelikt und fahrlässigem „Folge"-Delikt vorsieht. Auch das Verhältnismäßigkeitsprinzip und der Gleichheitssatz (bei den Mindeststrafen) könnten tangiert sein. Dies wird sogleich näher ausgeführt werden (a).

(2) Interpretiert man dagegen die Vorschrift des § 18 StGB („wenigstens Fahrlässigkeit") dahingehend, daß die Strafrahmen der Erfolgsqualifikationen sowohl bei Fahrlässigkeit als auch bei Vorsätzlichkeit zur Anwendung kommen, so entsprechen die Höchst- und Mindeststrafen zwar weitgehend der Schuldschwere bei der vorsätzlichen (weiteren) Erfolgsherbeiführung, ein Verfassungsverstoß könnte aber ebenfalls

[43] Vgl. BVerfGE 20, 331; 25, 286; 45, 259 f.

vorliegen, insbesondere wegen der fehlenden Differenzierung in den Strafdrohungen hinsichtlich der unterschiedlichen Schuldformen (dazu unten b).

### *a) Verfassungswidrigkeit der Strafrahmen bei ausschließlicher Qualifizierung durch Fahrlässigkeit bzw. „Leichtfertigkeit“*

Die Strafrahmenproblematik ergibt sich in besonderer Weise, wenn man mit einer Minderansicht davon ausgeht, die Formulierung „wenigstens Fahrlässigkeit“ in § 18 StGB bezeichne bei der Mehrzahl der Vorschriften über erfolgsqualifizierte Delikte zugleich die Höchstgrenze des im Tatbestand vorausgesetzten Verschuldens[44]. Eine Qualifizierung durch vorsätzliche (weitere) Erfolgsherbeiführung kommt nach dieser Auffassung lediglich für jene vereinzelten Bestimmungen in Betracht, bei denen kein entsprechender Vorsatztatbestand existiert, etwa bei der schweren Körperverletzung (§ 224 StGB) oder der mehr als eine Woche andauernden Freiheitsberaubung (§ 239 II 1. Alt. StGB); nur insoweit sei das Wort „wenigstens“ von Bedeutung[45].

In der Rechtsprechung und im Schrifttum hat sich diese restriktive Auslegung nicht durchsetzen können; zwar findet sich häufig die Forderung, die Qualifikationstatbestände de lege ferenda auf die (sog. „echte“) Vorsatz-Fahrlässigkeits-Kombination zu beschränken[46], de lege lata fühlt man sich jedoch an den Wortlaut des § 18 gebunden, sofern nicht durch die vorsätzliche weitere Erfolgsherbeiführung der Deliktscharakter überhaupt verändert wird (dies ist etwa bei der Körperverletzung mit Todesfolge, § 226 StGB, allgemein anerkannt).

Der Meinungsstreit hat allerdings durch die in den letzten Jahren geschaffenen „Leichtfertigkeitsqualifikationen“ neue Nahrung erhalten; diese Vorschriften unterscheiden sich von den sonstigen Erfolgsqualifikationen dadurch, daß die Verschuldensform in dem jeweiligen Tatbestand des Besonderen Teils ausdrücklich geregelt ist (z. B. in § 251 StGB, Raub mit Todesfolge). Der BGH[47] und ein Teil der Literatur[48] folgern daraus, daß § 18 für diese Vorschriften nicht einschlägig sei; der Qualifikationstatbestand greife bei Vorsätzlichkeit hinsichtlich der

[44] *Schneider*, JZ 1956, S. 752; *Lange*, NJW 1953, S. 1162; ähnlich *Dreher / Tröndle*, § 18 Rdz. 3.

[45] *Schneider*, a. a. O.

[46] *Koffka*, Niederschr. Bd. 2, S. 243; *Hirsch*, GA 1972, S. 66; auch in § 22 E 1962 war vorgesehen, das Wort „wenigstens“ zu streichen.

[47] BGHSt 26, 175.

[48] *Lackner*, Anm. 4 zu § 251; *Rudolphi*, JR 1976, S. 74 f.; *Samson*, SK § 251 Rdz. 10; *Tenckhoff*, ZStW Bd. 88, S. 918 ff.; a. A. *Herzberg*, JuS 1976, S. 43; *Schönke / Schröder / Eser*, § 251 Rdz. 9; *Dreher / Tröndle*, § 251 Rdz. 6; *Geilen*, Jura 1979, S. 558; *Schünemann*, JA 1980, S. 396 f.

schweren Folge nicht ein; andernfalls müßte das Gesetz „wenigstens" Leichtfertigkeit verlangen[49].

Damit entfällt zwar das noch zu behandelnde verfassungsrechtliche Problem der Gleichstellung von vorsätzlicher und fahrlässiger Begehung in einem Tatbestand und der darauf bezogenen Rechtsfolgeanordnung, die Verfassungsfrage stellt sich aber auch bei dieser Auslegung: Will man nämlich die Qualifikationstatbestände *nur* bei dem Zusammentreffen von Vorsätzlichkeit und Fahrlässigkeit bzw. Leichtfertigkeit als erfüllt ansehen, sind die sich daraus ergebenden Strafrahmenfriktionen[50] an dem Gebot der gerechten und schuldadäquaten Strafe zu messen, wobei die Höchst- und Mindeststrafdrohungen getrennt zu untersuchen sind.

### aa) Höchststrafen

Die Strafrahmentabelle zeigt, daß das Gesetz in verschiedenen Fällen für eine leichtfertige Tötung (etwa infolge eines Raubes, § 251 StGB, oder einer Geiselnahme, § 239 b II StGB) lebenslange Freiheitsstrafe oder Freiheitsstrafe nicht unter zehn Jahren androht, für eine vorsätzliche Tötung (u. U. in Tateinheit mit Raub oder Geiselnahme) dagegen lediglich fünf bis fünfzehn Jahre, sofern keine Mordmerkmale vorliegen. Im Schrifttum wird diese Regelung z. T. offen als „Konstruktionsfehler des Gesetzes"[51] bezeichnet; die verfassungsrechtlichen Aspekte dieses Fehlers bleiben jedoch weithin unerörtert[52].

Bemerkenswert ist weiter, daß überwiegend nur die überhöhten Mindeststrafen als unangemessen empfunden werden; hier glaubt man mit einer „Sperrwirkung" der Qualifikationsstrafrahmen im Hinblick auf das Grunddelikt helfen zu müssen[53]. Problematisch sind jedoch gerade die Höchstgrenzen: Selbst wenn es nämlich möglich wäre, die hohen Mindeststrafdrohungen für einige Erfolgsqualifikationen mit der Strafuntergrenze für das vorsätzliche Erfolgsdelikt des Totschlags dadurch in Einklang zu bringen, daß die Mindeststrafe des § 212 entsprechend angehoben wird — was schon im Hinblick auf das Analogieverbot sehr zweifelhaft erscheint[54] — so bliebe der Wertungswiderspruch bei der Höchststrafenregelung bestehen.

---

[49] *Tenckhoff*, a. a. O., S. 918 f.

[50] Vgl. dazu schon oben das 2. Kapitel.

[51] *Lackner*, Anm. 4 zu § 251.

[52] Vgl. aber *Geilen*, Jura 1979, S. 558, der im Hinblick auf die Entscheidung des BVerfG zur lebenslangen Freiheitsstrafe (BVerfGE 45, S. 187 ff., dazu oben, 5. Kapitel, II 2) ausführt, es sei „kaum anzunehmen, daß bei nur leichtfertiger Todesverursachung das ‚Lebenslänglich' einer erneuten verfassungsrechtlichen Überprüfung standhalten würde".

[53] *Lackner*, a. a. O.; *Tenckhoff*, ZStW Bd. 88, S. 914 ff.

[54] *Rudolphi* (JR 1976, S. 75) sieht darin einen Verstoß gegen das Analogie-

Wenn Rechtsprechung und Schrifttum trotz dieses bisher nicht aufgelösten Widerspruchs weiterhin an der Auffassung festhalten, die Rechtsfolge „lebenslange Freiheitsstrafe" sei nicht nur bei Mord, sondern auch bei leichtfertiger Tötung eines Menschen (z. B. infolge eines Raubes, einer Entführung oder Geiselnahme) verfassungsrechtlich unbedenklich, so mag dies allenfalls dadurch zu erklären sein, daß die Praxis in aller Regel unter diesem Strafmaß bleibt. Solange die Möglichkeit besteht, aus der gesamten Spanne des Strafrahmens eine im Einzelfall schuldangemessene Strafe zu ermitteln, sehen sich die Gerichte offenbar nicht aufgefordert, ein Normenkontrollverfahren einzuleiten; daraus darf aber nicht gefolgert werden, daß die Breite der Strafrahmen einen Verfassungsverstoß von vornherein ausschließt. Die These, wonach die Maßlosigkeit von gesetzlichen Höchststrafen allenfalls ein kriminalpolitisches, nicht aber ein verfassungsrechtliches Problem sei, sofern der Strafrahmen im Einzelfall eine angemessene Bestrafung gewährleiste[55], ist unzutreffend. Wenn es nämlich richtig ist, daß das Höchstmaß nur für den denkbar schwersten Fall der Begehung vorgesehen ist, so ist die Rechtsprechung in einem solchen Fall gezwungen, die Strafe auch tatsächlich in Ansatz zu bringen[56], und zwar selbst dann, wenn eigentlich nur eine Strafe aus der Mitte des Strafrahmens schuldangemessen erscheint.

Man stelle sich etwa die denkbar schwerste Möglichkeit einer leichtfertig herbeigeführten Todesfolge aufgrund einer erpresserischen Entführung vor (z. B. die Verursachung von außerordentlichen Qualen oder die Tötung einer „hervorragenden und dadurch besonders exponierten

---

verbot. Demgegenüber will *Tenckhoff* (a. a. O., S. 916) die Sperrwirkung nur als „Strafzumessungsregel" verstehen. Das aber würde bedeuten, daß dem Richter im Einzelfall die Möglichkeit verbliebe, ein Strafmaß unter der Mindeststrafdrohung zu verhängen; dann aber könnte man nicht mehr von einer „Sperrwirkung" sprechen. Im übrigen ist nicht einzusehen, warum nicht auch gesetzliche Strafzumessungsregeln dem Analogieverbot unterfallen sollen, da diese Regeln in der Praxis die Bedeutung von Qualifikationsvorschriften haben (vgl. schon oben, 1. Kapitel, II).

[55] *Stree*, Deliktsfolgen, S. 9 f.; ähnlich BVerfGE 6, 439 f. (zur Verfassungsmäßigkeit des Strafrahmens für männliche Homosexualität, § 175a a. F. StGB): Der Strafrahmen genüge rechtsstaatlichen Grundsätzen, solange der Richter nicht gezwungen sei, eine im Einzelfall unangemessene Strafe zu verhängen. Wenn das BVerfG dazu weiter feststellt, das Gesetz könne als abstrakte Regel bei der Vielfalt der Lebenswirklichkeit eine gerechte Lösung aller nur denkbaren Fälle kaum gewährleisten, so mag dies für gewöhnliche Verwaltungsgesetze richtig sein; auf dem Gebiet des Strafrechts hingegen müssen die Strafrahmengrenzen stets den extrem schwersten bzw. leichtesten Fall kennzeichnen — andernfalls wird den „höchsten Anforderungen an die Gerechtigkeit" (BVerfGE 45, 228) nicht Rechnung getragen.

[56] Der Richter darf nicht in Abweichung von der gesetzlichen Wertung eine eigene Strafrahmenstaffel entwickeln, vgl. *Dreher*, JZ 1956, S. 682; *Bruns*, S. 83.

Persönlichkeit"[57] als besonders strafwürdiger Erfolgsunwert): Hier dürfte nach Maßgabe des § 239 a StGB nur die lebenslange Freiheitsstrafe verhängt werden, obwohl diese Rechtsfolge im Vergleich mit der Strafdrohung für die verwerflichste Art der *vorsätzlichen* Tötung (nämlich Mord, § 211 StGB, oder den besonders schweren Fall des Totschlags, § 212 II StGB) weit überhöht ist. Wollte die Rechtsprechung daher mit dem Schuldprinzip unter dem Aspekt der „gerechten" Strafe wirklich ernst machen, so dürfte sie entweder nicht mehr an der Auffassung festhalten, die neueren Leichtfertigkeitsqualifikationen schlössen eine vorsätzliche (weitere) Erfolgsherbeiführung aus (in Betracht käme dann u. U. eine „Sperrwirkung" der Qualifikationsstrafrahmen nach *oben* bei bloßer Leichtfertigkeit, vgl. dazu näher unten, 7. Kapitel, II 1), oder aber es müßte die Verfassungswidrigkeit der Strafrahmenfriktionen festgestellt werden; das BVerfG müßte dann im Rahmen eines Normenkontrollverfahrens über diese Frage entscheiden. Bislang klammert sich der BGH noch an den Gesetzeswortlaut[58], ohne dabei die sich daraus ergebenden Probleme für das Gerechtigkeitsgebot zu sehen.

Daß es indessen durchaus möglich ist, sich über eine als ungerecht erkannte Regelung des Gesetzes hinwegzusetzen, hat gerade der BGH in einer bemerkenswerten Entscheidung[59] zur Straflosigkeit der Suizidbeihilfe demonstriert (und zwar speziell im Hinblick auf das unterschiedliche Gewicht von vorsätzlicher und fahrlässiger Tat): In dem vom BGH entschiedenen Fall hatte der Angeklagte einem Selbstmörder fahrlässig Hilfe geleistet; hätte er vorsätzlich gehandelt, so wäre er — folgt man der (nicht unbestrittenen[60]) These, wonach die Selbsttötung nicht als rechtsgutsverletzende Tat anzusehen ist — gem. § 27 I StGB straflos. Da ihm aber Fahrlässigkeit vorzuwerfen war, lagen an sich sämtliche Voraussetzungen des § 222 StGB (Fahrlässige Tötung) vor[61]; dieser Vorschrift liegt nämlich der sog. „Einheitstäterbegriff" zugrunde, d. h. es wird nicht zwischen Täterschaft und Teilnahme unterschieden[62]. Obwohl also nach dem Wortlaut des Gesetzes nur eine Verurteilung wegen fahrlässiger Tötung in Betracht gekommen wäre, hätte sich daraus ein unerträglicher Wertungswiderspruch ergeben, den der BGH vermeiden mußte; er sprach deshalb den Angeklagten frei[63]. In der Ent-

---

[57] *Dreher / Tröndle*, § 239a Rdz. 9.

[58] BGHSt 26, 175.

[59] BGHSt 24, 342 ff.

[60] Vgl. *Schmidhäuser*, Welzel-Fs., S. 801 ff.

[61] *Schilling*, JZ 1979, S. 162, bemerkt zutreffend, daß der BGH nicht nachweist, ein Merkmal des § 222 StGB sei nicht erfüllt.

[62] Zum „Einheitstäterbegriff" vgl. *Schmidhäuser*, AT, 14/8 ff.

[63] Dem stimmt die h. M. im Schrifttum zu; vgl. etwa *Horn*, SK § 212 Rdz. 21; *Schönke / Schröder / Eser*, Rdz. 34 vor § 211. Z. T. wird versucht, die Straflosigkeit unter Verzicht auf den Gerechtigkeitsgedanken materiell-rechtlich

scheidung heißt es zur Begründung: Es „verbietet ... (sich) aus Gründen der Gerechtigkeit, denjenigen zu bestrafen, der nur fahrlässig eine Ursache für den Tod eines Selbstmörders setzt ... Es geht nicht an, das mit einer solchen inneren Einstellung verübte Unrecht strafrechtlich strenger zu bewerten als die Tat desjenigen, der mit Gehilfenvorsatz dasselbe Unrecht[64] bewirkt, nämlich den Tod eines Selbstmörders verursacht. Die Gegenmeinung bedeutet zudem, daß ... zur sachgemäßen Verteidigung des Angeklagten gehören würde, er habe mit Gehilfenvorsatz gehandelt[65].“

Es bleibt unerfindlich, warum der BGH das Gerechtigkeitsargument nicht auch in seiner Judikatur zu den Erfolgsqualifikationen, bei denen Leichtfertigkeit im Tatbestand vorausgesetzt wird, in gleicher Weise herangezogen hat. Will man diese Vorschriften nämlich mit dem BGH dahingehend auslegen, daß die qualifizierten Strafdrohungen ausschließlich bei leichtfertiger und nicht auch bei vorsätzlicher Begehung ausgelöst werden, dann ergibt sich dieselbe Problematik wie bei der Suizidbeihilfe: Der Angeklagte müßte sich auch hier notfalls damit verteidigen, er habe den schweren Erfolg nicht leichtfertig, sondern vielmehr vorsätzlich herbeigeführt — deutlicher ließe sich der Verstoß gegen das Schuldprinzip nicht demonstrieren.

Außer dem Schuldprinzip ist auch das *Übermaßverbot* verletzt: Ein Strafübel darf nur angedroht und vollzogen werden, soweit es als Mittel zur Erhaltung eines gedeihlichen Gemeinschaftslebens unerläßlich ist[66]. Um dieses Ziel zu erreichen, genügt es also nicht, daß die vorgesehene Sanktion nur „geeignet“[67] ist, sondern unter mehreren geeigneten Mitteln darf nur dasjenige herangezogen werden, das den geringsten Eingriff in die Freiheitssphäre des Täters darstellt.

Strafzweck kann dabei nur die Generalprävention sein: Die Strafdrohung dient ausschließlich der Abschreckung des (potentiellen) Täters vor der offenen Begehung von Straftaten[68]. Ohne eine Präventivwir-

---

zu begründen: Es fehle an der „Sorgfaltswidrigkeit“ (*van Els*, NJW 1972, S. 1477; *Welp*, JR 1972, S. 429; *Otto*, JuS 1974, S. 709). *Schmidhäuser*, Welzel-Fs., S. 814 f., nimmt einen Schuldausschließungsgrund an und bejaht das Unrecht der Mitwirkung an der Selbsttötung.

64 Bemerkenswert ist hier am Rande, daß der BGH in diesem Urteil von „demselben Unrecht“ bei vorsätzlicher und fahrlässiger Begehung spricht (a. a. O., S. 344), obwohl dies doch im Widerspruch zu der grundlegenden These steht, die Selbsttötung sei überhaupt kein für das Strafrecht relevantes Unrecht.

65 BGHSt 24, 344.

66 *Schmidhäuser*, AT, 3/15; *ders.*, JR 1978, S. 268.

67 Dem Übermaßverbot ist der Geeignetheitsgrundsatz „gleichsam vorgelagert“ (BadWürttStGH, NJW 1975, S. 1211; vgl. auch *Groth*, NJW 1979, S. 745).

68 *Schmidhäuser*, Sinn der Strafe, S. 74 ff. (76); *Hoerster*, GA 1970, S. 272 ff.

kung des Strafgesetzes — das wird realistischerweise nicht zu bestreiten sein — wäre ein geordnetes staatliches Zusammenleben nicht denkbar.

Das Abschreckungsprinzip sagt allerdings nur etwas über die *Institution* staatlichen Strafens aus[69]; *wie* im einzelnen gestraft werden soll, ist eine Frage der Gerechtigkeit[70] und der Verhältnismäßigkeit[71].

Dies wird häufig übersehen, und so erklärt sich auch das verbreitete Mißverständnis, die Generalprävention führe zwangsläufig zu unverhältnismäßig hohen Strafdrohungen[72]. Es ist zu vermuten, daß sich dieses Mißverständnis auch auf die Strafrahmengestaltung bei den Erfolgsqualifikationen ausgewirkt hat. So findet sich etwa in den Gesetzesmaterialien zu den mit dem 12. StÄndG neugeschaffenen Qualifikationsvorschriften über erpresserischen Menschenraub (§ 239 a II), Geiselnahme (239 b II) und Flugzeugentführung (§ 316 c II) mehrfach das Argument, die z. T. sehr hohen Strafdrohungen für eine nur leichtfertig herbeigeführte Todesfolge seien gerade aus generalpräventiven Gründen erforderlich[73]. Bei den Ausschußberatungen zur Neufassung des § 239 a wurde sogar vorgeschlagen, zur Abschreckung die lebenslange Freiheitsstrafe bereits für eine schwere Mißhandlung des Entführungsopfers vorzusehen[74].

Auch in der Literatur[75] läßt sich — speziell zur Erklärung der Höchststrafen bei den Erfolgsqualifikationen — eine solche Rückbesinnung auf den Gedanken der Generalprävention feststellen. Dies ist besonders erstaunlich, wenn man berücksichtigt, daß die Abschreckungs-

---

69 *Hoerster*, GA 1970, S. 278.

70 Vgl. *Schmidhäuser*, Sinn der Strafe, S. 85: „Wir strafen ... nicht um der Gerechtigkeit willen, aber: Wenn wir schon strafen, dann möglichst gerecht ..."

71 Neuerdings ausdrücklich BVerfG NJW 1979, S. 1100: „Ein generalpräventives Motiv (darf) niemals zu einer Reaktion führen, die den rechtsstaatlichen Grundsatz der Verhältnismäßigkeit zwischen Mittel und Zweck verletzt." Schon *Mirabeau* (a. a. O., S. 38 f.) stellte im Jahre 1788 fest: „Toute punition est certainement un mal; mais la peine est nécessaire pour prévenir les crimes qui sont un plus grand mal encore. Or toutes les fois que le Législateur prononce une peine plus sévère qu'il n'est nécessaire pour empecher que le crime ne soit commis, il devient l'auteur d'un mal purement gratuit."

72 So etwa *Roxin*, JuS 1966, S. 380: Der generalpräventive Ansatz habe eine „Tendenz zum staatlichen Terror"; ähnlich *Geilen*, AT, S. 5.

73 *Wulf*, Prot. VI, S. 1577; *Boetticher*, ebd., S. 1573; in der amtlichen Begründung zum Entwurf eines 13. StÄndG (BTDrucks. VI/2139) wird ausdrücklich darauf hingewiesen, daß die Androhung der lebenslangen Freiheitsstrafe in § 239a II aus Abschreckungsgründen erforderlich sei.

74 *Bauer*, Prot. VI, S. 1547; *Boetticher*, ebd., S. 1573; *Schlee*, ebd., S. 1551 f.

75 *Hirsch*, GA 1972, S. 74 unter Hinweis auf *Gallas*, Niederschr. Bd. 2, S. 257, der von der „sozialpädagogischen Funktion" der hohen Strafdrohungen bei den erfolgsqualifizierten Delikten spricht.

theorie sonst fast einhellig abgelehnt wird, und zwar häufig mit dem Hinweis darauf, daß die ständig steigende Delinquenz gegen eine Abschreckungswirkung der Strafe spreche[76]. Bei den erfolgsqualifizierten Delikten dagegen glaubt man auf das generalpräventive Moment nicht verzichten zu können.

Kurios ist dabei, daß der Einwand, der üblicherweise gegen die Abschreckungstheorie ins Feld geführt wird (nämlich die damit angeblich verbundene Inflation der Strafdrohungen), nunmehr dazu dienen soll, die sehr weiten Strafrahmen bei den Qualifikationsvorschriften zu rechtfertigen. In Wirklichkeit widerspricht aber eine allgemeine Anhebung der Strafober- und -untergrenzen gerade der Zielsetzung einer generalpräventiven Verbrechensbekämpfung: Wenn etwa sowohl für den Diebstahl als auch für den Raub eine Höchstfreiheitsstrafe von 15 Jahren angedroht wäre, so würde die Abschreckungswirkung bezüglich des Raubes relativ geringer werden. Zwar lassen sich aus der *Höhe* der Strafdrohung keine unmittelbaren Auswirkungen auf die Prävention ableiten[77] (entscheidend ist für den potentiellen Täter bei der Risikoabwägung zunächst nur das Risiko des Gefaßtwerdens, also das „Ob" der Bestrafung und weniger der Umfang der möglicherweise zu erwartenden Strafe)[78], auf die Dauer gesehen würde jedoch ein gewisser Abstumpfungseffekt gegenüber der staatlichen Strafdrohung entstehen, falls das Gesetz einheitliche Rechtsfolgen für Bagatellstraftaten und Delikte der Schwerkriminalität vorsähe.

Im übrigen können die von der Verfassung vorgegebenen Grenzen staatlichen Strafens nicht aufgrund der Generalpräventionstheorie durchbrochen werden. Da dem Staat nur ein bestimmter Katalog von Strafen zur Verfügung steht, muß — ähnlich wie bei der Verteilung von Gütern oder Lasten[79] — eine gerechte Differenzierung zwischen den einzelnen Strafarten nach dem Maß des schuldhaft verwirklichten Unrechts erfolgen; das schwerstmögliche Strafübel muß dabei zur Abwehr der gravierendsten Störung des Gemeinschaftslebens vorbehalten bleiben. Bei einer weniger schwerwiegenden Gemeinschaftsstörung (also bei geringerer Schuld) darf die staatliche Reaktion nicht dieselbe sein, wenn dem Gerechtigkeitsgebot entsprochen werden soll. Notwendig zur Erhaltung des Gemeinschaftslebens ist dann eine relativ leichtere Straf-

---

[76] *Roxin*, JuS 1966, S. 380; vgl. auch *Bockelmann*, S. 33.

[77] Generell gegen eine Präventionswirkung der Strafdrohung *Bruns* (1. Aufl.), S. 307; kritisch auch *Schubarth*, ZStW Bd. 85, S. 774.

[78] Manchmal jedoch dürfte bei der Tatplanung auch die Höhe der Strafdrohung eine gewisse Rolle spielen, etwa bei jenen berufsmäßigen Einbrechern, welche aus Furcht vor einer schärferen Bestrafung nie eine Waffe mit zum Tatort nehmen, obwohl sie sich damit im Falle einer Entdeckung verteidigen könnten.

[79] *Hoerster*, GA 1970, S. 278.

sanktion; der Gesetzgeber trägt dabei im Einzelfall die „Beweislast“[80] für die Notwendigkeit der Maßnahme[81].

Da bei den erfolgsqualifizierten Delikten unter Strafwürdigkeitsgesichtspunkten kein Anhaltspunkt dafür ersichtlich ist, warum von den Strafrahmen, die der Gesetzgeber für die in der Qualifizierung zusammengefaßten Einzeldelikte vorgesehen hat, in so krasser Weise erhöhend abgewichen werden soll, liegt ein Verstoß gegen das rechtsstaatliche Übermaßverbot vor. Der erforderliche generalpräventive Effekt wird schon durch die Strafrahmen der Grunddelikte hinreichend erzielt. Wenn etwa für eine Geiselnahme in Tateinheit mit fahrlässiger Tötung (§§ 239 b, 222, 52 StGB) eine Höchststrafe von 15 Jahren vorgesehen ist, so ist damit für die Abschreckung des potentiellen Täterkreises hinreichend Sorge getragen (will man der *Höhe* der Strafdrohung überhaupt einen Einfluß auf die Prävention zumessen); die vom Gesetz bestimmte Anhebung der Strafobergrenze auf lebenslange Freiheitsstrafe für eine nur leichtfertige Tötung der Geisel (§ 239 b II) erscheint dagegen nicht nur nicht erforderlich, sondern sogar präventionswidrig: Wenn dem Täter schon für die leichtfertig herbeigeführte Todesfolge die höchstmögliche Strafe droht, die das StGB kennt, so kann dies u. U. dazu führen, daß die „Hemmschwelle“ gegenüber einer vorsätzlichen Tötung des Opfers herabgesetzt wird[82]. Die Strafdrohung kann hier also — was die beabsichtigte Abschreckungswirkung angeht — sogar einen negativen Effekt haben. Zwar ist die Strafdrohung durchaus geeignet, der leichtfertigen Erfolgsherbeiführung als solcher generalpräventiv entgegenzuwirken, das weitergehende Präventionsziel (nämlich die Verhinderung von noch schwerer wiegenden Verstößen gegen das Gemeinschaftsleben) könnte aber durch eine Herabsetzung der Höchststrafdrohung — d. h. durch eine geringere Sanktion für das Fahrlässigkeits- bzw. Leichtfertigkeitsdelikt gegenüber der vorsätzlichen Tatbestandsverwirklichung — nicht nur ebensogut, sondern sogar besser erreicht werden.

---

80 *Schmidhäuser*, JR 1978, S. 268.

81 Zu weitgehend daher wohl BVerfG JZ 1979, S. 226: Das Übermaßverbot sei nur verletzt, wenn die angedrohte Strafe „schlechthin unangemessen“ sei. Dies widerspricht der Feststellung des BVerfG im Urteil zur lebenslangen Freiheitsstrafe, wonach auf dem Gebiete des Strafrechts „höchste Anforderungen an die Gerechtigkeit“ gestellt werden (BVerfGE 45, 228). Danach ist jede übermäßige Strafdrohung verfassungswidrig, und zwar auch dann, wenn die vorgesehene Rechtsfolge nicht zu „schlechthin untragbaren Ergebnissen“ (BVerfG JZ 1979, S. 226) führt. Vgl. auch *von Krauss*, S. 20, der von der „überragenden Rolle“ spricht, die der Gedanke des Maßhaltens gerade im Strafrecht spielt.

82 Man denke etwa an den Fall, daß eine von mehreren Geiseln infolge der Leichtfertigkeit des Geiselnehmers stirbt; droht dem Täter hierfür bereits die lebenslange Freiheitsstrafe, so macht es für ihn — vorausgesetzt, er kennt das Gesetz — keinen Unterschied in der Straferwartung, wenn er nunmehr auch die anderen Geiseln (vorsätzlich) tötet.

### bb) Mindeststrafen

Bis auf wenige Ausnahmen[83] erhöht sich bei den Erfolgsqualifikationen nicht nur die Ober-, sondern auch die Untergrenze des Strafrahmens gegenüber den Strafdrohungen, die für Grund- und Folgedelikt vorgesehen sind. Liegt auch darin ein Verstoß gegen das Schuld- oder das Verhältnismäßigkeitsprinzip bzw. gegen den Gleichheitssatz?

Zunächst ist zu differenzieren zwischen den Vorschriften, bei denen die Mindeststrafe mit der Höchststrafdrohung für das Grunddelikt übereinstimmt (z. B. § 229 II 2. Alt. StGB, Vergiftung mit Todesfolge), und jenen Qualifikationsbestimmungen, bei denen das Mindestmaß etwa in der Mitte des Strafrahmens für das Grunddelikt angesetzt ist (z. B. § 239 a II, erpresserischer Menschenraub mit Todesfolge). Bei letzteren erscheint der Wertungswiderspruch weniger gravierend, da sich die Strafdrohung noch innerhalb der Spanne hält, die schon für die grundlegende Verfehlung vorgesehen ist. Der Gesetzgeber beschränkt also lediglich die richterliche Strafzumessung, indem der Strafrahmen, welcher an sich für eine tateinheitliche Kombination von Grund- und Folgedelikt gegeben wäre (z. B. beim erpresserischen Menschenraub in Tateinheit mit fahrlässiger Tötung, §§ 239 a, 222, 52 StGB, die Spanne von drei Jahren bis zu 15 Jahren Freiheitsstrafe), nach unten verengt wird (vgl. § 239 a II StGB: Freiheitsstrafe nicht unter 10 Jahren).

Eine solche Regelungsweise erscheint auf den ersten Blick nicht sachwidrig. Die Untergrenze des Strafrahmens beim Grunddelikt ist nämlich nur für den denkbar leichtesten Fall vorgesehen — ein solcher Fall liegt aber beim Eintritt eines weiteren, schweren Erfolges nicht vor[84]; von daher bietet sich eine Anhebung der Mindeststrafe bei der Erfolgsqualifikation an, gewissermaßen als „Ausschnitt" aus der Zahl der möglichen Rechtsfolgen, die bei der Verwirklichung des Grunddelikts an sich gegeben wären.

Allerdings sieht das Gesetz für die tateinheitliche Begehung von Grund- und Folgedelikt keine Anhebung der Mindeststrafe vor; dem Richter steht hier für die Strafzumessung ein (nach unten) wesentlich breiterer Strafrahmen zur Verfügung, obwohl materiell kein Unterschied zur Erfolgsqualifikation besteht.

Ist hier — was die Mindeststrafe angeht — eine sachlich nicht gerechtfertigte Ungleichbehandlung gegeben, oder ist der Täter, der die in der Erfolgsqualifikation zusammengefaßten Einzeldelikte tateinheitlich ver-

---

[83] Bei den Qualifikationsvorschriften ohne erhöhte Mindeststrafe handelt es sich ausschließlich um die Kombination von *fahrlässigem* Grunddelikt und *fahrlässig* herbeigeführter (Todes-)Folge, §§ 309 2. Alt., 314 2. Alt., 320 2. Alt. StGB; vgl. dazu im einzelnen die Strafrahmentabelle (oben 5. Kapitel, III 2a).

[84] Vgl. *Tenckhoff*, ZStW Bd. 88, S. 920.

wirklicht, gegenüber demjenigen, der den Tatbestand des erfolgsqualifizierten Delikts erfüllt, nur scheinbar im Vorteil? Zu bedenken ist, daß auch bei der Tateinheit die Verletzung verschiedener Rechtsgüter strafschärfend zu berücksichtigen ist[85]; in der Praxis wird also in aller Regel eine Strafe verhängt werden, die erheblich über dem gesetzlichen Mindestmaß für die tateinheitliche Begehung liegt und damit in etwa der erhöhten Mindeststrafe für die Erfolgsqualifikation entspricht.

Dies sei nochmals am Beispiel des erpresserischen Menschenraubes (§ 239 a StGB) erläutert: Wird dieses Delikt in Tateinheit mit einer fahrlässigen Tötung begangen, ohne daß die Voraussetzungen der Qualifizierung vorliegen[86], so ist die Strafe gem. § 52 II StGB nach dem Gesetz bestimmt, das die schwerste Strafe androht (also § 239 a StGB). Dem Gericht steht hier zwar ein Strafrahmen von drei bis fünfzehn Jahren zur Verfügung, es wäre jedoch, sofern nicht besonders mildernde Umstände eingreifen, ermessensfehlerhaft, wenn im Urteil nur auf die Mindeststrafe von drei Jahren erkannt würde, und zwar vor allem dann, wenn sogar Leichtfertigkeit hinsichtlich des Todeserfolges gegeben ist. Eine Freiheitsstrafe von zehn Jahren erscheint hier zwar hart, aber nicht unangemessen[87]. Das Gesetz eröffnet somit die Möglichkeit, auch bei der Tateinheit im Einzelfall eine Strafe zu verhängen, die der Mindeststrafdrohung für die Erfolgsqualifikation entspricht.

Hinsichtlich jener Mindeststrafen, die ungefähr in der Mitte oder sogar im oberen Drittel des Strafrahmens für das Grunddelikt angesetzt sind, liegt also keine Abweichung von der grundlegenden gesetzgeberischen Wertung vor, so daß ein Verstoß gegen das Schuldprinzip und den Verhältnismäßigkeitsgrundsatz ausscheidet. Das gilt jedoch nicht für den Gleichheitssatz: Das Gesetz behandelt nämlich den Täter, der den Tatbestand eines erfolgsqualifizierten Delikts verwirklicht, zumindest potentiell ungleich gegenüber demjenigen, der die in der Qualifikation zusammengefaßten Einzeldelikte lediglich durch „dieselbe Handlung" (§ 52) begeht. Zwar besteht für den Richter die Möglichkeit, auch bei Tateinheit eine der Qualifikation entsprechende Strafe zu verhängen, ebensogut kann das Strafmaß aber auch darunter liegen. Ob-

---

[85] *Dreher / Tröndle*, § 52 Rdz. 4; *Bruns*, S. 468.

[86] Eine solche Fallkonstellation ist durchaus denkbar, etwa wenn der Entführer mit dem Opfer im Auto flieht und während der Verfolgungsfahrt einen unbeteiligten Passanten rücksichtslos überfährt.

[87] Zwar beträgt die gesetzliche Mindeststrafe für eine tateinheitlich mit einem erpresserischen Menschenraub begangene *vorsätzliche* Tötung nur *fünf* Jahre; das bedeutet jedoch nicht, daß die Mindeststrafe in § 239a II generell unangemessen ist: Bei der Strafzumessung für die tateinheitliche Begehung wird nämlich die vorsätzliche Verletzung zweier Rechtsgüter strafschärfend zu berücksichtigen sein, so daß die für den Totschlag (§ 212 StGB) vorgesehene Mindeststrafe in aller Regel überschritten werden wird. Einer „Sperrwirkung" (vgl. Fn. 53) bedarf es hier nicht.

wohl die Untergrenze des Strafrahmens für die Tateinheit bei der Strafzumessung in aller Regel überschritten werden wird, kann es im Einzelfall durchaus sein, daß die vom Gericht verhängte Strafe milder ist als die Mindeststrafdrohung für die Qualifikation. Während etwa für den Täter, der den Tatbestand des § 239 a II verwirklicht hat, von vornherein feststeht, daß das Strafmaß nicht unter zehn Jahren liegen wird, besteht für denjenigen, der die Tatbestandsvoraussetzungen der §§ 239 a I und 222 StGB tateinheitlich erfüllt, immerhin die Chance, daß er unter Umständen „nur" zu einer Freiheitsstrafe von sieben oder acht Jahren verurteilt wird. Damit ist er gegenüber dem Qualifikationstäter potentiell bessergestellt, obwohl es sachlich nicht gerechtfertigt ist, die beiden Begehungsweisen unterschiedlich zu behandeln.

Die erhöhten Mindeststrafen verstoßen damit gegen den Gleichheitssatz (Art. 3 I GG), und zwar unabhängig davon, ob sich diese Strafdrohungen noch innerhalb des Strafrahmens für die entsprechende tateinheitliche Begehung bewegen oder ob sie sogar der Höchststrafdrohung für den jeweiligen Grundtatbestand entsprechen[88]. Bei letzteren ist die Verfassungswidrigkeit evident: Neben dem Gleichheitssatz ist auch das Schuldprinzip und der Grundsatz der Verhältnismäßigkeit verletzt. Wenn etwa bei § 229 II 2. Alt. StGB (Vergiftung mit Todesfolge) im *Mindestmaß* zehn Jahre Freiheitsstrafe angedroht sind, für das Grunddelikt (§ 229 I StGB) dagegen nur *höchstens* zehn Jahre, so ist diese Strafschärfung nicht mehr schuldangemessen.

Aus der Tatsache, daß eine fahrlässige Tötung zu dem Grundtatbestand hinzutritt, ergibt sich nicht eine derartige Unrechts- und Schuldsteigerung, daß nunmehr allein die absolute Obergrenze des Strafrahmens für das Grunddelikt herangezogen werden müßte — man bedenke, daß das Mindestmaß für die *vorsätzliche* Tötung (Totschlag, § 212) fünf Jahre Freiheitsstrafe ist. Entsprechendes gilt für die Qualifikationsstrafrahmen der §§ 319 2. Alt. (Gemeingefährliche Vergiftung mit Todesfolge), 176 IV (Sexueller Mißbrauch von Kindern mit Todesfolge) und 318 II 2. Alt. StGB (Beschädigung wichtiger Anlagen mit Todesfolge), vgl. dazu die Strafrahmentabelle auf S. 101 ff. In allen diesen Fällen stellt die Mindeststrafdrohung nicht nur einen Ausschnitt aus dem Strafrahmen des Grunddelikts dar, sondern auf diesen Strafrahmen wird die Qualifikationsstrafdrohung quasi „aufgestockt", ohne daß diese Regelungsweise sachlich geboten wäre.

Weder die Höchst- noch die Mindeststrafen der Erfolgsqualifikationen lassen sich also mit den Anforderungen, die das Grundgesetz an die

[88] Soweit das Gesetz für die qualifizierte Begehung dieselbe Mindeststrafe vorsieht wie für die tateinheitliche Begehung von Grund- und Folgedelikt, liegt kein Verstoß gegen Art. 3 I GG vor (z. B. bei § 321 II 1. Alt. StGB, vgl. die Strafrahmentabelle, oben, 5. Kapitel, III 2a).

Strafgesetzgebung stellt, in Einklang bringen — will man jener Auffassung folgen, wonach die Qualifikationstatbestände *nur* bei fahrlässiger bzw. leichtfertiger Erfolgsherbeiführung anwendbar sein sollen.

Die weiterführende Problematik, ob damit sämtliche Bestimmungen über erfolgsqualifizierte Delikte nichtig sind oder ob zumindest einzelne von ihnen bei einer an der Verfassung orientierten Auslegung Bestand haben können, soll zunächst noch zurückgestellt werden. Zuvor ist nach den verfassungsrechtlichen Auswirkungen jener Theorie zu fragen, welche unter Berufung auf den Wortlaut des § 18 StGB die Qualifikationsstrafrahmen in vollem Umfang sowohl bei *Fahrlässigkeit* als auch bei *Vorsätzlichkeit* hinsichtlich des qualifizierenden Sekundärerfolges heranziehen will.

### *b) Verfassungswidrigkeit der Gleichstellung von Vorsätzlichkeit und Fahrlässigkeit in den Rechtsfolgen*

Die dargelegten „groben Ungerechtigkeiten“[89], die sich aus der einschränkenden Auslegung der Vorschriften über erfolgsqualifizierte Delikte ergeben, will eine Gegenansicht dadurch vermeiden, daß sie die Qualifikationstatbestände auch dann als erfüllt ansieht, wenn die schwere Folge vorsätzlich herbeigeführt worden ist[90]. Zwar wird damit die Problematik der Mindeststrafen nicht entschärft (insoweit kann also auf die obenstehenden Ausführungen verwiesen werden); diese Auffassung hat jedoch den Vorteil, daß zumindest die Höchststrafenregelung plausibel wird: Bei der Mehrzahl der Erfolgsqualifikationen, die eine Todesfolge voraussetzen, entspricht die Obergrenze des Strafrahmens den maximalen Strafdrohungen für die vorsätzliche Tötung (15 Jahre Freiheitsstrafe beim Totschlag bzw. lebenslange Freiheitsstrafe beim „besonders schweren Fall“ des Totschlags, § 212 II StGB, und beim Mord, § 211 StGB). Wertungsmäßig liegt insoweit also kein Unterschied zwischen der Qualifikationsstrafdrohung und der im Gesetz vorgesehenen Höchststrafe bei tateinheitlicher Begehung der Einzeldelikte vor (dazu noch näher unten, 7. Kapitel, II. 2.).

Auch in den Bestimmungen, in denen eine schwere Körperverletzung als qualifizierende Folge vorgesehen ist, beträgt die Höchststrafe regelmäßig[91] zehn Jahre Freiheitsstrafe; das entspricht dem Strafmaximum

---

[89] Als solche bezeichnet sie *Hruschka*, GA 1967, S. 43.

[90] Dies ist — wie schon erwähnt — nur bei den Bestimmungen, die keine besondere Regelung des Schuldtatbestandes enthalten, fast allgemein anerkannt; bei den Vorschriften indessen, die im Tatbestand ausdrücklich „Leichtfertigkeit“ verlangen, ist sehr umstritten, ob die vorsätzliche Begehung ebenfalls erfaßt werde; vgl. zum Meinungsstand Fn. 48.

[91] Ausnahmen finden sich in § 229 II 1. Alt. (Vergiftung mit schwerer Körperverletzungsfolge): 15 Jahre Freiheitsstrafe; ferner in § 318 II 1. Alt. (Be-

für die beabsichtigte (und vorsätzliche)[92] schwere Körperverletzung, § 225 StGB.

Wenn also die Strafobergrenzen bei den Erfolgsqualifikationen für die *vorsätzliche* (weitere) Erfolgsherbeiführung schuldangemessen und verhältnismäßig sind, nicht aber für die nur *fahrlässige* Verwirklichung der schweren Folge, so dürfte sich daraus für die Auslegung dieser Vorschriften nur eine Konsequenz ergeben: Die *Höchststrafen* sind *ausschließlich* der Kombination von vorsätzlichem Grunddelikt und vorsätzlichem „Folge"-Delikt vorbehalten; bei der Vorsatz-Fahrlässigkeits-Kombination ist der Tatbestand des erfolgsqualifizierten Delikts zwar ebenfalls erfüllt, hier darf jedoch der Strafrahmen bei der Strafzumessung nicht bis zur Obergrenze ausgeschöpft werden, wenn schon das Gesetz keine ausdrückliche Differenzierung zwischen den einzelnen Schuldformen vornimmt.

Diese im Grunde so naheliegende Konsequenz ist allerdings — soweit ersichtlich — bisher nirgends gezogen worden. Zwar wird z. T. durchaus richtig erkannt, daß die Beschränkung der erfolgsqualifizierten Delikte auf die bloße Vorsatz-Fahrlässigkeits-Kombination zu nicht vertretbaren Ungerechtigkeiten führt, daraus will man jedoch nur ableiten, daß der Qualifikationsstrafrahmen — und zwar der *gesamte* Strafrahmen — sowohl bei vorsätzlicher als auch bei fahrlässiger Herbeiführung des Sekundärerfolgs zur Anwendung kommt[93]. Beide Schuldformen werden also, was die Rechtsfolgen angeht, gleich behandelt. Diese Gleichstellung ist (abgesehen davon, daß die Strafrahmenfriktionen bei bloßer Fahrlässigkeit damit nicht überwunden werden können) schon deshalb abzulehnen, weil die Verfassung eine strikte Unterscheidung zwischen vorsätzlicher und fahrlässiger Tat nicht nur im Tatbestand, sondern auch in der Höhe der Strafdrohung gebietet, was entweder unmittelbar aus dem Schuldprinzip abzuleiten ist oder aber aus dem rechtsstaatlichen Gebot der Systemgerechtigkeit. Dies soll zunächst noch eingehender dargelegt werden, obwohl es sich dabei nicht um eine spezielle Problematik der erfolgsqualifizierten Delikte handelt.

schädigung wichtiger Anlagen mit schwerer Körperverletzungsfolge): 5 Jahre Freiheitsstrafe als Höchstgrenze.

[92] Aus dem Wort „beabsichtigt" in § 225 StGB ergibt sich noch nicht, daß der Tatbestand vorsätzliche Begehung voraussetzt; die Absicht ist vielmehr das auf den schweren Erfolg gerichtete wertwidrige Willensziel als Unrechtsmerkmal. Allerdings ist eine Fallkonstellation, bei der trotz „Absicht" im Willensverhalten nur Fahrlässigkeit in der Schuld gegeben ist, kaum denkbar.

[93] So verlangt etwa *Hruschka* (GA 1967, S. 48), daß im Urteil eindeutig ausgesprochen werden müsse, ob die schwere Folge vorsätzlich oder fahrlässig herbeigeführt worden sei; er folgert daraus jedoch nicht, daß sich diese Differenzierung auch im konkreten Strafmaß niederschlagen müsse. Auch sonst wird im Schrifttum wie selbstverständlich davon ausgegangen, daß die Obergrenzen der Qualifikationsstrafrahmen auch bei fahrlässiger Verwirklichung des Sekundärerfolges gelten.

### aa) Die übliche Abstufung der Rechtsfolgen im StGB

Das Verhältnis von Vorsätzlichkeit und Fahrlässigkeit ist oben (S. 47 f.) bereits angesprochen worden: Während sich der vorsätzlich handelnde Täter bewußt über den vom Rechtsgut ausgehenden Achtungsanspruch hinwegsetzt, erkennt der fahrlässig Handelnde entweder nicht einmal die Tragweite seines Tuns, oder er geht irrtümlich davon aus, so handeln zu dürfen[94]. Vorzuwerfen ist ihm lediglich, daß er das Unrechte seiner Tat bei hinreichender Anspannung seiner Geisteskräfte hätte erkennen können. Diese Schuldform ist also weniger gravierend als die Vorsätzlichkeit, denn der fahrlässig handelnde Täter ist „an sich rechtstreu"[95].

Dem geringeren Schuldgrad entspricht die Abstufung in den Rechtsfolgen, die der Gesetzgeber überwiegend vornimmt. So unterscheidet das StGB grundsätzlich zwischen vorsätzlicher und fahrlässiger Begehung, wobei letztere entweder überhaupt straflos bleibt (vgl. § 15 StGB) oder aber gegenüber der vorsätzlichen Tatbestandsverwirklichung mit einer erheblich niedrigeren Strafe bedroht ist. Ein gutes Beispiel für die genaue Differenzierung des Gesetzes zwischen den einzelnen Schuldstufen bietet die Vorschrift des § 323 StGB (Baugefährdung): Verstößt der Täter vorsätzlich gegen die anerkannten Regeln der Technik und gefährdet er dadurch vorsätzlich Leib oder Leben eines anderen (Abs. 1), beträgt die Höchststrafe fünf Jahre Freiheitsstrafe; diese wird auf drei Jahre ermäßigt, wenn zwar ein vorsätzlicher Verstoß gegen die Regeln der Bautechnik gegeben ist, aber nur Fahrlässigkeit hinsichtlich der konkreten Gefährdung (Abs. 3); und schließlich beträgt das Höchstmaß gem. Abs. 4 nur zwei Jahre Freiheitsstrafe, wenn der Täter im Falle des § 323 I fahrlässig handelt und ihm auch bezüglich der Gefahr nur Fahrlässigkeit vorzuwerfen ist.

---

[94] Nach der herrschenden eingeschränkten Schuldtheorie ist eine Bestrafung wegen vorsätzlicher Tat jedenfalls bei irriger Annahme eines anerkannten Rechtfertigungsgrundes ausgeschlossen (vgl. etwa *Jescheck*, AT, S. 373 ff.). Bei einer am Schuldprinzip ausgerichteten teleologischen Begriffsbildung dagegen setzt Vorsätzlichkeit stets aktuelles Tat- *und* Unrechtsbewußtsein voraus (*Schmidhäuser*, AT, 10/96), so daß auch bei einem vermeidbaren direkten Verbotsirrtum allenfalls eine Bestrafung wegen fahrlässiger Tat in Betracht kommt. Problematisch ist lediglich, ob die Vorsatztheorie de lege lata angesichts des neugefaßten § 17 StGB vertretbar ist. Im Gegensatz zur h. M. im Schrifttum (z. B. *Lackner*, § 17 Anm. 1; *Schönke / Schröder / Cramer*, § 17 Rdz. 3) wird dies mit beachtlichen Gründen bejaht von *Langer* (GA 1976, S. 193 ff.) und *Schmidhäuser* (JZ 1979, S. 361 ff.); sie beschränken den Anwendungsbereich des § 17 StGB auf die Fahrlässigkeitstat, welche gem. § 16 StGB „unberührt" bleibt. Zwar läuft dies dem Wortlaut des § 17 zuwider, das gilt aber in gleicher Weise für die eingeschränkte Schuldtheorie, die sich ebenfalls mit einer Analogie zu § 16 StGB behelfen muß (vgl. *Schmidhäuser*, JZ 1979, S. 368).

[95] *Tenckhoff*, ZStW Bd. 88, S. 906.

Zahlreiche weitere Beispiele für eine derartige Schuldabstufung im Tatbestand mit der Entsprechung in der Rechtsfolgeanordnung lassen sich anführen, insbesondere aus dem Bereich der konkreten Gefährdungsdelikte. Dem Schuldgrundsatz gemäß wird damit der bewußten Auflehnung gegen die Rechtsordnung ein größerer Unwert zugemessen als der unbewußten[96].

Auch im Schrifttum ist das unterschiedliche Gewicht von Vorsätzlichkeit und Fahrlässigkeit weitgehend anerkannt[97], und zwar unabhängig vom straftatsystematischen Standort: Selbst wenn man nämlich Vorsätzlichkeit und Fahrlässigkeit als selbständige Erscheinungsformen des Unrechts einordnet[98], kann man über die prinzipielle Abstufung in den gesetzlichen Strafdrohungen nicht hinwegsehen. Von den Vertretern der finalen Handlungslehre und ihrer Folgelehren wird daher auch überwiegend eingeräumt, die fahrlässige Tatbegehung sei vom Unrecht her „weniger schwerwiegend“[99], obwohl gleichzeitig darauf hingewiesen wird, daß zwischen beiden Begehungsformen kein Stufenverhältnis im Sinn von „Mehr“ oder „Weniger“ bestehe[100]. Angesichts der Feststellung, es handle sich bei der Fahrlässigkeit um ein „geringeres“ Unrecht, wäre es allerdings nur konsequent[101], ein solches Stufenverhältnis zu bejahen. Aber auch bei der Annahme einer Exklusivität zwischen den beiden Verhaltensformen muß unter dem Aspekt der Gerechtigkeit staatlichen Strafens eine Begründung dafür gegeben werden, warum das Gesetz zwar in aller Regel eine höhere Bestrafung für die vorsätzliche Begehung androht, in einigen Ausnahmefällen dagegen einen einheitlichen Strafrahmen vorsieht. Unter Beachtung des rechtsstaatlichen Willkürverbots, welches im Gleichheitssatz (Art. 3 I GG) konkretisiert wird,

---

[96] Das gilt auch für die sog. „bewußte“ Fahrlässigkeit, denn hier denkt der Täter zwar zunächst an die Möglichkeit der Rechtsgutsverletzung, glaubt aber schließlich doch, die Gefahr meistern zu können. Treffender ist es, von einer „scheinbar“ bewußten Fahrlässigkeit zu sprechen (vgl. *Schmidhäuser*, AT, 10/86 f.).

[97] Für eine Gleichbestrafung beider Verhaltensformen de lege ferenda — insbesondere bezüglich der „Leichtfertigkeit“ tritt *Hall* (Mezger-Fs., S. 241 f., 245 ff.) ein.

[98] Vgl. für viele *Samson*, SK Anh. zu § 16 Rdz. 6 ff.

[99] *Maurach / Gössel / Zipf*, S. 54; ebenso *Stratenwerth*, Rdz. 255; *Jescheck*, AT, S. 456.

[100] *Maurach / Gössel / Zipf*, S. 60; *Schroeder*, LK § 59 a. F., Rdz. 12; anders aber *Jescheck*, AT, S. 456, der ausdrücklich von einem „Stufenverhältnis des Mehr oder Weniger“ spricht; dies ist kaum mit der These *Jeschecks* (a. a. O.) zu vereinbaren, die Fahrlässigkeit sei etwas qualitativ „anderes“ als der Vorsatz.

[101] Ein besonderer Widerspruch zu der Feststellung, es handle sich um ein „aliud“-Verhältnis, ist vor allem dann gegeben, wenn die Möglichkeit einer Wahlfeststellung zwischen vorsätzlicher und fahrlässiger Begehung bejaht wird (so bei *Maurach*, AT, S. 531; dagegen nunmehr *Maurach / Gössel / Zipf*, S. 61).

bedürfte es nämlich gerade wegen der überwiegend behaupteten Andersartigkeit von „Vorsatz“ und Fahrlässigkeit eines hinreichenden sachlichen Grundes für eine Gleichbehandlung in den Rechtsfolgen.

### bb) Das Gebot der Systemgerechtigkeit

Nach der Rechtsprechung des BVerfG ist „Ungleiches seiner Eigenart entsprechend verschieden“ zu behandeln[102]. Dabei soll entscheidend sein, „ob für eine am Gerechtigkeitsdenken orientierte Betrachtungsweise die tatsächlichen Ungleichheiten so bedeutsam sind“, daß sie beachtet werden müssen[103]. Nur soweit sachlich vertretbare Gesichtspunkte[104] für eine Gleichstellung vorliegen, kann von diesem Grundsatz abgewichen werden. Was aber sind „sachliche“ Gründe und wie sind sie nachzuprüfen?

Es ist anerkannt, daß die gesetzgebende Gewalt im Gegensatz zur Judikative einen weitgehenden Spielraum für die Beurteilung sachlicher Gesichtspunkte besitzt[105], um die unterschiedlichsten Lebensverhältnisse in ein und derselben Rechtsnorm zusammenfassen zu können, wobei es naturgemäß nicht möglich ist, alle Verschiedenheiten, die an sich einer gesonderten Behandlung bedürften, zu berücksichtigen. Dem Gesetzgeber steht es grundsätzlich frei, die Merkmale der Vergleichspaare zu bestimmen, die für Gleichheit oder Ungleichheit der gesetzlichen Regelung maßgeblich sein sollen[106]. Diese Gestaltungsfreiheit ist aber begrenzt, sobald der Gesetzgeber ein bestimmtes Regelungsprinzip wählt und damit zum Ausdruck bringt, daß dieses Prinzip fortan als Maßstab für die Gleichbehandlung oder Differenzierung gelten soll. Die Verfassung verbietet also nicht nur innerhalb einzelner Normen Widersprüche oder sachlich ungerechtfertigte Abstufungen, sondern der Gleichheitssatz beherrscht das gesamte Rechtssystem als Ordnungsmaxime. Im Schrifttum wird treffend vom „Gebot der Systemgerechtigkeit“[107] als Ausfluß des Art. 3 I GG gesprochen. Ist die einmal getroffene gesetzgeberische Wertung derart eindeutig, daß sich jede Abweichung ohne zwingenden Grund als sachwidrig erweist, besteht keinerlei Gestaltungsmöglichkeit im Rahmen des Art. 3 I GG. Auch das BVerfG sieht es als prinzipiell unzulässig an, „von der im Gesetz selbst gewählten Sachgesetzlichkeit“ abzuweichen[108]. Die Gründe für eine Ausnahmeregelung könnten nur dann überzeugend sein, „wenn ihr Gewicht der Intensität

[102] BVerfGE 3, 135 f.

[103] BVerfGE 1, 276; ebenso BVerfGE 9, 130.

[104] *Leibholz / Rinck*, Art. 3, Anm. 11.

[105] BVerfGE 3, 162; 13, 228; 21, 26; 23, 252; 25, 292 f., 400. Vgl. ferner *von Münch / Geibelt*, Art. 3 Rdz. 20; *Leibholz / Rinck*, Art. 3 Anm. 9; *Hamann / Lenz*, Art. 3 Anm. 3B 2b.

[106] BVerfGE 23, 240.

[107] *Leibholz / Rinck*, Art. 3, Anm. 11.

der Abweichung von dem grundsätzlich gewählten Ordnungsprinzip" entspreche[109].

Die fundamentale Bedeutung dieses Satzes für das Strafgesetz im Hinblick auf die gebotene Differenzierung zwischen vorsätzlicher und fahrlässiger Begehung ist bisher — soweit ersichtlich — im strafrechtswissenschaftlichen Schrifttum noch nicht hinreichend erkannt worden. Man begnügt sich vielmehr mit der Feststellung, die vorsätzliche Tatbestandsverwirklichung sei zwar generell schwererwiegend und damit strafwürdiger, was auch in den meisten gesetzlichen Strafdrohungen zum Ausdruck komme, ausnahmsweise könne aber auch ein einheitlicher Strafrahmen für beide Begehungsformen vorgesehen werden. Das von Verfassungs wegen zu beachtende Gebot der Systemgerechtigkeit wird dabei nicht problematisiert; es bleibt offen, ob sich für die im Gesetz vorgefundene Ausnahmeregelung, wenn nicht schon eine aus der „Natur der Sache" folgende Notwendigkeit, so doch zumindest ein Gesichtspunkt anführen läßt, der so gravierend ist, daß die Gleichbehandlung entgegen der vom Gesetzgeber selbstgewählten Regel plausibel wird.

Besteht also speziell für die erfolgsqualifizierten Delikte ein zwingender Grund, von der sonst üblichen Abstufung der Rechtsfolgen für vorsätzliche und fahrlässige Tat abzuweichen? Vor der Beantwortung dieser Frage empfiehlt es sich, in einem Exkurs zunächst einen Blick auf jene vereinzelten Vorschriften zu werfen, in denen ebenfalls keine derartige Differenzierung vorgenommen wird. Möglicherweise läßt sich schon daraus Aufschluß über die Motive des Gesetzgebers gewinnen, die unterschiedlichen Verhaltensformen zusammenzufassen.

### cc) Exkurs: Die Gleichstellung in anderen Strafvorschriften (insbesondere § 323 a StGB)

Abgesehen von einigen Bestimmungen des Nebenstrafrechts[110] findet sich eine Gleichstellung von vorsätzlicher und fahrlässiger Begehung auch in den Vorschriften über Trunkenheit im Verkehr (§ 316 StGB) und über den Vollrausch (§ 323 a StGB). Letztere hat mit den Vorschriften über erfolgsqualifizierte Delikte gemein, daß die Rechtsnatur bisher nur wenig geklärt ist: Es ist umstritten, ob sich der Unrechts- und Schuldvorwurf allein auf die abstrakt-gefährliche Berauschung oder auch auf die im Vollrausch verwirklichte „rechtswidrige Tat" bezieht. Vieles spricht dafür, daß der historische Gesetzgeber das Schwergewicht auf

---

108 BVerfG JZ 1965, S. 243; ähnlich BVerfGE 13, 240; 15, 318; 25, 252; vgl. auch *Leibholz / Rinck*, Art. 3 Anm. 11; *Hamann / Lenz*, Art. 3, Anm. 3.

109 BVerfGE 13, 341.

110 Vgl. schon oben, 3. Kapitel, Fn. 98.

die Rauschtat legte, denn anders ist es nicht zu erklären, daß der Strafrahmen des § 323 a bis zur Novellierung im Jahre 1974 an die Strafdrohung bei vorsätzlicher Tatbegehung anknüpfte; auch nach der Neufassung richtet sich das Höchstmaß der Strafdrohung an der Strafobergrenze „für die im Rausch begangene Tat“ aus (Abs. 2), obwohl das Gesetz insoweit kein Verschulden voraussetzt[111].

Vor diesem Hintergrund läßt sich — was die Rechtsfolgen angeht — die fehlende Differenzierung des Gesetzes zwischen vorsätzlicher und fahrlässiger Berauschung einigermaßen erklären: Wenn der Rauschzustand als solcher für die Strafzumessung nur von untergeordneter Bedeutung ist, erscheint es durchaus verständlich, daß der Strafrahmen sowohl bei vorsätzlicher als auch bei fahrlässiger Herbeiführung des Rauschzustandes derselbe ist; auf dieser Argumentationsebene ist auch ein „sachlicher Grund“ gegeben, von der sonst üblichen Abstufung in den Rechtsfolgen abzuweichen.

Diese Interpretation des § 323 a steht allerdings im Gegensatz zu der heute vorherrschenden Auffassung, wonach der Grund der Strafbarkeit allein in der abstrakten Gefährlichkeit des schuldhaft herbeigeführten Rausches und der damit verbundenen Enthemmung und mangelnden Reaktionsfähigkeit liegt[112]; nur darauf darf sich die Strafdrohung nach dem Schuldgrundsatz beziehen, denn für die Rauschtat als solche wird gerade kein Verschulden vorausgesetzt; es handelt sich lediglich um eine sog. objektive Strafbarkeitsbedingung[113] als zusätzliches Straftatmerkmal[114].

Warum weicht das Gesetz dann aber in § 323 a StGB von der eigenen „Sachgesetzlichkeit“ ab und sieht sowohl für die fahrlässige als auch für die vorsätzliche Berauschung denselben Strafrahmen vor? Eine Erklärung ließe sich u. U. daraus herleiten, daß der Gegenstand, auf den sich Vorsätzlichkeit bzw. Fahrlässigkeit beziehen, ein gänzlich anderer ist als bei sonstigen Erfolgsdelikten. Es ist überwiegend anerkannt, daß es für die vorsätzliche Verwirklichung des § 323 a ausreicht, wenn der Täter sich bewußt in einen die Schuldfähigkeit ausschließenden Rausch versetzt[115]; er muß nur das Tatsachenmaterial für die sich daraus ergebende

---

111 Kritisch zu der sachwidrigen Regelung in § 323a II StGB (= § 330a II a. F.) auch *Schmidhäuser*, AT, 10/26; *ders.*, BT 15/20, 34; verfassungsrechtliche Bedenken macht *Sieg*, MDR 1979, S. 549, geltend.

112 BGHSt 16, 124 ff.; 17, 334; OLG Celle, JZ 1971, S. 790; BayOLG NJW 1974, S. 1521; *Cramer*, Vollrauschtatbestand, S. 93 ff.; *Dreher / Tröndle*, § 323a Rdz. 1; *Horn*, SK § 323a Rdz. 2; *Lackner*, § 323a Anm. 1; *Lay*, LK § 330a Rdz. 5; *Schmidhäuser*, BT 15/21. Auf eine *konkrete* Gefährdung wird dagegen abgestellt bei *Kohlrausch / Lange*, S. 664; *Welzel*, Strafrecht, S. 475.

113 Vgl. für viele *Dreher / Tröndle*, § 323a Rdz. 9 m. w. Nw.

114 Zum Terminus des „zusätzlichen Straftatmerkmals“ vgl. *Schmidhäuser*, AT 12/2.

Gefahr erkennen, nicht aber die Gefahr als solche[116]. Fahrlässigkeit liegt vor, wenn der Täter die Wirkung des Rauschmittels hätte erkennen können[117]. Demgegenüber unterscheiden sich Vorsätzlichkeit und Fahrlässigkeit bei den konkreten Gefährdungs- und Verletzungsdelikten gerade durch das Bewußtsein der Gefährdung: Während der vorsätzlich handelnde Täter die Verletzung des bedrohten Rechtsgutsobjekts zumindest für möglich hält, nimmt der fahrlässig handelnde Täter die Gefahr entweder überhaupt nicht wahr, oder er erwägt sie zunächst, geht dann aber doch davon aus, sie werde sich nicht realisieren.

Es liegt daher nahe, das Verhältnis von Vorsätzlichkeit und Fahrlässigkeit bei § 323 a von der Rechtsfolge her anders zu bewerten als bei sonstigen Erfolgsdelikten, da die Divergenz in den Verschuldensgraden auf den ersten Blick weniger gravierend erscheint. Ein Vergleich mit dem Verhältnis von (scheinbar) bewußter[118] und unbewußter Fahrlässigkeit bei den konkreten Gefährdungs- und Verletzungserfolgsdelikten bietet sich an: Der „bewußt" fahrlässig handelnde Täter kennt die Tatumstände und denkt auch an eine Gefährdung, zieht daraus aber nicht den Schluß, es werde auf Grund seiner Handlung ein rechtsgutsverletzender Erfolg eintreten; dagegen macht sich der Täter, dem unbewußte Fahrlässigkeit vorzuwerfen ist, keinerlei Vorstellungen, obwohl er die Gefahr erkennen könnte. Der Gesetzgeber nimmt hier mit Recht keine Unterscheidung zwischen den beiden Verhaltensformen vor, da derjenige, der sich aus Nachlässigkeit überhaupt nicht mit der Gefahr auseinandersetzt, nicht prinzipiell zu privilegieren ist[119].

Ähnlich ließe sich nun auch für die Vorschrift des § 323 a StGB argumentieren: Der Täter, der weiß, daß er sich bis zur Schuldunfähigkeit berauscht (und dabei nicht erkennt, daß er in diesem Zustand rechtswidrige Taten begehen könnte), muß nicht unbedingt strafwürdiger sein als derjenige, der sich buchstäblich „sinnlos" betrinkt, d. h. nicht an die Möglichkeit einer bevorstehenden Schuldunfähigkeit denkt. Diese zunächst so einleuchtende Feststellung erweist sich jedoch bei näherem Hinsehen als nicht haltbar: Wenn die Berauschung an sich schon vom Gesetz mißbilligt wird, so liegt allein darin der für das Verschulden relevante Erfolg (nur aus Gründen der Strafwürdigkeit tritt die Strafbarkeit erst bei Vorliegen einer Rauschtat ein). Gerade weil sich die

---

115 RGSt 69, 188; 70, 42; 73, 180; BGH NJW 1967, S. 579; *Dreher / Tröndle*, § 323a Rdz. 7.

116 *Cramer*, Vollrauschtatbestand, S. 106 f. Eine Kenntnis der Gefahr setzen dagegen jene Autoren voraus, die § 323a als konkretes Gefährdungsdelikt ansehen, vgl. oben Fn. 112.

117 BGH NJW 1975, S. 2252.

118 Vgl. schon Fn. 96.

119 *Blei*, AT, S. 273; *Jescheck*, AT, S. 461; *Maurach / Gössel / Zipf*, S. 96; *Stratenwerth*, Rdz. 1104; *Welzel*, Strafrecht, S. 176.

Wirkungen des Vollrausches nie mit Sicherheit vorausberechnen lassen, besteht die Wertwidrigkeit in der Beeinträchtigung des Gemeinwesens durch den Rausch als solchen[120]. Das Verbot, welches sich aus § 323 a ergibt, lautet daher lediglich: Man darf sich nicht in einen Zustand versetzen, in welchem die persönliche Steuerungsfähigkeit ausgeschlossen ist. Wer diesem Verbot vorsätzlich zuwiderhandelt, ist wegen der relativ höheren Schuld schärfer zu bestrafen als der nur fahrlässig Handelnde. Der BGH[121] verlangt deshalb auch, daß im Urteilstenor angegeben wird, ob das Vergehen vorsätzlich oder fahrlässig begangen worden ist; davon hänge die „Verwerflichkeit der Tat" ab[122]. Es bedürfte allerdings eines solchen Hinweises nicht, wenn das Gesetz selbst eine Abstufung in den Rechtsfolgen vorsähe. *Cramer*[123] fordert daher de lege ferenda eine Differenzierung des Strafrahmens, da ein vorsätzliches Delikt schwerer wiege als ein fahrlässiges; er läßt allerdings offen, welche verfassungsrechtlichen Folgerungen daraus de lege lata zu ziehen sind.

Nach alledem ist kein zwingender Grund ersichtlich, warum das Gesetz im Falle des § 323 a StGB in Abweichung von der eigenen Sachgesetzlichkeit denselben Strafrahmen für Vorsätzlichkeit und Fahrlässigkeit vorsieht. Darin liegt nicht nur ein Verstoß gegen den Schuldgrundsatz, sondern auch gegen das rechtsstaatliche Gebot der Systemgerechtigkeit[124].

Ob die Vorschrift damit nichtig ist oder ob bei verfassungskonformer Auslegung eine Differenzierung zwischen vorsätzlicher und fahrlässiger Begehung möglich ist, kann dahingestellt bleiben; wichtig ist für die hier interessierende Fragestellung nur, daß sich kein sachlich einleuchtender Grund für eine Gleichstellung von Vorsätzlichkeit und Fahrlässigkeit in den Rechtsfolgen ergibt, der auch für die erfolgsqualifizierten Delikte von Bedeutung sein könnte.

Entsprechendes gilt auch für die Vorschrift des § 316 StGB (Trunkenheit im Verkehr): Das Verhalten desjenigen, der im Bewußtsein der Fahruntüchtigkeit ein Fahrzeug führt, ist strafwürdiger als die Tat des Fahrers, der die Wirkung des genossenen Alkohols falsch einschätzt. Bezeichnenderweise fordert die Rechtsprechung deshalb nicht nur bei § 323 a StGB, sondern auch bei § 316 StGB trotz der fehlenden Differenzierung im Strafrahmen eine genaue Unterscheidung zwischen vor-

[120] BGHSt 16, 125.

[121] BGH NJW 1969, S. 1589.

[122] BGH NJW 1969, S. 1589.

[123] *Cramer*, Vollrauschtatbestand, S. 105, 108.

[124] Dieses Gebot wäre allenfalls dann eingehalten, wenn der Gesetzgeber eine Gleichstellung von vorsätzlicher und fahrlässiger Begehung in den Rechtsfolgen bei *sämtlichen* abstrakten Gefährdungsdelikten vornehmen würde. Dem ist jedoch nicht so: vgl. etwa die Vorschriften über die vorsätzliche und fahrlässige Brandstiftung, §§ 306, 308, 309 StGB.

sätzlicher und fahrlässiger Tat im Strafurteil, um dem verschiedenen Unwert im Hinblick auf die Strafzumessung gerecht zu werden[125]. Es besteht allerdings die Gefahr, daß sich die Praxis — ähnlich wie bei den Erfolgsqualifikationen — für die Urteilsfindung regelmäßig mit dem Nachweis begnügen wird, der Täter habe „wenigstens" fahrlässig gehandelt. Da gerade bei dem Delikt der Trunkenheitsfahrt Vorsatztaten nur „auffallend selten"[126] bewiesen werden können, handelt es sich bei dem Strafrahmen des § 316 StGB im Grunde um eine verdeckte Vorsatzstrafe. Eine Abstufung der Rechtsfolgeanordnung nach dem Grade des Verschuldens ist daher de lege ferenda dringend geboten.

Im Nebenstrafrecht schließlich, in dem Mängel der Gesetzestechnik anerkanntermaßen häufiger sind als im Kernstrafrecht[127], läßt sich ebenfalls kein überzeugender Gesichtspunkt für eine Gleichbehandlung nennen: Wenn etwa in § 21 II Nr. 2, 3 StVG der Strafrahmen für das fahrlässige Führen eines Kraftfahrzeuges ohne Fahrerlaubnis (ein Fall, der ohnehin kaum denkbar ist) derselbe ist wie bei vorsätzlicher Begehung, so entspricht dies nicht dem unterschiedlichen Schuldvorwurf. Daß es sich hierbei nicht etwa um eine Besonderheit des Verwaltungsunrechts handelt, zeigt die Regelungsweise im Recht der Ordnungswidrigkeiten: Obwohl hier für die vorsätzliche und fahrlässige Tat häufig derselbe Strafrahmen vorgesehen ist, ist das Höchstmaß der Strafe bei Fahrlässigkeit gem. § 17 II OWiG um die Hälfte zu mildern, sofern das Gesetz eine Geldbuße androht; damit wird der weniger schwerwiegenden Verschuldensform hinreichend Rechnung getragen.

#### dd) Die Systemwidrigkeit der Rechtsfolgeregelung bei den Erfolgsqualifikationen

Die vorstehenden Überlegungen haben keinen Anhaltspunkt ergeben, wonach eine Gleichstellung von Vorsätzlichkeit und Fahrlässigkeit auf der Rechtsfolgenseite bei einigen wenigen Vorschriften außerhalb der Bestimmungen über erfolgsqualifizierte Delikte sachlich gerechtfertigt sein könnte. Entsprechendes gilt auch für die Erfolgsqualifikationen selbst: Es ist kein vernünftiger Grund ersichtlich, warum hier in Abweichung von der inneren Sachgesetzlichkeit des StGB nicht differenziert werden sollte. Wenn das Gesetz einerseits zwischen vorsätzlicher und fahrlässiger Tötung unterscheidet und hierfür unterschiedliche Strafdrohungen vorsieht, ist es schlechthin unerklärlich und dem Gerechtigkeitsgebot widersprechend, wenn andererseits — etwa im Falle einer Freiheitsberaubung — sowohl bei einer fahrlässig als auch bei

125 OLG Celle NJW 1974, S. 1391 ff.; OLG Celle, VRS Bd. 38, S. 261.

126 BGHSt 22, 200.

127 *Tiedemann*, Nebenstrafrecht, S. 347 f.; *Welzel*, JZ 1956, S. 239, Fn. 7a.

einer vorsätzlich herbeigeführten Todesfolge derselbe Strafrahmen zur Anwendung kommen soll.

Es läßt sich auch nicht einwenden, daß der Täter, der den Tatbestand der Erfolgsqualifikation verwirklicht, nicht „an sich rechtstreu" und damit strafwürdiger sei als bei einer gewöhnlichen Fahrlässigkeitstat, da er ja hinsichtlich des Grundtatbestandes vorsätzlich handele und sich damit bewußt gegen das Recht stelle. Zwar ist es richtig, daß das Gesamtverhalten beim erfolgsqualifizierten Delikt nicht dem „Tatbild" entspricht, welches üblicherweise bei einer Fahrlässigkeitstat gegeben ist; gleichwohl verbietet es sich, daraus die Folgerung zu ziehen, wegen der vorsätzlichen Begehung des Grunddelikts sei es (was die Rechtsfolgen angeht) gleichgültig, ob die schwere Folge vorsätzlich oder fahrlässig herbeigeführt worden ist. Wollte man so argumentieren, würde man den oben abgelehnten versari-Gedanken[128] wieder zu neuem Leben erwecken. Entscheidend kann stets nur der (isoliert zu sehende) schwere Sekundärerfolg sein, auf den sich das Verschulden bezieht; insofern kann nichts anderes gelten als für das tateinheitliche Zusammentreffen einer vorsätzlich und einer fahrlässig begangenen Straftat: Würde das Gesetz etwa in Abweichung von § 52 vorsehen, daß bei einer Nötigung oder Sachbeschädigung in Tateinheit mit einer fahrlässigen Tötung die Rechtsfolge aus dem Strafrahmen des § 212 StGB (Totschlag) zu entnehmen sei, so läge darin ein so evidenter Verstoß gegen das Schuldprinzip, daß es hierüber im strafrechtswissenschaftlichen Schrifttum kaum Meinungsverschiedenheiten geben dürfte. — Dagegen nimmt kaum jemand daran Anstoß, daß die Strafdrohungen der meisten erfolgsqualifizierten Delikte — folgt man dem Wortlaut des § 18 StGB — sowohl bei vorsätzlicher als auch bei (wenigstens) fahrlässiger Erfolgsherbeiführung eingreifen.

Daß hier eine Differenzierung in den Rechtsfolgen von Verfassungs wegen geboten ist, läßt sich auch nicht durch die vielzitierte Äußerung *Drehers*[129] widerlegen, wonach es nicht gegen den Gleichheitssatz verstoße, wenn der Gesetzgeber aus strafökonomischen Gründen darauf verzichte, „bei gleicher Schuld immer, und immer gleich zu bestrafen". Diese Äußerung bezieht sich nämlich nur auf die Relevanz des Erfolgsunwertes für die Strafwürdigkeit: Wenn *Dreher* dazu ausführt, es sei verfassungsrechtlich nicht zu beanstanden, daß die Strafsanktion häufig nicht schon bei bloßer fahrlässiger Gefährdung, sondern erst bei Eintritt eines Verletzungserfolges (trotz gleicher Schuld) ausgelöst werde[130], so wird damit nicht gesagt, daß umgekehrt auch für verschiedene

[128] 3. Kapitel, II.

[129] *Dreher*, Niederschr. Bd. 2, S. 253; kritisch dazu *Arth. Kaufmann*, Das Schuldprinzip, S. 163.

[130] *Dreher*, Niederschr. Bd. 2, S. 253.

Schuldformen bei gleichem Verletzungserfolg eine einheitliche Strafdrohung vorgesehen werden könne. Eine derart weitgehende Forderung widerspräche eindeutig dem Schuldgrundsatz[131].

Es ist indessen nicht von der Hand zu weisen, daß auch die Schwere des Erfolges Auswirkungen auf die Strafbemessung haben kann (vgl. § 46 II StGB), was auch im Strafrahmen berücksichtigt werden muß. Die Strafrahmen für die vorsätzliche und die fahrlässige Tat sind daher auch meist so ausgestaltet, daß sich die Strafdrohungen im unteren und oberen Bereich überschneiden[132]. Damit ist es möglich, daß im Einzelfall das Strafmaß für die fahrlässige Tat (mit schwerem Erfolg) über der Mindeststrafdrohung liegen kann, die das Gesetz für die vorsätzliche Begehung vorsieht.

Keinesfalls darf aber das im Gesetz vorgesehene Höchstmaß für die fahrlässige Erfolgsherbeiführung mit der Obergrenze des Strafrahmens für das entsprechende vorsätzliche Erfolgsdelikt übereinstimmen[133], denn die Grenzgrößen der gesetzlichen Strafrahmen markieren auch die Schweregrenzen von Unrecht und Schuld[134]. Die Höchststrafe kommt nur für den denkbar schwersten Fall[135] der Tatbestandsverwirklichung in Betracht. Der schwerstwiegende Fall eines fahrlässigen Erfolgsdelikts kann aber selbst bei besonders gravierenden Auswirkungen der Tat nie den Unwertgehalt der schwerstmöglichen Verwirklichung des entsprechenden vorsätzlichen Erfolgsdelikts erreichen, weshalb die Höchststrafdrohung für die fahrlässige Begehung auch in aller Regel erheblich unter der Strafobergrenze für die vorsätzliche Tat liegt.

Man möchte annehmen, diese Regelungsweise sei derart selbstverständlich und einleuchtend, daß es hierzu keiner so eingehenden Erläuterung bedürfte. Die Tatsache, daß der Gesetzgeber bei den Erfolgsqualifikationen und einigen anderen Vorschriften davon ohne ersichtlichen Grund abweicht, zeigt indessen, daß eine solche Rückbesinnung

---

[131] *Dreher*, a. a. O., S. 254, räumt daher auch ein, daß die Strafdrohung nur vom Maß der Schuld bestimmt sein müsse.

[132] So liegt etwa die Höchstgrenze von fünf Jahren Freiheitsstrafe für die fahrlässige Brandstiftung (§ 309 StGB) weit über der Strafuntergrenze für die vorsätzliche schwere Brandstiftung (§ 306 StGB, ein Jahr Freiheitsstrafe).

[133] Bei den Bestimmungen über die vorsätzliche und fahrlässige Körperverletzung (§§ 223, 223a, 230 StGB) ist zwar der Strafrahmen gleich, allerdings differenziert der Tatbestand des § 230 StGB nicht nach der Art des Erfolges (das Höchstmaß für die *schwere* Körperverletzung beträgt 10 Jahre Freiheitsstrafe).

Bei zahlreichen Fahrlässigkeitsvorschriften beträgt die Höchstgrenze des Strafrahmens nur zwei Drittel der maximalen Strafdrohung für die vorsätzliche Begehung (z. B. bei der fahrlässigen Tötung, § 222, oder der fahrlässigen Brandstiftung, § 309 StGB).

[134] *Dreher*, Bruns-Fs., S. 149.

[135] *Dreher*, a. a. O.; *ders.*, Strafe, S. 61.

auf die grundlegenden gesetzgeberischen Motive bei der Strafrahmengestaltung die Sachwidrigkeit der Ausnahmeregelung besonders deutlich macht. Die Rechtsfolgeanordnungen in den Vorschriften über erfolgsqualifizierte Delikte sind aber bei der weithin vertretenen Auslegung, wonach die Qualifikationsstrafrahmen sowohl bei vorsätzlicher als auch bei fahrlässiger Herbeiführung des Sekundärerfolgs zur Anwendung kommen, nicht nur sachwidrig, sondern zugleich verfassungswidrig, da neben dem Schuldprinzip der Grundsatz der Systemgerechtigkeit verletzt ist.

Schließlich ist die Gleichstellung auch unverhältnismäßig: Wenn der Gesetzgeber bei anderen Vorschriften zum Ausdruck bringt, daß die fahrlässige Tat weniger schwer wiegt als die vorsätzliche, so muß sich dieser unterschiedliche Unwertgehalt in einer entsprechend abgestuften Strafdrohung widerspiegeln. Daß auch generalpräventive Erwägungen zu keinem anderen Ergebnis führen, ist oben[136] bereits gezeigt worden. Die Theorie der Generalprävention gebietet es gerade, für die weniger verwerfliche Verhaltensform eine entsprechend geringere Strafe vorzusehen, um die Abschreckungswirkung im Hinblick auf gravierendere Taten nicht herabzusetzen. Eine Differenzierung zwischen vorsätzlicher und fahrlässiger Tat in den Rechtsfolgen würde also den mit dem Strafgesetz bezweckten Schutz des geordneten Gemeinschaftslebens zumindest in gleicher Weise, wenn nicht sogar effektiver bewirken. Die Gleichbehandlung beider Schuldformen ist demnach nicht erforderlich, so daß auch insofern ein Verstoß gegen das rechtsstaatliche Übermaßverbot vorliegt.

### 4. Fazit

Es hat sich gezeigt, daß die Strafrahmen der Vorschriften über erfolgsqualifizierte Delikte verfassungswidrig sind, wenn die Tatbestände in der herkömmlichen Weise ausgelegt werden. Dabei spielt der Streit, ob die Qualifikationen sowohl bei vorsätzlicher als auch bei fahrlässiger Herbeiführung des Sekundärerfolgs oder nur bei Fahrlässigkeit (bzw. Leichtfertigkeit) erfüllt sein sollen, keine wesentliche Rolle. Die *Mindeststrafen* widersprechen bis auf wenige Ausnahmen[137] wenn nicht schon dem Schuldprinzip (z. B. bei § 229 II StGB), so doch zumindest dem Gleichheitssatz. Was die *Höchststrafen* angeht, so gelangt zwar die Theorie, die auch die vorsätzliche Erfolgsherbeiführung einbezieht, insoweit meist zu einer sachgerechten Relation von Tatbestand und Rechtsfolge; die Wertungswidersprüche, die sich aus den Strafrahmen für die Kombination von Vorsätzlichkeit und Fahrlässigkeit ergeben, können aber selbst nach dieser Auffassung nicht aufgelöst werden. Das liegt vor

[136] S. 111 ff.

[137] Vgl. Fn. 88.

allem daran, daß man wie selbstverständlich davon ausgeht, die Strafrahmen der Erfolgsqualifikationen seien vollen Umfangs sowohl bei Vorsätzlichkeit als auch bei Fahrlässigkeit bezüglich der schweren Folge heranzuziehen; die verfassungsrechtlich notwendige Differenzierung zwischen den beiden Begehungsweisen wird nicht beachtet.

Geboten — im Hinblick auf die Höchststrafen — ist daher eine am Schuldprinzip und am Verhältnismäßigkeitsgrundsatz orientierte Auslegung der Vorschriften über erfolgsqualifizierte Delikte. Es ist insbesondere zu erwägen, ob die Höchstgrenzen der Strafrahmen nur für die vorsätzliche Herbeiführung der qualifizierenden Folge in Betracht kommen sollen und ob für die Kombination von Vorsätzlichkeit und Fahrlässigkeit bei der Strafzumessung zwingend eine dem relativ geringeren Unwertgehalt entsprechende Strafe anzusetzen ist (dazu Näheres im 7. Kapitel). Vorab wird allerdings zu fragen sein, ob sich nicht schon aus der Verfassungswidrigkeit der Mindeststrafen (die bei keiner denkbaren Auslegung unter dem Gesichtspunkt des Gleichheitssatzes als sachgerecht zu erfassen sind) eine Gesamtnichtigkeit der Erfolgsqualifikationen ergibt; dann nämlich würde sich der Versuch einer verfassungskonformen Interpretation von vornherein erübrigen.

*Sechstes Kapitel*

## Teil- oder Gesamtnichtigkeit der Erfolgsqualifikationen auf Grund verfassungswidriger Mindeststrafen?

Eine verfassungswidrige Norm ist nach h. M. ipso-iure nichtig[1]; die Nichtigkeitserklärung durch das BVerfG im Rahmen eines Normenkontrollverfahrens hat nur deklaratorische Wirkung[2]. Problematisch ist die nur teilweise Verfassungswidrigkeit einer Vorschrift: Kann dabei der verfassungsrechtlich unbedenkliche Teil der betreffenden Einzelbestimmung aufrechterhalten werden oder wird mit der Nichtigkeit des anderen Teils die Norm insgesamt unwirksam?

Bei Strafvorschriften hat diese Frage insbesondere für Verfassungsverstöße auf der Rechtsfolgenseite Relevanz (wenn nämlich die tatbestandliche Beschreibung des deliktischen Verhaltens als solche den Anforderungen des Grundgesetzes genügt)[3].

Kann ein Strafgericht also von einer als nichtig erkannten Mindeststrafenregelung abweichen[4] und nach eigenem Ermessen eine Strafe festsetzen, die unter dieser Mindeststrafdrohung liegt?

Dies wird in der Literatur z. T. uneingeschränkt bejaht[5]: Erweise sich eine im Gesetz vorgesehene Mindeststrafe für die in concreto zu beurteilende Tat als unverhältnismäßig hoch oder dem Gleichheitssatz widersprechend, so sei das Gericht bei der Strafzumessung nicht daran gebunden[6].

---

[1] *Maunz / Dürig / Herzog / Scholz*, Art. 100 Rdz. 26 mit zahlreichen Nachweisen aus der verfassungsgerichtlichen Rechtsprechung in Fn. 4; vgl. auch *Leibholz / Rinck*, Einf. Rdz. 20; kritisch zur Theorie der ipso-iure-Nichtigkeit *Moench*, S. 114 ff.

[2] Dies folgt schon aus dem Wortlaut des § 78 BVerfGG („... so stellt es in seiner Entscheidung die Nichtigkeit fest"), vgl. *Majer*, S. 26.

[3] Wird dagegen im Tatbestand ein Verhalten pönalisiert, welches grundrechtlich geschützt ist, so ist natürlich die darauf bezogene Rechtsfolgeanordnung ebenfalls verfassungswidrig, vgl. etwa BVerfGE 12, 296 ff. (Nichtigkeit des § 90a III a. F. StGB: Das Fördern politischer Parteien, die noch nicht für verfassungswidrig erklärt worden sind, darf nicht unter Strafe gestellt werden).

[4] Bei nachkonstitutionellen Gesetzen ist in jedem Falle zunächst ein Normenkontrollverfahren vor dem BVerfG durchzuführen.

[5] *Furtner*, NJW 1968, S. 2228; *Schorn*, Anm. 7 zu Art. 3 MRK; *Schulz-Heik*, S. 162.

Es wird hingegen nicht gefragt, ob die Strafvorschrift nicht sogar insgesamt nichtig ist, wenn die angeordnete Rechtsfolge zumindest in einem Teilbereich nicht mit der Verfassung zu vereinbaren ist; vielmehr soll die Strafdrohung nur dann nicht zur Anwendung kommen, wenn sie im *Einzelfall* zu nicht vertretbaren Ergebnissen führt[7]. Daß eine solche Argumentationsweise mit rechtsstaatlichen Grundsätzen nicht zu vereinbaren ist, wurde schon oben[8] gezeigt: Wenn nämlich der gesetzliche Strafrahmen so hoch angesetzt ist, daß der „denkbar leichteste Fall" nicht mehr erfaßt werden kann, so ist wenigstens die Untergrenze des Strafrahmens verfassungswidrig, und zwar generell und nicht etwa nur im Hinblick auf den gerade zur Entscheidung anstehenden Fall. Darüber hinaus ist stets zu prüfen, ob mit der (Teil-)Nichtigkeit der Mindeststrafdrohung die Norm insgesamt verfassungswidrig wird. Das wird leider zumeist übersehen[9].

Auch der BGH stellt in ähnlicher Weise sachwidrig nur auf den Einzelfall ab: So heißt es in einer Entscheidung[10] zur Verfassungsmäßigkeit der in § 401 AbgO a. F. vorgesehenen Rechtsfolge (Einziehung und Wertersatz):

„Sollten die Einziehung oder der Wertersatz im Einzelfall eine Härte von solchem Übermaß bewirken, daß dadurch die Menschenwürde des Angeklagten angetastet würde, so dürfte zwar der Richter die Strafe nicht aussprechen ... Ist ... (das Strafgesetz) aber, wie § 401 AbgO, aufs Ganze gesehen, durch sachgerechte Erwägungen getragen, so wird sein Bestand durch solchen möglichen Einzelwiderstreit nicht gefährdet. Sonst bliebe kaum ein — bewußt strenges — Strafgesetz von dem Vorwurf der Verfassungswidrigkeit verschont[11]."

Auch in einer späteren Entscheidung des BGH ist diese Argumentation wieder aufgegriffen worden; zur Frage der Verfassungsmäßigkeit der Mindeststrafe bei § 316 a StGB (Räuberischer Angriff auf den Kraftfahrer) führt der BGH aus:

---

[6] *Furtner*, a. a. O., nimmt dies nur für vorkonstitutionelle Gesetze an, da das Strafgericht hier selbst über die Nichtigkeit entscheide. Konsequenterweise müßte dasselbe aber auch bei nachkonstitutionellen Gesetzen im Anschluß an ein Normenkontrollverfahren gem. Art. 100 I GG gelten, bei dem die Mindeststrafe für verfassungswidrig erklärt worden ist.

[7] *Schulz-Heik*, a. a. O., will nur für „atypische" Fälle, deren geringer Unwertgehalt nicht mit der Mindeststrafe in Einklang zu bringen ist, eine Durchbrechung des Strafrahmens contra legem zulassen, jedoch nur bei Vorliegen von rechtfertigungs- oder entschuldigungsähnlichen Umständen. Im übrigen sollen die Mindeststrafen Anwendung finden.

[8] 5. Kapitel, Fn. 55.

[9] Vgl. aber *Raiser*, JZ 1963, S. 664 (Fn. 17), der sich — wenn auch nur am Rande — mit der Problematik der Teilnichtigkeit von Strafrahmen auseinandersetzt.

[10] BGHSt 16, 282 ff.

[11] BGHSt 16, 290.

„Es mag ... ausnahmsweise einen einzelnen Fall geben, in dem die Umstände so außergewöhnlich gelagert sind, daß die Mindeststrafe des § 316 a das Maß der Schuld des Täters ersichtlich übersteigt. Wie in einem solchen Fall zu verfahren wäre, ob notfalls die gesetzliche Mindeststrafe aufgrund übergeordneter verfassungsrechtlicher Erwägungen unterschritten werden könnte ..., kann hier offen bleiben. Denn so außergewöhnlich günstig für den Angeklagten liegen die besonderen Umstände hier nicht[12]."

Aus der Feststellung, die Mindeststrafe sei nicht für alle vom Tatbestand erfaßten Konstellationen angemessen, hätte eigentlich nur eine Konsequenz gezogen werden dürfen: die Verfassungswidrigkeit der Mindeststrafdrohung. Der sich daraus ergebenden Problematik (nämlich die verfassungsrechtlichen Auswirkungen auf die sonstigen Normteile des § 316 a StGB) entzieht sich der BGH dadurch, daß er lapidar feststellt, die Mindeststrafe führe in dem zur Entscheidung anstehenden Fall zu angemessenen Ergebnissen; die Strafdrohung sei daher „unter Berücksichtigung der besonderen Umstände des Einzelfalles"[13] nicht verfassungswidrig. Auch die Rechtsprechung des BGH ist somit wenig hilfreich, soweit es um die Folgerung aus einer nichtigen Mindeststrafdrohung geht. Zwar wird angedeutet, daß eine verfassungswidrige Teilregelung nicht notwendig zur Nichtigkeit der gesamten Norm führen muß; die dogmatische Begründung ist jedoch verfehlt.

Das BVerfG hat sich mit der speziellen Problematik verfassungswidriger Mindeststrafen ebenfalls noch nicht hinreichend auseinandergesetzt[14]; das Gericht hat allerdings ganz allgemein zur Teilnichtigkeit von Einzelnormen Stellung genommen: Der verfassungsgemäße Teil einer Vorschrift könne Bestand haben, wenn mit Sicherheit anzunehmen sei, „daß der Gesetzgeber die nach der teilweisen Nichtigerklärung verbleibende Fassung der Norm wählen würde"[15].

Auch im verfassungsrechtlichen Schrifttum[16] ist diese Formel, die sich inhaltlich an § 139 BGB anlehnt[17], weitgehend anerkannt. Eine Teilnichtigkeit ist demnach durch das Prinzip der Gewaltenteilung begrenzt.

---

[12] BGHSt 24, 177.

[13] BGHSt 24, 178.

[14] Zwar hatte das BVerfG schon mehrfach über die Frage der Verfassungsmäßigkeit von gesetzlichen Strafdrohungen zu entscheiden (zuletzt in NJW 1979, S. 1037 ff. zur Mindeststrafe beim Rückfall, § 48 StGB), bisher hat das Gericht jedoch keinen Anlaß gesehen, eine Strafdrohung für nichtig zu erklären. Geboten (als Konsequenz der eigenen Argumentation) wäre dies freilich bei der Entscheidung zur lebenslangen Freiheitsstrafe gewesen (BVerfGE 45, 187 ff.). Wie schon oben (5. Kapitel, II 2) gezeigt, vermeidet das BVerfG dieses Ergebnis, indem es sachwidrig zwischen Androhung und Vollzug der Strafe unterscheidet.

[15] BVerfGE 27, 399.

[16] *Leibholz / Rinck*, Einf. Rdz. 22; *Majer*, S. 30; *Skouris*, S. 83 ff.

[17] *Eckardt*, S. 62; *Majer*, S. 30; *Skouris*, S. 74 ff.

Selbst wenn der als verfassungsgemäß erachtete Restbestand der Norm für sich allein noch „sinnvoll“ erscheint[18], darf die rechtsprechende Gewalt nicht an die Stelle der vom Gesetzgeber getroffenen, grundlegenden Entscheidung eine eigene setzen[19].

Damit ergeben sich für den Bereich der erfolgsqualifizierten Delikte zwei Problemkomplexe — zum einen: verbleibt nach Wegfall der Mindeststrafe überhaupt noch eine selbständige und verfassungsrechtlich unbedenkliche Regelung[20] (einmal unterstellt, die Höchststrafen ließen sich bei verfassungskonformer Auslegung der Erfolgsqualifikationen mit dem Grundgesetz vereinbaren)? — und zum anderen: hätte der Gesetzgeber die Vorschriften über erfolgsqualifizierte Delikte auch ohne Festlegung der Strafuntergrenze geschaffen[21]?

In der Literatur wird vereinzelt bereits die erste Frage verneint, und zwar mit der Begründung, eine generell zu hoch angesetzte und damit verfassungswidrige Mindeststrafe führe zur Nichtigkeit der (Gesamt-) Norm, da eine nach einer Richtung unbestimmte Strafdrohung nicht mit dem Bestimmtheitsgrundsatz des Art. 103 II GG vereinbar sei[22]. Dagegen ist einzuwenden, daß das rechtsstaatliche Gebot „nulla poena sine lege (stricta)“ allenfalls bei einer nach oben hin unbegrenzten Strafdrohung verletzt sein könnte[23]; entfällt hingegen nur die Mindeststrafenregelung, so greift statt dessen ergänzend die Vorschrift des § 38 II StGB ein, wonach das Mindestmaß der zeitigen Freiheitsstrafe einen Monat beträgt. Verfassungsrechtliche Bedenken könnten nur dann erhoben werden, wenn die Straf*art* unbestimmt wäre (also wenn etwa offen

---

[18] *Eckardt*, S. 63.

[19] BVerfGE 3, 136.

[20] Vgl. *Skouris*, S. 76: „Als erstes ist zu untersuchen, ob sich der unmittelbar nichtigkeitsbedrohte Teil vom restlichen trennen läßt, ohne ihm gleichzeitig die Normqualität abzusprechen. Der an sich gültige Abschnitt muß trotz der Herausnahme des ungültigen eine sinnvolle, abstrakt-generelle Regelung bleiben.“

[21] Während die subjektiven Vorstellungen des historischen Gesetzgebers (d. h. der bei der Gesetzgebung beteiligten Organe) bei der *Auslegung* einer Norm nur eine untergeordnete Rolle spielen (vgl. dazu unten 7. Kapitel, I 3), ist darauf bei der Entscheidung über die *Teilnichtigkeit* zwingend einzugehen, denn durch die Abtrennung eines nichtigen Normteils wird weitaus stärker in die Kompetenz des Gesetzgebers eingegriffen als bei der bloßen Auslegung. Hier ist es nach dem Grundsatz der Gewaltenteilung unumgänglich, zu fragen, ob auch das Normfragment nach der ursprünglichen (mutmaßlichen) Intention des Gesetzgebers Bestand haben könnte (*Skouris*, S. 80).

[22] *Raiser*, JZ 1963, S. 664, Fn. 17.

[23] Die nach früherem Recht möglichen Geldstrafen in unbegrenzter Höhe (vgl. § 27 StGB a. F.) verstießen zwar gegen Art. 103 II GG (*Maunz / Dürig / Herzog / Scholz*, Art. 103, Rdz. 108; *Welzel*, Strafrecht, § 5 I 1 — anders die h. M., vgl. BGHSt 3, 259 ff. (262), *Schönke / Schröder / Eser*, § 1 Rdz. 25 m. w. Nw.), dies führte jedoch nicht zur Nichtigkeit der Strafvorschrift, sondern es waren statt dessen die gesetzlichen Höchstgrenzen heranzuziehen, vgl. *Maunz / Dürig / Herzog / Scholz*, a. a. O.

bliebe, ob für die Tat statt einer Freiheitsstrafe auch eine Geldstrafe verhängt werden könnte[24]); nichtig ist jedoch bei den Erfolgsqualifikationen nur die *erhöhte* Mindeststrafdrohung, nicht aber die Androhung einer Freiheitsstrafe überhaupt[25]. Wird der verfassungswidrige Teil der Norm abgetrennt, so lautet die verbleibende Restregelung nicht etwa: „... wird bestraft, höchstens mit einer Freiheitsstrafe von ...", sondern vielmehr: „... wird mit Freiheitsstrafe bis zu ... bestraft" — die Untergrenze des Strafrahmens ergibt sich dann nur aus § 38 II StGB[26].

Die These, eine nichtige Mindeststrafdrohung habe stets die Nichtigkeit der gesamten Strafvorschrift zur Folge, ist demnach so pauschal nicht stichhaltig. Es verbleibt jedenfalls bei den Erfolgsqualifikationen durchaus noch eine für sich allein sinnvolle Restregelung, die den Anforderungen des Art. 103 II GG genügt.

Die weitergehende Frage ist nur, ob die nach Abtrennung des jeweils nichtigen Normteils verbleibende Bestimmung (ohne erhöhte Mindeststrafe) noch den gesetzgeberischen Intentionen gerecht wird. Aus den Gesetzesmaterialien läßt sich dazu nur wenig ableiten („der Gesetzgeber überlegt sich vor oder bei Erlaß seines Aktes nicht detailliert, welche Normen er ohne die anderen beschlossen hätte"[27]).

Zwar findet sich in den Ausschußprotokollen zum 12. StÄndG mehrfach das Argument, es könne gerade bei besonders gravierenden Erfolgsqualifikationen (wie z. B. § 176 IV StGB, Sexueller Mißbrauch von Kindern mit Todesfolge) nicht auf die Mindeststrafe verzichtet werden[28], daraus allein ist aber nicht ohne weiteres zu schließen, daß diese Bestimmungen ohne eine gegenüber dem Strafrahmen für die tateinheitliche Begehung erhöhte Strafdrohung in keinem Fall erlassen worden

---

[24] Vgl. aber BGHSt 13, 190 ff., wonach sogar die pauschale Androhung „jeder gesetzlich zulässigen Strafe" unbedenklich sein soll.

[25] Probleme könnten sich allerdings bei § 226 StGB (Körperverletzung mit Todesfolge) ergeben, da als Mindeststrafe für die in dieser Vorschrift miteinander kombinierten Delikte (Körperverletzung, § 223, und fahrlässige Tötung, § 222 StGB) jeweils nur Geldstrafe angedroht ist. Diese Frage soll hier nicht weiter vertieft werden, da sich noch zeigen wird, daß auch die Höchststrafenregelung in dieser Vorschrift nicht haltbar ist, so daß sich die Problematik der „Teilnichtigkeit" hier nicht stellt.

[26] Wenn schon bei einer nach oben hin unbestimmten Strafdrohung die gesetzliche Höchststrafe ergänzend herangezogen werden muß, so muß es erst recht bei einer nichtigen Mindeststrafdrohung möglich sein, auf das gesetzliche Mindestmaß zurückzugreifen. Bei den Erfolgsqualifikationen wird regelmäßig ohnehin schon eine im Mindestmaß erhöhte Freiheitsstrafe zu verhängen sein, da die Strafrahmen von Grund- und Folgedelikt nicht unterschritten werden dürfen.

[27] *Skouris*, S. 83.

[28] *Finger*, Prot. VI, S. 1500; *Frhr. Ostmann v. d. Leye*, ebd., S. 1501; *de With*, ebd. zu § 176 IV StGB); ebenso auch schon *Dreher*, Niederschr. Bd. 2, S. 252.

wären. Es verbleiben nämlich immerhin noch die gegenüber den Strafrahmen für die Grunddelikte erhöhten Höchststrafen; damit wird deutlich gemacht, daß der qualifizierten Begehung gegenüber der Verwirklichung des Grunddelikts ein erhöhter Unwert zugemessen wird.

Da zu vermuten ist, daß der historische Gesetzgeber im Einklang mit der ganz überwiegenden Auffassung im Schrifttum bei der Schaffung der Vorschriften über erfolgsqualifizierte Delikte davon ausging, es handle sich hierbei um etwas qualitativ „anderes" als die bloße tateinheitliche Kombination zweier Einzeldelikte, ist anzunehmen, daß diese Qualifikationsvorschriften — fragt man nach dem (hypothetischen) Willen des Gesetzgebers — auch bei ersatzloser Streichung der Mindeststrafdrohungen beibehalten würden, und zwar sogar in den Fällen, in denen sich die für die Qualifikation vorgesehene Höchststrafe mit der Höchststrafe für die tateinheitliche Verwirklichung von Grund- und „Folge"-Delikt deckt[29].

Bedenken ergeben sich indessen für § 177 III StGB (Vergewaltigung mit Todesfolge); die Besonderheit dieser Vorschrift liegt darin, daß die Höchststrafe für die Qualifikation (15 Jahre Freiheitsstrafe) mit der Strafobergrenze für das Grunddelikt (§ 177 I) übereinstimmt[30]. Wenn also die Mindeststrafdrohung bei der Qualifikationsvorschrift als nichtig entfällt, ist der verbleibende Teil der Norm nicht mehr sinnvoll, da er keine Verschärfung des Strafrahmens gegenüber dem Grunddelikt mehr enthält; von einer „Qualifizierung" kann nicht mehr die Rede sein, wenn für die (gesondert geregelte) Herbeiführung eines zusätzlichen schweren Erfolges derselbe Strafrahmen vorgesehen ist wie für die grundlegende Wertverfehlung.

Es ist daher mit Sicherheit anzunehmen, daß der Gesetzgeber eine derartige Bestimmung nicht geschaffen hätte. Die Vorschrift des § 177 III StGB ist deshalb nicht nur im Hinblick auf die Mindeststrafdrohung teilnichtig, sondern insgesamt unwirksam.

---

[29] Z. B. § 178 III StGB (Sexuelle Nötigung mit — vorsätzlich — herbeigeführter Todesfolge); die Höchststrafe ist hier dieselbe wie für die tateinheitliche Kombination der in der Qualifizierung zusammengefaßten Einzeldelikte (§§ 178 I und 212 I StGB). Ob die Regelung dann überhaupt noch erforderlich ist, ist hier nicht zu erörtern; an dieser Stelle geht es nur um die mutmaßliche gesetzgeberische Entscheidung.

[30] Das gilt zwar auch für § 318 II 1. Alt. StGB (Beschädigung wichtiger Anlagen mit schwerer Körperverletzungsfolge); hier stellt sich das Problem der Teilnichtigkeit jedoch nicht, weil die für die Qualifikation vorgesehene Mindeststrafdrohung (ein Jahr Freiheitsstrafe) verfassungsrechtlich unbedenklich ist; diese Mindeststrafe ist nämlich auch bei der tateinheitlichen Kombination von § 318 I (Beschädigung wichtiger Anlagen) und § 224 (Schwere Körperverletzung) vorgesehen, so daß ein Verstoß gegen Art. 3 I GG ausscheidet.

Die übrigen Erfolgsqualifikationen des StGB könnten dagegen auch bei nichtiger Mindeststrafenregelung Bestand haben, sofern sich nur die Höchststrafen mit der Verfassung vereinbaren lassen. Dies wird nunmehr im einzelnen zu prüfen sein.

*Siebtes Kapitel*

# Gültigkeit der Höchststrafen bei verfassungskonformer Auslegung der Qualifikationstatbestände?

## I. Allgemeines zur verfassungskonformen Auslegung

Da die herkömmlichen Auslegungen der Vorschriften über erfolgsqualifizierte Delikte — wie oben gezeigt wurde — zu einer Verfassungswidrigkeit der Höchststrafen führen, fragt sich, ob sich die Tatbestände nicht auch in der Weise auslegen lassen, daß die Obergrenzen der Strafrahmen noch als (schuld-)angemessen und damit auch als verfassungsgemäß erfaßt werden können. Die Nichtigkeit einer gesetzlichen Bestimmung darf nämlich — wie im folgenden dargetan werden soll — erst dann festgestellt werden, wenn sich die Norm bei keiner von mehreren Auslegungsarten mit der Verfassung in Einklang bringen läßt. Eine solche Priorität der verfassungskonformen Auslegung gegenüber der Nichtigerklärung ist überwiegend anerkannt, wenn auch mit unterschiedlicher Begründung.

### 1. Vorrang der Normerhaltung

In einer frühen Entscheidung des BVerfG heißt es dazu, es spreche eine Vermutung dafür, daß ein Gesetz mit dem Grundgesetz vereinbar sei; das in dieser Vermutung zum Ausdruck kommende Prinzip verlange im Zweifel eine verfassungskonforme Auslegung des Gesetzes[1]. Diese These wird von der überwiegenden Auffassung im Schrifttum[2] mit der Begründung abgelehnt, vorkonstitutionelle Gesetze könnten damit nicht erfaßt werden; im übrigen sei es bedenklich, daß derjenige, der dem Gesetzgeber einen Verfassungsverstoß vorwerfe, hierfür die Argumentations- und Beweislast tragen müsse[3].

Im Ergebnis stimmt man freilich mit dem BVerfG überein: Die Normerhaltung durch eine am Grundgesetz orientierte Auslegung gehe der

---

[1] BVerfGE 2, 282.

[2] *Bender*, MDR 1959, S. 442; *Bogs*, S. 22; *Michel*, JuS 1961, S. 274 f.; *Skouris*, S. 98; a. A. *Eckardt*, S. 40; *Nipperdey* in *Neumann / Nipperdey / Scheuner*, S. 24.

[3] *Bogs*, S. 21.

Normvernichtung vor[4]; man beruft sich dabei auf die von *Merkl*[5] und *Kelsen*[6] begründete sog. „Stufentheorie". Die Rechtsordnung sei stufenmäßig aufgebaut, wobei die ranghöhere Norm die rangniedere „inhaltlich bestimme"[7], was sich auch auf die Auslegung auswirke. Auch der BayVerfGH stellte in einer Entscheidung aus dem Jahre 1952 fest: „Das Rechtssystem des Staates bildet eine Einheit, die von der Verfassung und den in ihr enthaltenen Grundgedanken beherrscht wird. Mithin ist nur eine solche Auslegung gesetzlicher Bestimmungen zulässig, die mit der Verfassung in Einklang zu bringen ist, nicht aber eine solche, die ihr widerspricht[8]."

Dieser Theorie ist der Vorzug gegenüber dem Zweifelsprinzip des BVerfG zu geben (das in dieser Form in späteren Entscheidungen nicht mehr vertreten worden ist[9]), zumal das Prinzip ungeklärt läßt, warum in dubio gerade die verfassungskonforme Interpretation den Vorzug vor der Nichtigerklärung erhalten soll[10].

### 2. Verfassungskonforme und objektiv-teleologische Interpretation

Was die Auslegungskriterien angeht, so ist umstritten, ob sich die verfassungskonforme Auslegung begrifflich und inhaltlich von den herkömmlichen Auslegungsarten unterscheidet oder ob es sich dabei nur um den Vorrang einer anerkannten Interpretationsweise gegenüber anderen möglichen Auslegungen handelt.

Es würde zu weit führen, diesen verfassungstheoretischen Streit hier in allen Verästelungen darzustellen; verfehlt scheint allerdings jene Auffassung zu sein, die eine klare begriffliche Trennung zwischen herkömmlicher und verfassungskonformer Auslegung vornimmt[11]. *Bogs*[12]

[4] *Bogs*, S. 34 ff., spricht von einer „Auslesefunktion" der verfassungskonformen Auslegung gegenüber anderen gleichmöglichen Sinndeutungen; vgl. auch *Moench*, S. 21 f.; *Michel*, JuS 1961, S. 277; kritisch dagegen *Skouris*, S. 107 ff., der sich gegen den Vorrang der verfassungskonformen Auslegung wendet und die Normerhaltung statt dessen durch Teilnichtigkeit erreichen will.

[5] *Merkl*, S. 210 ff.

[6] *Kelsen*, S. 120 f., 233 ff.

[7] *Michel*, JuS 1961, S. 276; ebenso *Bogs*, S. 23.

[8] BayVerfGH, DÖV 1952, S. 374.

[9] *Moench*, S. 20 f., weist nach, daß sich das BVerfG der h. M. im Schrifttum zumindest angenähert hat. So heißt es in einer neueren Entscheidung (BVerfGE 35, 279): „Die Interpretation ist Methode und Weg, auf dem der Richter den Inhalt einer Gesetzesbestimmung unter Berücksichtigung ihrer Einordnung in die gesamte Rechtsordnung (sic!) erforscht, ohne durch den formalen Wortlaut des Gesetzes begrenzt zu sein."

[10] *Skouris*, S. 97.

[11] *Michel*, JuS 1961, S. 277; *Moench*, S. 24 f.

[12] *Bogs*, S. 26.

hat dazu zutreffend auf die „Einheit des Auslegungsvorgangs“ hingewiesen; danach sind die Verfassungsprinzipien nur als „Leitpunkte“ bei der Gesetzesinterpretation heranzuziehen; stets ist zunächst zu prüfen, ob bei grammatischer, historischer, systematischer oder objektiv-teleologischer Auslegung ein Gesetzessinn ermittelt werden kann, der mit der Verfassung in Einklang zu bringen ist. Der Gedanke der Einheit der Rechtsordnung führt es mit sich, daß Verfassungsgrundsätze mit in diesen Auslegungsvorgang einfließen, speziell bei der teleologischen Auslegung, da der zu ermittelnde Normzweck stets mit der vom Grundgesetz vorgezeichneten Wertordnung korrespondieren muß. Besonders auf dem Gebiete des Strafrechts, das wie kaum eine andere Rechtsmaterie die grundrechtlich geschützte Freiheitssphäre des Einzelnen berührt, ist die Auslegung primär an den tragenden Wertprinzipien unserer Verfassung auszurichten[13].

Wenn das Ziel staatlichen Strafens die Erhaltung eines gedeihlichen Gemeinschaftslebens ist, so ist allein eine Auslegung geboten, die dieser Zielsetzung unter Berücksichtigung der vom Grundgesetz vorgegebenen Grenzen am besten gerecht wird, wobei das Gebot der Wahrung der Menschenwürde sowie das Schuld- und das Verhältnismäßigkeitsprinzip im Vordergrund stehen.

So verstanden, ist jedenfalls im Strafrecht die objektiv teleologische Auslegung (d. h. die Frage nach der Möglichkeit einer sachgerechten und angemessenen Rechtsanwendung als *Ziel* der Regelung — unabhängig von einem subjektiven „Willen“ des Gesetzgebers) zugleich verfassungskonforme Auslegung[14] und damit vorrangig gegenüber anderen anerkannten Interpretationsmethoden, sofern deren Ergebnisse sich nicht mit den genannten Verfassungsprinzipien vereinbaren lassen.

Das BVerfG hat sich ebenfalls für eine objektive Betrachtungsweise ausgesprochen, wenn auch nicht ausdrücklich auf das „telos“ des Gesetzes abgestellt wird: Entscheidend soll der in der Bestimmung zum Ausdruck kommende „objektivierte Wille des Gesetzgebers“ sein, nicht dagegen die „subjektive Vorstellung der am Gesetzgebungsverfahren beteiligten Organe oder einzelner ihrer Mitglieder über die Bedeutung der Bestimmung“[15]. Die Berechtigung anderer Auslegungsmethoden erkennt das BVerfG durchaus an, in den Fällen jedoch, in denen zwei

---

[13] Und zwar, wie *Schmidhäuser* (AT, 5/34) feststellt, nicht nur als bloßes Korrektiv der gesetzgeberischen Entscheidung; „vielmehr hat man von vornherein vom Grundgesetz auf die Strafgesetze zu sehen, derart, daß als Strafrecht nur das in den Blick kommt, was dem Grundgesetz und seiner Wertordnung entspricht“.

[14] *Schmidhäuser*, JR 1978, S. 270, spricht von „verfassungsrechtlich-teleologischer Begriffsbildung“.

[15] BVerfGE 1, 312.

verschiedene Deutungen einer Norm möglich sind, soll nur „diejenige den Vorzug (verdienen), die den Wertentscheidungen der Verfassung besser entspricht“[16]. Dies wird stets die objektiv-teleologische Interpretation sein, da diese von vornherein an den Grundprinzipien der Verfassung orientiert ist. Läßt sich daher im Einzelfall eine Norm auch bei objektiv-teleologischer Auslegung nicht mit der Verfassung vereinbaren, so ist dies auch bei keiner anderen Gesetzesinterpretation möglich.

Wenn im Schrifttum demgegenüber behauptet wird, die verfassungskonforme Auslegung diene „der Vermittlung von (Verfassungs-)Normgehalten“ und sei deshalb „mehr“ als jede der überkommenen Methoden[17], so liegt dies daran, daß der Begriff der objektiv-teleologischen Auslegung zu eng gefaßt wird. Um dies zu illustrieren, sei auf eine Entscheidung des BVerfG zur Verfassungsmäßigkeit der Vorschrift über den Vereidigungszwang für Zeugen (§ 70 StPO)[18] hingewiesen, die angeblich als Beleg dafür dienen soll, daß sich verfassungskonforme und teleologische Interpretation begrifflich unterscheiden[19]: Es geht in dieser Entscheidung um die Frage, ob auch ohne „gesetzlichen Grund“ i. S. des § 70 StPO ein Eid nur aus religiösen Motiven verweigert werden dürfe; das BVerfG stellt dazu fest, daß bei einer an der Verfassung orientierten Auslegung des § 70 StPO nicht nur die in der StPO aufgezählten Gründe in Betracht kämen, sondern auch das in der Verfassung festgeschriebene Grundrecht auf Glaubensfreiheit (Art. 4 GG)[20]. Hierbei handelt es sich letztlich um nichts anderes als um eine „klassische“ objektiv-teleologische Auslegung, die auf den Zweck der Vorschrift (Eidesverweigerungsrecht in besonderen Konfliktlagen) abstellt und darüber hinaus nach den durch die Wertordnung der Verfassung vorgegebenen Grenzen staatlicher Zwangsmittel fragt. Hier bleibt kein Raum mehr für eine eigenständige „Methode“ der verfassungskonformen Auslegung; es zeigt sich, daß bereits eine richtig verstandene teleologische Interpretation zu angemessenen Ergebnissen führt.

### 3. Grenzen der Auslegung

Schließlich ist zu klären, in welchem Umfang eine verfassungskonforme Auslegung möglich ist, d. h. von welchem Punkt an die (Teil-)Nichtigkeit der Vorschrift festgestellt werden muß. Zwar besteht weitgehend Einigkeit darüber, daß der Grundsatz der Gewaltenteilung eine

---

[16] BVerfGE 8, 221.

[17] *Moench*, S. 25.

[18] BVerfGE 33, 23.

[19] *Moench*, S. 24 f.

[20] BVerfGE 33, 34.

„Gesetzesberichtigung" verbietet[21] (es sei denn, es liegt ein offensichtliches Redaktionsversehen vor), wann aber im Einzelfall die Grenze der Auslegung zur Berichtigung überschritten sein soll, ist lebhaft umstritten. Dabei hängt die Beantwortung der Frage im wesentlichen mit den zugrundegelegten Auslegungskriterien zusammen: Stellt man richtigerweise auf die objektiv-teleologische Methode ab, so liegt die Grenze der verfassungskonformen Auslegung nicht etwa schon, wie vielfach vertreten wird[22], in dem subjektiven „Willen" des historischen Gesetzgebers, sondern in dem objektiv zu bestimmenden Gehalt des Gesetzeswortlauts und der sich daraus ergebenden Zielsetzung der Vorschrift. Wenn das BVerfG demgegenüber vom „gesetzgeberischen Ziel" spricht, welches nicht in einem wesentlichen Punkt verfehlt oder verändert werden dürfe[23], so steht das im Widerspruch zu der an anderer Stelle[24] getroffenen Feststellung, wonach irgendwelche subjektiven Vorstellungen der beteiligten Legislativorgane gerade keine Rolle spielen sollen.

Auch am strengen Wortlaut des Gesetzes braucht der Richter, wie es in einer Entscheidung des BVerfG heißt, nicht unbedingt haltzumachen: „Seine Bindung an das Gesetz (Art. 20 III, 97 I GG) bedeutet nicht Bindung an den Buchstaben mit dem Zwang zu wörtlicher Auslegung, sondern dessen Gebundensein an Sinn und Zweck des Gesetzes[25]."

Besonderheiten gelten allerdings auf dem Gebiete des Strafrechts; hier ist zu prüfen, ob sich die Abweichung vom Gesetzeswortlaut noch als „Auslegung" erfassen läßt, oder ob bereits die Grenzlinie zur verbotenen Analogie in malam partem (Art. 103 II GG) überschritten ist; dann nämlich kann von einer „verfassungskonformen" Gesetzesinterpretation ohnehin keine Rede mehr sein.

## II. Der verfassungsgemäße Gehalt der Formulierung „wenigstens Fahrlässigkeit" (§ 18 StGB)

Welche Auswirkungen hat nun die eben nur grob skizzierte, auf die Wertprinzipien der Verfassung bezogene, objektiv-teleologische Interpretationsmethode für das Verständnis der Bestimmungen über erfolgsqualifizierte Delikte?

Es wurde bereits darauf hingewiesen, daß das *Ziel* einer Strafvorschrift nur die Erhaltung eines geordneten und gesicherten Gemein-

---

[21] *Bogs*, S. 62 ff.; *Eckardt*, S. 55; *Hesse*, S. 33.

[22] *Eckardt*, S. 56; *Hamann / Lenz*, S. 87; *Michel*, JuS 1961, S. 279 (differenzierend nach vor- und nachkonstitutionellen Gesetzen).

[23] BVerfGE 2, 340 f.; ähnlich auch BVerfGE 18, 111; 19, 253.

[24] BVerfGE 1, 312; vgl. oben, 2.

[25] BVerfGE 35, 279.

schaftslebens sein kann; dieses Ziel darf jedoch nicht „um jeden Preis" angestrebt werden, sondern allein mit den von der Verfassung dafür vorgesehenen Mitteln (andernfalls wäre in der Tat die Gefahr eines terroristischen Strafrechts gegeben). Die „höchsten Anforderungen an die Gerechtigkeit", die das BVerfG[26] gerade für das Strafrecht gefordert hat, sind also bei einer Auslegung, die das „telos" der Strafbestimmung in den Vordergrund stellt, in besonderem Maße zu berücksichtigen.

Die verfassungsgemäß-teleologische Auslegung ist damit stets die auf die relativ gerechte Bestrafung abzielende Auslegung[27], die nicht nur isoliert die tatbestandliche Beschreibung des deliktischen Verhaltens im Blickfeld hat, sondern primär die darauf bezogene Rechtsfolge Strafe. Es hat sich gezeigt, daß die für die Auslegung so ungemein wichtigen Strafrahmen jedenfalls bei den Erfolgsqualifikationen bisher nur unzureichend berücksichtigt worden sind; höchsten Gerechtigkeitsanforderungen kann nur dann genügt werden, wenn die Auslegung eine dem Unwertgehalt entsprechende Relation von Tatbestand und Rechtsfolge ergibt. Eine solche Interpretation ist bisher nicht vorgeschlagen worden.

Da die Höchststrafe bei der Mehrzahl der Erfolgsqualifikationen so erheblich ist, daß sie allenfalls für eine vorsätzliche Erfolgsherbeiführung in Betracht kommt, scheidet eine Interpretation, wonach die Qualifikationstatbestände *ausschließlich* bei fahrlässiger bzw. leichtfertiger Herbeiführung des Sekundärerfolgs erfüllt sein sollen, von vornherein aus, obwohl es — speziell bei den „Leichtfertigkeitsqualifikationen" — durch das Fehlen des Wortes „wenigstens" naheliegt, die vorsätzliche Begehung auszuscheiden. Sachgerecht erscheint allein eine Auslegung, wonach sowohl die vorsätzliche als auch die fahrlässige Herbeiführung des qualifizierenden Sekundärerfolges tatbestandsmäßig ist. Dies wird — jedenfalls für die Vorschriften ohne spezielle Regelung des Schuldtatbestandes — unter Berufung auf den Wortlaut des § 18 StGB („wenigstens Fahrlässigkeit") auch überwiegend vertreten (vgl. oben, 5. Kapitel, III. 3. b), allerdings ohne die durch das Schuldprinzip gebotene Einschränkung, daß die Obergrenze des Strafrahmens *allein* bei vorsätzlicher Begehung verwirkt sein kann, u. U. sogar (was noch näher zu erläutern sein wird) nur bei Vorliegen des Unrechtsmerkmals eines besonders wertwidrigen Willensziels.

Eine derartige zwingende Differenzierung in den Rechtsfolgen wird bereits durch das Wort „wenigstens" in § 18 angezeigt. Die fahrlässige Begehung ist vom Unwertgehalt „weniger" als die vorsätzliche, dann aber kann das Strafmaximum nicht für eine Tat verhängt werden, die

---

26 BVerfGE 45, 228.

27 *Schmidhäuser*, JR 1978, S. 269.

eher im unteren, allenfalls im mittleren Bereich der durch den Strafrahmen vorgezeichneten Unwertskala anzusetzen ist.

Um dabei sogleich einem möglichen Mißverständnis vorzubeugen: hierbei handelt es sich nicht etwa nur um ein Problem der konkreten Strafzumessung, sondern im Vordergrund steht die *Auslegung* der Vorschriften über erfolgsqualifizierte Delikte in Verbindung mit § 18 StGB; es geht darum, teleologisch die tatbestandlichen Voraussetzungen zu ermitteln, die gegeben sein müssen, um die angedrohte Höchststrafe unter dem Aspekt der relativen Gerechtigkeit als (schuld-)angemessen und damit verfassungsgemäß erscheinen zu lassen. Maßstab muß dabei stets die entsprechende tateinheitliche Kombination der in der jeweiligen Erfolgsqualifikation zusammengefaßten Einzeldelikte und der hierfür vorgesehenen Strafrahmen sein.

### 1. Die Erfolgsqualifikationen als „aufgespaltene“ Tatbestände

Den richtigen Weg für eine teleologische Auslegung der Erfolgsqualifikationen hat *Hruschka*[28] gewiesen, der vorschlägt, diese Tatbestände „als aufgespalten in zwei Alternativen, von denen die eine die vorsätzliche Herbeiführung des schweren Erfolges, die andere seine fahrlässige Bewirkung unter Strafe stellt“, zu denken. Es sind danach also zwei einander ausschließende Straftatbestände gegeben, „die zwar eng zusammengehören, aber doch durch die Schuldform voneinander geschieden sind“[29].

Doch führt *Hruschka*, der sich ausdrücklich auf das Schuldprinzip als Grundlage der von ihm vorgeschlagenen Auslegung beruft und dabei besonders auf die Strafrahmenfriktionen verweist (also „teleologisch“, d. h. bezogen auf die Rechtsfolge Strafe argumentiert), diesen Gedankengang nicht konsequent weiter; er hält es nämlich offenbar für verfassungsrechtlich unbedenklich, daß die Höchststrafen sowohl bei vorsätzlicher als auch bei fahrlässiger Erfolgsherbeiführung verhängt werden können[30]; er benötigt die aufgespaltenen Tatbestände lediglich zur

---

[28] *Hruschka*, GA 1967, S. 42 ff. (46).

[29] *Hruschka*, a. a. O., S. 46.

[30] *Hruschka*, a. a. O., S. 44, verneint nämlich ein Bedürfnis zu einer erweiternden Auslegung des § 221 III StGB (Aussetzung mit Todesfolge): Hier beträgt die Höchststrafe für die Qualifikation 15 Jahre Freiheitsstrafe, die Mindeststrafe 3 Jahre, also weniger als der Strafrahmen für den Totschlag (§ 212 StGB) vorsieht; daraus schließt *Hruschka*, daß die vorsätzliche Herbeiführung des qualifizierenden Erfolges schon von § 212 erfaßt wird und der Strafrahmen des § 221 III allein für die fahrlässige Begehung in Betracht kommt; ungeklärt bleibt dann aber, warum die Höchststrafe für vorsätzliche und fahrlässige Begehung dieselbe ist und sogar das dreifache dessen beträgt, was als Strafmaximum für das tateinheitliche Zusammentreffen von Aussetzung und fahrlässiger Tötung im Gesetz vorgesehen ist.

„Klarstellung“ der Verschuldensform[31], um über die Konkurrenz von Erfolgsqualifikation und fahrlässigem bzw. vorsätzlichem Erfolgsdelikt entscheiden zu können.

Dem Schuldprinzip wird damit jedoch nicht Genüge getan; dieses verlangt vielmehr — wie schon gezeigt wurde — nicht nur eine Differenzierung im Tatbestand, sondern auch in der Rechtsfolge, die in gleicher Weise nach vorsätzlicher und fahrlässiger Begehung „aufgespalten“ werden muß.

Hier liegt freilich die erste Schwierigkeit: Wie läßt sich das Maximum der Strafdrohung für die fahrlässige Erfolgsherbeiführung ermitteln, wenn der gesetzliche Strafrahmen die Vorsätzlichkeit mit umfaßt? Gibt es im Gesetz irgendeinen Anhaltspunkte für den Richter, aus dem dieser die Strafobergrenze ableiten kann? Die Antwort ergibt sich wiederum unmittelbar aus dem Schuldprinzip: Wenn der Schuldgehalt der (fahrlässigen) Erfolgsqualifikation kein anderer ist als bei der entsprechenden tateinheitlichen Verwirklichung, dann kommt als Obergrenze für die Bestrafung nur die für die Tateinheit von Grunddelikt und fahrlässigem „Folge“-Delikt angedrohte schwerste Sanktion in Betracht; maßgeblich ist also das Strafmaximum für die gravierendere der beiden konkurrierenden Strafvorschriften, vgl. § 52 II StGB.

So darf etwa die Höchststrafe für eine Freiheitsberaubung mit fahrlässig herbeigeführter Todesfolge (§ 239 III) fünf Jahre Freiheitsstrafe nicht überschreiten, da auch bei der Tateinheit von Freiheitsberaubung (§ 239 I) und fahrlässiger Tötung (§ 222) keine höhere Strafe ausgesprochen werden dürfte. Das Gesetz selbst bestimmt also die für die Strafzumessung maßgebliche Obergrenze, an die der Richter gebunden ist.

Für die §§ 224, 225 (Schwere bzw. Beabsichtigte schwere Körperverletzung) und § 239 II 1. Alt. StGB (Freiheitsberaubung von mehr als einer Woche Dauer) steht freilich keine vergleichbare Konstellation zur Verfügung (dazu schon oben, 4. Kapitel, II.), gleichwohl muß auch hier das unterschiedliche Gewicht von vorsätzlicher und fahrlässiger Begehung berücksichtigt werden; die Höchststrafe von 10 Jahren dürfte etwa bei § 239 II 1. Alt. nur bei Vorsätzlichkeit in Betracht kommen. Bei fahrlässiger Begehung wäre zu erwägen, ob nicht die Höchststrafe für den „minder schweren Fall“ (Abs. 2 S. 2) von 5 Jahren Freiheitsstrafe als Strafobergrenze angemessen ist. Bei § 224 StGB läßt sich allerdings auf den Strafrahmen für den „minder schweren Fall“ nicht zurückgreifen, da die Höchststrafe hier dieselbe ist wie bei der Qualifikation[32].

---

[31] *Hruschka*, a. a. O., S. 44.

[32] Kritisch zu dieser „Unstimmigkeit“ *Dreher / Tröndle*, § 224, Rdz. 17.

Auch bei den „Leichtfertigkeitsqualifikationen“ läßt ein verfassungskonform-teleologisches Verständnis dieser Vorschriften nur die Interpretation zu, daß die Höchststrafen — wenn überhaupt — nur bei vorsätzlicher Begehung in Betracht kommen. Ist dagegen Leichtfertigkeit gegeben, bestimmt sich das Strafmaximum nach der schwereren Strafdrohung für eines der beiden in der Qualifikation miteinander verknüpften Einzeldelikte (das ist regelmäßig das Grunddelikt). Wenn etwa infolge eines Raubes ein Mensch leichtfertig getötet wird (§ 251 StGB), so darf die Strafe 15 Jahre Freiheitsstrafe nicht überschreiten — das ist das Höchstmaß, welches sich bei tateinheitlicher Verwirklichung der §§ 249 (Raub) und 222 StGB (Fahrlässige Tötung) ergibt, vgl. § 52 II StGB. Der Wortlaut des Gesetzes spricht freilich nicht für eine derartige „Sperrwirkung“ innerhalb der Qualifikationsstrafrahmen; gleichwohl kann die im Gesetz ausdrücklich genannte Leichtfertigkeit nur als *Mindest*schuldform angesehen werden, wenn man berücksichtigt, daß im Strafrahmen die *schwerste* Strafsanktion, die das StGB kennt, nämlich die lebenslange Freiheitsstrafe, vorgesehen ist. Damit werden die festgestellten Spannungen zwischen dem Qualifikationsstrafrahmen des § 251 (und auch der §§ 239 a, b, 316 c StGB) mit dem Strafrahmen für den Totschlag (§ 212) überwunden. In der Literatur wird zu diesem Zweck zwar ebenfalls eine „Sperrwirkung“ gefordert, wonach die Mindeststrafe für den Totschlag zwingend auf das Mindestmaß der Qualifikation heraufgesetzt werden soll, wenn die schwere Folge nicht leichtfertig, sondern vorsätzlich herbeigeführt wurde, dies verstößt jedoch — wie bereits festgestellt worden ist[33] — gegen das Verbot der Analogie in malam partem. Nach der hier vertretenen Lösung sind dagegen die Grenzen der Auslegung zur Analogie noch nicht überschritten[34].

---

[33] Vgl. oben, 5. Kapitel, Fn. 53.

[34] Selbst wenn man aber die Auffassung vertreten wollte, es handle sich nicht mehr um Auslegung, sondern um eine Analogie, so wäre diese zugunsten des Beschuldigten zulässig, denn der Strafbarkeitsbereich für die leichtfertige Begehung wird dem Schuldprinzip entsprechend eingeschränkt. Zwar liegt konstruktiv auch eine Erweiterung der Strafbarkeit vor, denn für die tateinheitliche Verwirklichung von Grundtatbestand und vorsätzlichem Tötungsdelikt kann nunmehr „lebenslang“ statt 15 Jahre Freiheitsstrafe verhängt werden; dies ist jedoch auf die schon erwähnte gesetzgeberische „Schizophrenie“ (vgl. oben, 2. Kapitel, Fn. 3) zurückzuführen. Im übrigen kommt die lebenslange Freiheitsstrafe ohnehin nur in den Fällen in Betracht, die vom Unwertgehalt dem Mord (§ 211) gleichkommen, so daß auch insofern keine Schlechterstellung ermöglicht wird.

## 2. Höchststrafen nur bei vorsätzlich herbeigeführter schwerer Folge

Wie sich die vorgeschlagene Interpretation der Bestimmungen über erfolgsqualifizierte Delikte auf die Konkurrenzfragen auswirkt (insbesondere was das Verhältnis zur Tateinheit angeht), soll zunächst noch unerörtert bleiben.

Vorrangig ist noch die Frage zu behandeln, ob sich die Höchststrafen tatsächlich stets als schuldangemessen und damit verhältnismäßig darstellen, wenn sie nur bei vorsätzlicher Verwirklichung des qualifizierenden Sekundärerfolges zur Anwendung kommen sollen.

### *a) Todesfolge als qualifizierendes Merkmal*

#### aa) Die unproblematischen Fälle

Eine sachgerechte Relation von Tatbestand und Rechtsfolge ergibt sich ohne weiteres bei den Vorschriften, die für die Herbeiführung einer Todesfolge eine Höchststrafe vorsehen, welche mit dem Strafmaximum übereinstimmt, das das Gesetz für die tateinheitliche Verwirklichung von Grunddelikt und (vorsätzlichem) Erfolgsdelikt bestimmt. Dies sind

- § 176 IV StGB (Sexueller Mißbrauch von Kindern mit Todesfolge)
- § 178 III StGB (Sexuelle Nötigung mit Todesfolge)
- § 318 II 2. Alt. StGB (Beschädigung wichtiger Anlagen mit Todesfolge)
- § 239 III StGB (Freiheitsberaubung mit Todesfolge)
- § 221 III 2. Alt. StGB (Aussetzung mit Todesfolge)[35]

Bei allen diesen Qualifikationsvorschriften beträgt die Höchststrafe — wie bei der Tateinheit von Grunddelikt und Folgedelikt (§ 212 StGB, Totschlag) — 15 Jahre Freiheitsstrafe; das erscheint angesichts der Unrechts- und Schuldschwere durchaus angemessen, so daß das Schuld-

---

[35] Entgegen der h. M. in Rechtsprechung und Schrifttum ist auch bei § 221 III 2. Alt. eine vorsätzliche Erfolgsherbeiführung tatbestandsmäßig; anders nämlich als bei § 226 StGB verbleibt noch ein eigenständiger Unwertgehalt des Grunddelikts, wenn der Tod vorsätzlich verwirklicht wird. Die Annahme, es liege Gesetzeskonkurrenz zwischen § 212 und § 221 III 2. Alt. StGB vor, beruht auf der verfehlten Unterscheidung zwischen „Gefährdungsvorsatz" und „Verletzungsvorsatz", dazu schon oben, 3. Kapitel, III, 2 (vgl. RGSt 68, 409 — anders noch RGSt 25, 322 —; BGHSt 4, 116; *Dreher / Tröndle*, § 221 Rdz. 11; *Horn*, SK § 221 Rdz. 19; *Lange*, LK § 221 Rdz. 12; *Welzel*, Strafrecht, S. 296). Wollte man dieser h. M. folgen, so müßte dasselbe auch für alle sonstigen Erfolgsqualifikationen gelten, die im Grundtatbestand eine Lebensgefährdung erfassen; diese Konsequenz wird jedoch nirgends gezogen.

prinzip nicht verletzt ist. Die genannten Bestimmungen erweisen sich daher — was die Höchststrafen angeht — bei objektiv-teleologischer Auslegung als verfassungsgemäß.

Relativ unproblematisch sind auch jene Vorschriften, für die zwar im Höchstmaß sogar lebenslange Freiheitsstrafe angedroht ist, bei denen aber im Falle der vorsätzlichen Herbeiführung des qualifizierenden Erfolges regelmäßig ein besonders hoher Unwertgehalt gegeben ist. Dies sind die Qualifikationen der sog. „gemeingefährlichen" Delikte des 7. Abschnitts des StGB, nämlich

| | |
|---|---|
| — § 307 Nr. 1 StGB | (Brandstiftung mit Todesfolge) |
| — § 312 2. Alt. StGB | (Herbeiführung einer Überschwemmung mit Todesfolge) |
| — § 316 c II StGB | (Angriff auf den Luftverkehr mit Todesfolge) |
| — § 319 2. Alt. StGB[36] | (Gemeingefährliche Vergiftung mit Todesfolge) |

Speziell bei § 312 2. Alt. ist eine vorsätzliche Tötung, welche nicht zugleich den Tatbestand des § 211 StGB (Mord mit gemeingefährlichen Mitteln) erfüllt, undenkbar, da beim Grundtatbestand des § 312 1. Alt. StGB sogar eine konkrete Gefährdung Dritter vorausgesetzt wird[37].

Bei den übrigen Erfolgsqualifikationen des 7. Abschnitts ist es zwar theoretisch durchaus möglich, daß ein solches Mordmerkmal bei vorsätzlicher Begehung nicht unbedingt gegeben ist (etwa wenn der Täter eine abstrakt-gemeingefährliche Handlung vornimmt, sie im Einzelfall aber so beherrschen kann, daß nur eine einzige Person konkret gefährdet ist[38]), im *typischen* Fall ist aber das Mittel vom Täter nicht mehr kontrollierbar, so daß eine „Gemeingefährlichkeit" im Sinne des § 211

[36] Anders als bei § 229 II 2. Alt. StGB (Vergiftung mit Todesfolge) ist eine vorsätzliche Herbeiführung des schweren Erfolges bei § 319 2. Alt. durchaus denkbar, denn die gemeingefährliche Verseuchung von Brunnen und Wasserbehältern behält ihren eigenständigen Unwertgehalt auch dann, wenn die Tötung vorsätzlich erfolgt; diese würde dagegen bei § 229 II (ebenso wie bei § 226 StGB) den Normcharakter als vorsätzliches qualifiziertes Körperverletzungsdelikt verändern. Auch im Schrifttum ist überwiegend anerkannt, daß eine Tateinheit von § 319 2. Alt. mit den §§ 211, 212 StGB möglich ist, während der Tatbestand des § 229 II 2. Alt. nur in der Kombination von vorsätzlichem Grunddelikt und fahrlässig herbeigeführter Folge eingreifen soll, vgl. *Dreher / Tröndle*, § 229 Rdz. 10, 319 Rdz. 9; *Horn*, SK § 212 Rdz. 31, 319 Rdz. 34; differenzierend *Schönke / Schröder / Eser*, § 212 Rdz. 20 (Tateinheit von § 229 und §§ 211, 212 nur, wenn der Körperverletzung ein „selbständiger Unwertgehalt" zukomme).

[37] *Dreher / Tröndle*, § 312 Rdz. 2; *Lackner*, § 312 Anm. 2; *Horn*, SK § 312 Rdz. 4; *Schönke / Schröder / Cramer*, § 312 Rdz. 1.

[38] Z. B. wenn der Brandstifter weiß, daß sich im angezündeten Haus nur eine einzige Person befindet und der Brand auch nicht auf andere bewohnte Gebäude übergreifen kann (vgl. *Schönke / Schröder / Eser*, § 211 Rdz. 29).

StGB vorliegt. Insoweit entspricht also der Unwert der qualifizierten Begehung dem des Mordes, so daß die als Höchststrafe vorgesehene lebenslange Freiheitsstrafe angemessen ist. Da diese Strafe bei den Erfolgsqualifikationen auch nicht absolut angedroht ist, besteht die Möglichkeit, im Einzelfall ein geringeres Strafmaß anzusetzen, wenn es trotz vorsätzlicher Herbeiführung des qualifizierenden Erfolges ausnahmsweise an einer konkreten Gefährlichkeit für Dritte fehlt. Das entspricht allgemeinen Strafzumessungsgrundsätzen, wonach die für ein Delikt vorgesehene Höchststrafe nur dem „denkbar schwersten Fall“[39] vorbehalten bleiben muß.

### bb) Die problematischen Fälle

Fraglich ist, ob dasselbe auch für die übrigen erfolgsqualifizierten Delikte gilt, bei denen sich im Gegensatz zu den eben behandelten Qualifikationen der „gemeingefährlichen“ Delikte nicht schon quasi „automatisch“ eine besondere Unwertsteigerung gegenüber dem Totschlag (§ 212) ergibt, obwohl ebenfalls im Höchstmaß lebenslange Freiheitsstrafe angedroht ist. Dies sind

— § 239 a II StGB (Erpresserischer Menschenraub mit Todesfolge)

— § 239 b II StGB (Geiselnahme mit Todesfolge)

— § 251 StGB (Raub mit Todesfolge)

Zwar wird auch bei diesen Vorschriften (vor allem bei § 251 StGB) in aller Regel[40] ein Mordmerkmal (z. B. Habgier) gegeben sein, wenn die Tötung vorsätzlich begangen worden ist, anders aber als bei den gemeingefährlichen Delikten ergibt sich dieses unwertsteigernde Merkmal nicht schon aus dem Qualifikationstatbestand selbst. Man würde es sich daher zu leicht machen (und u. U. sogar die Grenzen der Auslegung überschreiten), wenn man argumentieren wollte, die lebenslange Freiheitsstrafe als Höchststrafe sei eben nur für die Fälle vorgesehen, in denen zugleich Mordmerkmale vorliegen; vielmehr muß zunächst versucht werden, diese Qualifikationsvorschriften objektiv-teleologisch so zu interpretieren, daß sich bereits *unmittelbar* aus der Kombination der zusammengefaßten Einzeltatbestände ein so hoher Unwert ergibt, daß die lebenslange Freiheitsstrafe schuldangemessen erscheint, und zwar *ohne* daß hierfür auf Mordmerkmale zurückgegriffen werden müßte. Eine Schlüsselfunktion kommt dabei der Bestimmung des § 212 II StGB zu: danach kann die lebenslange Freiheitsstrafe auch für einen „besonders schweren Fall“ des Totschlags verhängt werden. Die vom Schuldprinzip vorgeschriebene relative Proportionalität der Straf-

---

[39] Vgl. oben, 5. Kapitel, Fn. 135.

[40] *Tenckhoff*, ZStW Bd. 88, S. 920.

drohungen wäre somit gewahrt, wenn sich eine vorsätzliche Tötung auf Grund eines erpresserischen Menschenraubes, einer Geiselnahme oder eines Raubes gegenüber dem „Normalfall“ des Totschlags (§ 212 I StGB) als „besonders schwer“ darstellte.

In der Praxis hat § 212 II keine große Bedeutung erlangt; meist ist nämlich zugleich ein Mordmerkmal verwirklicht, so daß dieser Vorschrift nur eine Lückenfüllungsfunktion zukommt; sie greift nur dann ein, wenn nach dem Gesamtbild der Tat die Strafwürdigkeit so erheblich ist, daß die Höchstgrenze für den Totschlag von 15 Jahren Freiheitsstrafe nicht mehr ausreicht, wenn also das Unrechts- und Schuldmaß dem des Mordes entspricht[41], der Tatbestand des § 211 aber noch nicht erfüllt ist[42]. Ein besonders schwerer Fall ist also nur unter sehr engen Voraussetzungen anzunehmen. Deshalb genügt die tateinheitliche Verwirklichung des § 212 StGB mit einem der genannten Grundtatbestände (§§ 239 a I, 239 b I, 249 StGB) *allein* nicht, um das erhöhte Strafmaß zu rechtfertigen. Wenn etwa ein Raub in Tateinheit mit einer vorsätzlichen Tötung begangen wird, so liegt darin noch nicht notwendig eine so hohe Verwerflichkeit im Vergleich zum „Normalfall“ des Totschlags[43].

Für die Rechtsfolge lebenslange Freiheitsstrafe muß also neben die bloße Tateinheit von vorsätzlichem Grunddelikt und vorsätzlichem Tötungsdelikt noch ein zusätzliches, die Strafwürdigkeit steigerndes Unrechts- oder Schuldmerkmal treten, welches nicht — wie etwa die Mordmerkmale — aus Vorschriften außerhalb des Qualifikationstatbestandes entnommen wird, sondern sich durch Auslegung unmittelbar aus diesem selbst ergibt. In Betracht kommt dabei ein besonders wertwidriges Willensziel in der Form der „beabsichtigten“ Erfolgsherbeiführung — ähnlich wie bei § 225 StGB.

Das Verhältnis der §§ 224 und 225 (Schwere bzw. „beabsichtigte“ schwere Körperverletzung) ist oben[44] bereits angeführt worden: Beide Vorschriften greifen sowohl bei vorsätzlicher als auch bei fahrlässiger Verwirklichung des besonderen Erfolges ein; bei § 225 muß jedoch der

---

[41] *Horn*, SK § 212 Rdz. 36.

[42] Vgl. dazu den vom LG Berlin (MDR 1967, S. 511) entschiedenen Fall: Dort hatte der Täter das Opfer, eine 80jährige seh- und hörbehinderte Greisin, bis zur Bewußtlosigkeit gewürgt und dem Opfer dann die Kehle durchgeschnitten. Es konnte zwar weder das Mordmerkmal der Grausamkeit noch der Heimtücke festgestellt werden, wegen der besonderen Verwerflichkeit der Tat nahm das Gericht aber einen besonders schweren Fall des Totschlags (§ 212 II StGB) an und verurteilte den Täter zu lebenslanger Freiheitsstrafe (zustimmend *Oske*, MDR 1968, S. 811 f.).

[43] *Widmann*, MDR 1966, S. 556, nennt das Beispiel der räuberischen Tötung aus echter Not. Vgl. ferner den vom OLG Hamburg (NJW 1947/48, S. 350) entschiedenen Fall (Tötung des Opfers zur Durchsetzung einer Geldforderung); vgl. hierzu *Schmidhäuser*, Reimers-Fs., S. 445 ff.

[44] 4. Kapitel, II.

Wille des Täters gerade auf den Erfolg gerichtet sein. Dieses Willensziel ist also aus dem Unrechtstatbestand des § 224 gleichsam „ausgeklammert“ (dort genügt für die Unrechtsbegründung der Gefährdungsunwert bzw. der auf die körperliche Mißhandlung als solche gerichtete Zielunwert).

Läßt sich diese ungewöhnliche Struktur der Unrechtstatbestände nun auch auf jene Erfolgsqualifikationen übertragen, die den Tod eines Menschen als qualifizierende Folge voraussetzen und hierfür im Höchstmaß lebenslange Freiheitsstrafe vorsehen? Ist die *Absicht* des Täters, den Tod eines Menschen herbeizuführen, strafwürdiger als die normale tateinheitliche Kombination von Grunddelikt und vorsätzlicher Tötung (§ 212 StGB)? Dies könnte ohne weiteres dann bejaht werden, wenn der Unrechtstatbestand des Totschlags ein solches Willensziel nicht erfassen würde, wenn nämlich (ähnlich wie bei § 224 StGB) allein der Gefährdungsunwert hinsichtlich des schweren Erfolges vorausgesetzt würde. Dem ist jedoch nicht so, denn das Unrecht des § 212 ist wie bei fast allen (Verletzungs-)Erfolgsdelikten auch bei Vorliegen eines auf den schweren Erfolg gerichteten Willensziels gegeben.

Das Willensziel als solches kann daher nicht zu einer gesteigerten Strafwürdigkeit führen, möglicherweise aber die besondere subjektive *Verknüpfung zweier* Willensziele: Wenn der Täter den Primärerfolg zielgerichtet herbeiführt, und zwar gerade zu dem *Zwecke*, den Sekundärerfolg zu ermöglichen (also wenn z. B. ein Geiselnehmer von vornherein mit der Absicht tätig wird, das Opfer auf Grund der durch die Entführung geschaffenen hilflosen Lage zu töten), so liegt in dieser Mittel-Zweck-Beziehung eine außergewöhnliche kriminelle Intensität.

Der Vergleich mit dem Tatbestand des Raubes (§ 249 StGB) drängt sich hier wiederum auf: Verwerflich ist dabei nicht allein die tateinheitliche Kombination von Nötigung und Diebstahl, sondern gerade der zielgerichtete Einsatz der Nötigung als Mittel zur Wegnahme. Ähnlich läßt sich auch für die Erfolgsqualifikationen argumentieren: Wenn das an sich schon verwerfliche Primärdelikt dazu dienen soll, den Tod eines Menschen herbeizuführen, dann läßt sich diese Art der Tatbestandsverwirklichung nicht mehr als gewöhnlicher Fall des Totschlags erfassen; die lebenslange Freiheitsstrafe ist also bei einer Mittel-Zweck-Relation als schwerstmöglicher Begehungsweise der Erfolgsqualifikation angemessen.

Läßt man dies gelten, dann sind die §§ 239 a II, 239 b II, 251 mit dem Grundgesetz vereinbar; sie sind verfassungskonform dahingehend zu interpretieren, daß die Höchststrafen *nur* bei vorsätzlicher Herbeiführung des qualifizierenden (Todes-)Erfolges herangezogen werden können und *darüber hinaus* — sofern nicht ohnehin Mordmerkmale vorliegen — eine besondere subjektive Verbindung von Primär- und Sekundärerfolg im Sinne einer Mittel-Zweck-Beziehung gegeben sein muß.

### b) *Schwere Körperverletzung als qualifizierendes Merkmal*

Im weiteren soll versucht werden, auch jene Qualifikationsvorschriften verfassungskonform-teleologisch auszulegen, die bisher nur am Rande behandelt worden sind: es handelt sich dabei um Bestimmungen, bei denen nicht der Tod eines Menschen, sondern bereits der Eintritt einer schweren Körperverletzung qualifizierende Wirkung hat. Muß auch hier eine „Aufspaltung“ des Tatbestands in einen Vorsätzlichkeits- und einen Fahrlässigkeitsteil vorgenommen werden (mit der entsprechenden Abstufung im Strafrahmen) oder ist hier unter Umständen noch weiter zu differenzieren?

In Betracht kommen folgende Vorschriften:

| | |
|---|---|
| — § 221 III 1. Alt. StGB | (Aussetzung mit schwerer Körperverletzungsfolge) |
| — § 229 II 1. Alt. StGB | (Vergiftung mit schwerer Körperverletzungsfolge) |
| — § 239 II 2. Alt. StGB | (Freiheitsberaubung mit schwerer Körperverletzungsfolge) |
| — § 318 II 1. Alt. StGB | (Beschädigung wichtiger Anlagen mit schwerer Körperverletzungsfolge) |

Am leichtesten mit dem Schuldgrundsatz in Einklang zu bringen ist das Strafmaximum bei § 318 II 1. Alt. StGB; es ist identisch mit der Höchststrafe für das Grunddelikt (vgl. § 318 I StGB: 5 Jahre Freiheitsstrafe). Zwar ist auch hier (insbesondere im Urteilstenor) zu unterscheiden zwischen vorsätzlicher und fahrlässiger Herbeiführung des schweren Körperverletzungserfolges, die Höchststrafe muß jedoch, anders als bei den bereits genannten Erfolgsqualifikationen, nicht unbedingt unterschritten werden, wenn nur Fahrlässigkeit[45] hinsichtlich des Erfolges vorliegt; das Schwergewicht liegt hier vielmehr auf dem Grunddelikt. Die Qualifikation hat nur für die Mindeststrafe Bedeutung, die bei Ein-

[45] Zwar setzt § 224 Vorsätzlichkeit hinsichtlich des Grundtatbestandes (§§ 223, 223a) und „wenigstens“ Fahrlässigkeit hinsichtlich des schweren Erfolges voraus, das gilt aber nicht bei den genannten Erfolgsqualifikationen mit dem Merkmal der schweren Körperverletzungsfolge: Die Verweisung auf § 224 bedeutet hier lediglich, daß ein in dieser Bestimmung genannter schwerer Erfolg eingetreten sein muß, wobei als Verschuldensform mindestens Fahrlässigkeit erforderlich ist. Es wird also — etwa bei § 239 II 2. Alt. StGB — nicht verlangt, daß der Täter sich der durch die Freiheitsberaubung eintretenden körperlichen Beeinträchtigung als solcher bewußt ist.

tritt einer schweren Körperverletzungsfolge auf ein Jahr angehoben wird (die Mindeststrafe ist übrigens im Gegensatz zu den meisten Erfolgsqualifikationen als verfassungsgemäß anzusehen, da sie dem Strafminimum des „Folge"-Delikts, § 224 StGB, entspricht)[46].

Anders stellt sich dagegen das Verhältnis der Strafdrohungen zu den zugrundeliegenden Einzeldelikten bei den §§ 221 III 1. Alt. und 239 II 2. Alt. StGB dar: Während die Höchststrafe sowohl für die Grunddelikte (§ 221 I, Aussetzung, bzw. § 239 I, Freiheitsberaubung) als auch für eine schwere Körperverletzung (§ 224 StGB) *fünf* Jahre beträgt, sehen die Qualifikationsstrafrahmen ein Höchstmaß von *zehn* Jahren Freiheitsstrafe vor. Da die Voraussetzungen des § 224 StGB ohnehin auch bei vorsätzlicher Begehung erfüllt sind, können die Höchststrafen in den §§ 221 III 1. Alt. und 239 II 2. Alt. nicht schon dadurch als verfassungsgemäß erfaßt werden, daß die Tatbestände in einen Vorsätzlichkeits- und einen Fahrlässigkeitsteil aufgespalten werden. Es muß *mehr* als die bloße Kombination von vorsätzlichem Grunddelikt und vorsätzlich herbeigeführter, schwerer (Körperverletzungs-)Folge gegeben sein, um das Höchstmaß von zehn Jahren Freiheitsstrafe als unrechts- und schuldangemessen erscheinen zu lassen. Dieses „Mehr" liegt wiederum in der auf den schweren Erfolg bezogenen „Absicht", wie sie in § 225 StGB vorausgesetzt wird.

### aa) Höchststrafen nur bei „Absicht"

Hat die Aussetzung oder Freiheitsberaubung eine vom Täter vorsätzlich *oder* fahrlässig bewirkte schwere Körperverletzung zur Folge, so darf die Strafe fünf Jahre Freiheitsentzug nicht übersteigen[47]; nur wenn der Täter *zielgerichtet* gehandelt hat, um gerade den besonderen Körperverletzungserfolg zu verwirklichen, kommt die Qualifikationshöchststrafe von zehn Jahren in Betracht, die dem Höchstmaß der besonders schweren Körperverletzung (§ 225 StGB) entspricht. Der Tatbestand ist hier also ebenfalls so zu interpretieren, daß er in zwei Alternativen zerfällt, allerdings nicht in einen Vorsätzlichkeits- und einen Fahrlässigkeitsteil, sondern in die tatbestandliche Kombination von Grunddelikt und § 224 StGB einerseits und § 225 StGB andererseits (als die gravierendere Art der Begehung). Anders ließe sich die Strafschär-

---

[46] Zwar ist in § 318 II 1. Alt. keine Strafmilderung für einen „minder schweren Fall" wie in § 224 II StGB vorgesehen, ein solcher Fall dürfte allerdings bei der Kombination einer (fahrlässigen) schweren Körperverletzung mit einer vorsätzlichen Beschädigung wichtiger Anlagen auch kaum denkbar sein.

[47] Das Höchstmaß kommt ebenso wie bei § 319 II 1. Alt. sowohl bei vorsätzlicher als auch bei fahrlässiger Herbeiführung des schweren Erfolges in Betracht, da die Höchststrafe von fünf Jahren bereits für das Grunddelikt vorgesehen ist.

fung gegenüber der Tateinheit von Grunddelikt und schwerer Körperverletzung (§ 224 StGB) nicht aufrechterhalten.

Fraglich ist nur, ob eine solche Interpretation überhaupt noch mit dem *Wortlaut* der Qualifikationsbestimmungen zu vereinbaren ist, denn sowohl in § 221 III 1. Alt. als auch in § 239 II 2. Alt. wird ausdrücklich die Vorschrift des *§ 224 StGB* erwähnt, nicht aber § 225.

Hier gilt Entsprechendes wie für die Qualifikationen mit dem Merkmal der „Leichtfertigkeit": Das Gesetz nennt nur die Mindestvoraussetzungen; es muß mindestens eine schwere Körperverletzung vorliegen; die schwerstmögliche Verwirklichung der Qualifikation (für die allein die Höchststrafe von zehn Jahren in Betracht kommt) ist aber erst dann gegeben, wenn der Täter den Erfolg in besonders verwerflicher Weise verwirklicht hat, nämlich nach Maßgabe des § 225 StGB.

Auch im Schrifttum ist — jedenfalls für den Tatbestand des § 239 II 1. Alt. StGB — anerkannt, daß dieser auch bei einer beabsichtigten schweren Körperverletzung erfüllt sein kann[48], wenngleich daraus nicht die an sich notwendige Folgerung gezogen wird, daß diese Bestimmung als „aufgespalten" anzusehen ist in zwei Modalitäten mit unterschiedlicher Rechtsfolge; nur aber aufgrund einer solchen verfassungskonform-teleologischen Interpretation ist die Höchststrafe von zehn Jahren mit dem Schuldprinzip zu vereinbaren. Das gilt natürlich in gleicher Weise für die Vorschrift des § 221 III 1. Alt. StGB[49].

#### bb) Nichtigkeit des § 229 II 1. Alt. StGB

Dagegen führt selbst eine so weite Auslegung bei der Vergiftung mit schwerer Körperverletzungsfolge (§ 229 II 1. Alt. StGB) nicht zu einer Verfassungsmäßigkeit der Norm: Hier verstößt nicht nur die Mindest-, sondern auch die Höchststrafe gegen das Schuldprinzip. Es widerspricht dem Gebot einer sachgerechten Relation von Tatbestand und Rechtsfolge, daß für eine (wenn auch besonders schwerwiegende) Körperverletzung derselbe Strafrahmen vorgesehen ist wie für den Totschlag (§ 212 StGB).

Weder mit dem Schuld- noch mit dem Verhältnismäßigkeitsprinzip läßt es sich vereinbaren, daß die ohnehin schon sehr hohe Höchststrafe für die beabsichtigte schwere Körperverletzung (10 Jahre Freiheits-

[48] *Dreher / Tröndle*, § 239 Rdz. 11; *Horn*, SK § 239 Rdz. 7; *Schäfer*, LK § 239 Rdz. 48.

[49] Erstaunlicherweise wird aber im Schrifttum z. T. Gesetzeskonkurrenz zwischen § 221 III 1. Alt. StGB und § 225 StGB angenommen, ohne daß eine Erklärung dafür gegeben wird, warum im Gegensatz dazu bei § 239 II 2. Alt. StGB auch die *beabsichtigte* schwere Körperverletzung der Qualifikation unterfallen soll (vgl. *Horn*, SK § 221 Rdz. 19; *Lange*, LK § 221 Rdz. 12 und demgegenüber die unter Fn. 48 genannten Belegstellen.

strafe) auf 15 Jahre erhöht wird, wenn der Erfolg durch eine Vergiftung des Opfers eingetreten ist. Eine verfassungskonforme Interpretation ist bei dieser Erfolgsqualifikation nicht mehr möglich; § 229 II 1. Alt. StGB ist daher verfassungswidrig und nichtig.

### 3. Unmöglichkeit einer verfassungskonformen Auslegung bei den §§ 226, 229 II 2. Alt. StGB

Im Gegensatz zu den bisher behandelten erfolgsqualifizierten Delikten ist eine Kombination von vorsätzlichem Grunddelikt und vorsätzlich herbeigeführter schwerer Folge bei den §§ 226 (Körperverletzung mit Todesfolge) und 229 II 2. Alt. StGB (Vergiftung mit Todesfolge) nicht denkbar[50]; diese Tatbestände setzen entgegen der Formulierung des § 18 StGB ausschließlich die Schuldform der Fahrlässigkeit bezüglich des qualifizierenden Erfolges voraus. Das ist mit Recht völlig unbestritten[51], denn bei beiden Bestimmungen handelt es sich um Körperverletzungstatbestände. Würden die Qualifikationen auch eine vorsätzlich herbeigeführte Todesfolge mit umfassen, so veränderte sich nicht nur der Charakter dieser Bestimmungen, sondern es entstünden dadurch auch Fremdkörper in der Systematik der Tötungstatbestände[52].

Vergleicht man dann aber die Höchststrafen — 15 Jahre Freiheitsstrafe bei § 226 StGB und sogar lebenslange Freiheitsstrafe bei § 229 II 2. Alt. StGB — mit der Maximalstrafdrohung für eine fahrlässige Tötung (§ 222 StGB, fünf Jahre Freiheitsstrafe), so wird deutlich, daß die scheinbar überwundene Vorsatzvermutung des „versari in re illicita" in diesen Vorschriften besonders stark nachwirkt, denn die weiten Strafrahmen ermöglichen es, daß auch bei nicht beweisbarer Vorsätzlichkeit bezüglich des Todeserfolges die Höchststrafe für den Totschlag (§ 212) oder sogar für den Mord (§ 211) verhängt werden kann. Selbst für den denkbar schwersten Fall einer fahrlässigen Tötung (z. B. auf Grund einer Körperverletzung oder Vergiftung) sind die genannten Strafen nicht mehr schuldangemessen.

Die Rechtsfolgeanordnungen bei den §§ 226, 229 II 2. Alt. StGB stehen daher im Widerspruch zum Schuldprinzip und zum Grundsatz der Verhältnismäßigkeit; daneben ist auch der Gleichheitssatz und das rechtsstaatliche Gebot der Systemgerechtigkeit verletzt[53].

---

[50] Siehe oben, 5. Kapitel, Fn. 42.

[51] *Dreher / Tröndle*, § 226 Rdz. 2, 229 Rdz. 10; *Hirsch*, LK § 226 Rdz. 5, § 229 Rdz. 26; *Maurach / Schroeder*, S. 106, 114; *Schönke / Schröder / Stree*, § 226 Rdz. 12; *Schönke / Schröder / Eser*, § 212 Rdz. 20.

[52] *Maurach / Gössel / Zipf*, S. 95.

[53] Dasselbe würde auch für die Vorschrift des § 221 III 2. Alt. StGB (Aussetzung mit Todesfolge) gelten, wollte man sie mit der h. M. dahingehend interpretieren, daß sie nur bei fahrlässig herbeigeführter Todesfolge eingreift.

Diese Bestimmungen sind daher ebenfalls verfassungswidrig. Der Versuch, sie mittels einer verfassungskonformen Auslegung vor der Nichtigkeit zu bewahren, scheitert daran, daß eine Aufspaltung des Tatbestandes anders als bei der Mehrzahl der Erfolgsqualifikationen hier wegen der besonderen Deliktsstruktur ausscheidet. Es ist auch nicht zu befürchten, daß die Nichtigkeit zu einer empfindlichen Strafbarkeitslücke führen könnte, denn die Strafdrohungen, die sich aus der tateinheitlichen Verwirklichung von Körperverletzung (§§ 223, 223 a StGB) bzw. Vergiftung (§ 229 I StGB) einerseits und fahrlässiger Tötung (§ 222 StGB) andererseits ergeben, reichen in jeder Hinsicht aus, um dem Unwertgehalt dieser Kombinationen gerecht zu werden.

### 4. Besonderheiten bei der „Gefährdungsqualifikation“ des § 250 I Nr. 3 StGB

Nicht untersucht wurde bisher die Verfassungsmäßigkeit der Strafdrohung in § 250 I Nr. 3 StGB (sog. „gefährlicher“ Raub). Es wurde eingangs schon erörtert, daß diese Vorschrift dem Wortlaut des § 18 StGB durchaus entspricht, denn auch der Eintritt einer besonderen Gefahr kann begrifflich als „Folge“ des tatbestandlichen Primärerfolges angesehen werden[54].

Ist § 250 I Nr. 3 StGB daher so zu interpretieren, daß die Gefährdung „wenigstens“ fahrlässig (§ 18) herbeigeführt sein muß (und läßt sich die Mindeststrafdrohung für die bloße fahrlässige Gefährdung dann noch als angemessen erfassen) oder ist mit der ganz h. M. davon auszugehen, daß § 18 nur *Verletzungs*erfolge meint, so daß *allein* Vorsätzlichkeit bezüglich der Gefahr vorausgesetzt wird? (Dann nämlich erschiene die auf fünf Jahre erhöhte Mindeststrafe wegen der gesteigerten Strafwürdigkeit durchaus plausibel).

Offen bleiben kann dies für die 2. Alternative des § 250 I Nr. 3, die in jedem Falle verfassungswidrig ist: Die Mindeststrafe von fünf Jahren für eine — gleich ob fahrlässig oder vorsätzlich herbeigeführte — Gefahr einer schweren Körperverletzung auf Grund eines Raubes (§ 249) widerspricht dem Gleichheitssatz, da das Mindestmaß beim Eintritt des *Verletzungserfolges* (§§ 224, 249, 52 StGB) nur ein Jahr Freiheitsstrafe beträgt. Damit ist die 2. Alternative — was die Strafuntergrenze angeht — nicht etwa nur teilnichtig, sondern insgesamt unwirksam, denn es verbleibt (wie auch bei § 177 III StGB) keine gegenüber dem Grundtatbestand eigenständige Restregelung (die Höchststrafe von 15 Jahren ist schon für den einfachen Raub, § 249 StGB, vorgesehen).

Bei der ersten Alternative des § 250 I Nr. 3 StGB ist es dagegen für die Frage der Verfassungsmäßigkeit des Strafrahmens von Bedeutung,

---

[54] Vgl. oben, 1. Kapitel, I.

ob es genügt, daß die Gefahr fahrlässig herbeigeführt wurde, oder ob mit der h. M. davon auszugehen ist, daß die Qualifikation nur bei Vorsätzlichkeit hinsichtlich der Gefährdung erfüllt ist: Sollte bereits Fahrlässigkeit ausreichend sein, so wäre die Mindeststrafe verfassungswidrig, denn selbst für eine vollendete fahrlässige Tötung in Tateinheit mit Raub (§§ 249, 222, 52 StGB) käme nur ein Jahr Freiheitsstrafe als Strafuntergrenze in Betracht[55]. Bei vorsätzlicher Herbeiführung der Todesgefahr hingegen erscheint sowohl die Mindest- als auch die Höchststrafe schuldangemessen. Ist der Täter sich nämlich einer konkreten Lebensgefahr bewußt, die sich aus dem Raub ergibt, so ist zugleich ein versuchter Totschlag oder Mord (§§ 212, 211, 22, 23 I StGB) gegeben. Hierfür käme ohnehin — abgesehen von der nur fakultativen Strafmilderungsmöglichkeit — ein Strafrahmen von 5 bis zu 15 Jahren (bei § 212) bzw. sogar lebenslange Freiheitsstrafe (bei § 211) in Betracht.

Da stets die Interpretation vorzuziehen ist, die zu einer Verfassungsmäßigkeit der geprüften Norm führt, ist der überwiegenden Auffassung zu folgen, wonach § 18 nur für Verletzungserfolge, nicht aber für den in § 250 I Nr. 3 genannten Gefährdungserfolg in Betracht kommt. Damit läßt sich jedenfalls die erste Alternative dieser Bestimmung mit dem Schuld- und mit dem Verhältnismäßigkeitsgrundsatz in Einklang bringen; sie fügt sich so auch widerspruchsfrei in das System der übrigen konkreten Gefährdungsdelikte des StGB ein, bei denen ebenfalls anerkannt ist, daß Vorsätzlichkeit bezüglich der Gefahr vorausgesetzt wird, sofern der Tatbestand nicht ausdrücklich Fahrlässigkeit verlangt (§ 15 StGB)[56].

### 5. Ergebnis und Folgerungen für die Konkurrenzproblematik

Es hat sich gezeigt, daß sich die auf den ersten Blick scheinbar unüberwindbaren Strafrahmenfriktionen mit Hilfe einer verfassungskonformen Auslegung der Qualifikationstatbestände in der Mehrzahl der Fälle auflösen lassen — jedenfalls soweit es die Höchststrafen angeht. Nichtig sind lediglich die §§ 226 (Körperverletzung mit Todesfolge), 229 II 1. und 2. Alt. (Vergiftung mit schwerer Körperverletzungs- bzw. Todesfolge) sowie § 177 III (Vergewaltigung mit Todesfolge) und § 250 I Nr. 3, 2. Alt. StGB (Gefährlicher Raub), die letzten beiden Vorschriften allein auf Grund der verfassungswidrigen Mindeststrafe.

Zwar verstoßen die Mindeststrafen bei den meisten Erfolgsqualifikationen wenn nicht schon gegen das Schuldprinzip, so doch gegen den

---

[55] Die Mindeststrafe von 10 Jahren bei § 251 ist nichtig.

[56] *Eser* in *Schönke / Schröder*, § 250 Rdz. 24, weist zutreffend darauf hin, daß in den Fällen, in denen das Gesetz Fahrlässigkeit bezüglich der Gefährdung verlangt, stets eine besondere Regelung vorliegt (z. B. § 315c III Nr. 1, Gefährdung des Straßenverkehrs).

Gleichheitssatz (sofern sie nämlich über dem Mindestmaß für die tateinheitliche Kombination von Grund- und Folgedelikt liegen, dazu oben, 5. Kapitel, III. 3. a) bb)), dies führt jedoch — anders als bei §§ 177 III und 250 I Nr. 3, 2. Alt. StGB — nicht zu einer Gesamtnichtigkeit der Qualifikationsbestimmungen, denn es verbleibt jeweils noch eine selbständige Teilregelung, welche den Intentionen des Gesetzgebers nicht zuwiderläuft. Ergänzend greift dann die durch die Tateinheit vorgegebene Strafuntergrenze ein.

Im Strafprozeß darf der Richter allerdings nicht autonom von der Mindeststrafe abweichen; vielmehr muß die Teilnichtigkeit zunächst in einem Normenkontrollverfahren gem. Art. 100 I GG vom BVerfG bestätigt werden, denn es handelt sich bei den Erfolgsqualifikationen ausnahmslos um nachkonstitutionelle Gesetze. Zwar wurden die meisten dieser Bestimmungen schon vor Inkrafttreten des Grundgesetzes geschaffen, durch die Einführung des § 56 a. F. (= § 18 n. F.) im Jahre 1953 sowie durch die Modifikation der Mindestschuldform (Leichtfertigkeit) bei den §§ 176—178, 251 StGB hat sie der Bundesgesetzgeber jedoch zu seinen eigenen Gesetzen gemacht und zu erkennen gegeben, daß das Institut der erfolgsqualifizierten Delikte — wenn auch nunmehr mit einer Verschuldensvoraussetzung im Tatbestand — beibehalten werden soll. Dafür spricht auch, daß das gesamte Strafgesetzbuch unter Berücksichtigung der Strafrechtsreformgesetze am 2. Januar 1975 (BGBl. I, S. 1) neu bekanntgemacht worden ist[57], ohne daß bei den Erfolgsqualifikationen einschneidende Änderungen vorgenommen wurden.

Eines Normenkontrollverfahrens bedarf es indessen nicht bei der Annahme einer „Sperrwirkung“ nach oben innerhalb der Strafrahmen bei nur fahrlässiger Tat, denn die gedankliche „Aufspaltung“ der Tatbestände in zwei Alternativen (der vorsätzlichen und der fahrlässigen Verwirklichung des Sekundärerfolges) beruht auf einer verfassungskonformen *Auslegung* der Qualifikationsvorschriften, die bei jeder Rechtsanwendung geboten ist.

Die Höchststrafen können danach — von einigen Ausnahmen abgesehen[58] — allein bei Vorsätzlichkeit bezüglich des schweren Erfolges verwirkt sein, und nicht etwa (wie zumeist angenommen wird) sowohl bei vorsätzlicher als auch bei fahrlässiger Begehung. Z. T. muß sogar noch ein zusätzliches Unwertmoment in Form eines besonders wertwidrigen Willensziels („Absicht“ der Erfolgsherbeiführung) gegeben sein, um die Höchststrafe als sachgerecht erfassen zu können, so etwa

---

[57] Entsprechend wird auch die Nachkonstitutionalität des seit dem Jahre 1941 unveränderten § 211 II StGB vom BVerfG begründet (BVerfGE 45, 222).

[58] Dies sind die §§ 309 2. Alt. (Fahrlässige Brandstiftung mit Todesfolge), 314 2. Alt. (Fahrlässige Herbeiführung einer Überschwemmung mit Todesfolge) und § 320 2. Alt. StGB (Fahrlässige Gemeingefährdung mit Todesfolge).

bei §§ 221 III 1. Alt., 239 II 2. Alt. StGB (Aussetzung bzw. Freiheitsberaubung mit schwerer Körperverletzungsfolge).

Nicht von der Hand zu weisen ist freilich der naheliegende Einwand, daß nach dieser Auslegung, abgesehen von den §§ 224, 225, 239 II 1. Alt. StGB[59], praktisch kein eigenständiger Anwendungsbereich der Erfolgsqualifikationen verbleibt; wenn nämlich die Strafober- und -untergrenzen dieser Vorschriften stets an den Strafrahmen für die Tateinheit von Grund- und Folgedelikt auszurichten sind, dann besteht letztlich überhaupt keine Notwendigkeit mehr für eine Bestrafung aus dem Qualifikationstatbestand.

Dies ist jedoch kein Einwand gegen die Auslegungsweise, sondern gegen das Institut der erfolgsqualifizierten Delikte als solches. Da nun einmal kein materieller Unterschied zur Tateinheit festzustellen ist, läßt sich dieser Unterschied auch nicht im Wege der Auslegung konstruieren. Die Interpretation kann allenfalls bewirken, daß sich eine als sachwidrig erkannte Regelung widerspruchsfrei mit der von der Verfassung vorgesehenen Wertordnung in Einklang bringen läßt, auch wenn die Vorschrift dadurch überflüssig wird.

Im übrigen zeigt ein Blick auf die §§ 309 2. Alt. (Fahrlässige Brandstiftung mit Todesfolge) und 314 2. Alt. (Fahrlässige Herbeiführung einer Überschwemmung mit Todesfolge), daß eine Übereinstimmung der Strafdrohung für die qualifizierte Begehung mit dem Strafrahmen für die entsprechende tateinheitliche Kombination (§§ 309 1. Alt./314 1. Alt., 222, 52 StGB) durchaus nicht ungewöhnlich ist; bei diesen Qualifikationsvorschriften wird es allgemein als unproblematisch empfunden, daß zwar ein Spezialfall des § 222 vorliegt, der Strafrahmen jedoch derselbe ist wie für eine gewöhnliche fahrlässige Tötung[60]. Warum sollte es dann bei den übrigen Erfolgsqualifikationen des StGB nicht auch möglich sein, diese so zu interpretieren, daß für die unterschiedlichen Begehungsmodalitäten jeweils nur eine Rechtsfolge in Betracht kommt, die bereits in einer der zugrundeliegenden Einzelbestimmungen vorgesehen ist?

---

[59] Zur Eigenständigkeit dieser Vorschriften schon oben, 4. Kapitel, II.

[60] Abweichend wird z. T. lediglich für § 320 2. Alt. = § 326 2. Alt. a. F. vertreten, es handle sich bei der Todesfolge nur um eine objektive Strafbarkeitsbedingung (*Horn*, SK § 320 Rdz. 10; unklar *Schönke / Schröder / Cramer*, § 326 Rdz. 2). Nach dieser Auffassung verbleibt zwar ein selbständiger Anwendungsbereich der Vorschrift, es wird jedoch verkannt, daß der Todeserfolg hier nur eine strafschärfende und keine strafbegründende Funktion hat (*Dreher / Tröndle*, § 320 Rdz. 2). Im übrigen besteht Übereinstimmung, daß es sich bei den §§ 309 2. Alt., 314 2. Alt. um Sonderfälle der fahrlässigen Tötung handelt, vgl. *Dreher / Tröndle*, § 309 Rdz. 5, § 314 Rdz. 2; *Horn*, SK § 309 Rdz. 9, § 314 Rdz. 5; *Schönke / Schröder / Cramer*, § 309 Rdz. 4, § 314 Rdz. 4. Aus der Identität der Strafdrohungen wird jedoch nicht gefolgert, daß diese Qualifikationsvorschriften im Grunde überflüssig sind.

Den erfolgsqualifizierten Delikten kommt mithin, soweit sie auf einer Kombination zweier selbständig strafbarer Erfolgsdelikte beruhen[61], nur noch eine „Klarstellungsfunktion“ zu: Es wird bei der Verurteilung lediglich deutlich gemacht, daß der schuldhaft herbeigeführte, schwere Sekundärerfolg sich als „Folge“ des selbständig strafbaren Primärdelikts darstellt. Die Voraussetzungen sind also, ohne daß sich daraus eine erhöhte Strafwürdigkeit ergäbe[62], etwas enger als bei der Tateinheit, welche nur verlangt, daß beide Erfolge durch „dieselbe Handlung“ (§ 52 I StGB) verwirklicht sein müssen.

Damit lassen sich auch die häufig erörterten Konkurrenzfragen relativ unproblematisch lösen: Wegen der Aufspaltung der Qualifikationstatbestände in zwei Alternativen ist jede dieser Alternativen gesondert zu behandeln[63]. Bei der Kombination von Grunddelikt und fahrlässig herbeigeführter *Todesfolge* wird die Vorschrift des § 222 StGB nach dem Grundsatz „lex specialis derogat legi generali“ von der Qualifikation verdrängt; es besteht Gesetzeskonkurrenz in Form der Spezialität, da sämtliche Merkmale der tateinheitlichen Begehung mit erfaßt werden; dasselbe gilt für das Verhältnis zu § 212 I StGB bei der Alternative der vorsätzlichen Herbeiführung einer Todesfolge[64].

Wenn demgegenüber in der Rechtsprechung[65] und im Schrifttum[66] die Auffassung vertreten wird, die Qualifikationen könnten mit dem entsprechenden vorsätzlichen oder fahrlässigen Erfolgsdelikt tateinheitlich zusammentreffen, so ist dies vor allem darauf zurückzuführen, daß man eine Differenzierung nach vorsätzlicher und fahrlässiger Begehung innerhalb des Qualifikationstatbestandes nicht für notwendig hält. Um dann aber im Urteilstenor die nach dem Schuldprinzip erforderliche Klarstellung der Verhaltensform vornehmen zu können, will man die Tatbestände der entsprechenden Erfolgsdelikte (§§ 222 oder 212 StGB) ergänzend heranziehen[67], obwohl diese Bestimmungen nach allgemeinen Konkurrenzgrundsätzen wegen des logischen Vorrangs der Qualifikation verdrängt werden.

[61] Daran fehlt es bei den §§ 224, 225, 239 II 1. Alt. StGB.

[62] Vgl. oben, 4. Kapitel, III 3a.

[63] *Hruschka*, GA 1967, S. 49.

[64] *Hänle*, S. 112 ff. (mit der Einschränkung, daß zwischen § 239 III und § 212 Tateinheit möglich sein soll); *Hruschka*, GA 1967, S. 49; ihm folgend *Welzel*, Strafrecht, S. 434 (allerdings nur bezogen auf § 178 StGB a. F., Vergewaltigung mit Todesfolge).

[65] BGH NJW 1965, S. 2411.

[66] Grundlegend *Schröder*, NJW 1956, S. 1737 ff.; ebenso *Dreher / Tröndle*, § 18 Rdz. 6; *Fuchs*, NJW 1966, S. 868; *Jescheck*, AT, S. 590 f.; *Schönke / Schröder / Cramer*, § 18 Rdz. 6. Differenzierend *Widmann*, MDR 1966, S. 556; ähnlich *Geerds*, S. 159 Fn. 48: Tateinheit mit § 212 StGB — Spezialität gegenüber § 222 StGB.

[67] *Schröder*, NJW 1956, S. 1739; BGH NJW 1965, S. 2411.

Wird die Klarstellung jedoch schon bei der Verurteilung aus dem Tatbestand des erfolgsqualifizierten Delikts im Tenor des Strafurteils ausdrücklich vorgenommen (z. B. Verurteilung „wegen Brandstiftung mit fahrlässig herbeigeführter Todesfolge"), so besteht kein Bedürfnis mehr, das normale Erfolgsdelikt (§ 222 StGB) mit der Qualifikation tateinheitlich konkurrieren zu lassen[68].

Dagegen ist eine Tateinheit möglich mit Mord (§ 211 StGB) und dem besonders schweren Fall des Totschlags (§ 212 II StGB). Insbesondere die Mordmerkmale des § 211 enthalten einen eigenständigen Unwert gegenüber der Qualifikation, der auch im Urteilstenor zum Ausdruck kommen muß. Zwar liegen Mordmerkmale sehr häufig vor, wenn die qualifizierende Todesfolge vorsätzlich herbeigeführt wird, dies führt jedoch nicht zu einer Gesetzeskonkurrenz, denn es sind durchaus Fälle denkbar, in denen bei Vorsätzlichkeit bezüglich des Todeserfolges zwar der Tatbestand der Erfolgsqualifikation erfüllt ist, nicht aber der des § 211 StGB[69]. Auch wenn die lebenslange Freiheitsstrafe bei den erfolgsqualifizierten Delikten nur dann in Ansatz gebracht werden kann, wenn der Unwert der Tat dem des Mordes entspricht, bedeutet das nicht, daß stets auch Mordmerkmale vorliegen müssen.

Der „besonders schwere Fall" des Totschlags (§ 212 II StGB) kann ebenfalls nicht als allgemeine Regelung zurücktreten, da die Unwerterhöhung gegenüber dem „Normalfall" des Totschlags nicht immer auf Umständen beruhen muß, die sich unmittelbar aus dem Tatbestand der Qualifikation ergeben[70].

---

[68] So in aller Deutlichkeit *Hruschka*, GA 1967, S. 48; vgl. auch *Widmann*, MDR 1966, S. 555: Es sei überflüssig, etwas klarzustellen, was keiner Klarstellung mehr bedürfe.

[69] Probleme ergeben sich allerdings bei § 312 2. Alt. StGB, denn hier ist bei vorsätzlich herbeigeführter Todesfolge *stets* das Mordmerkmal der Gemeingefährlichkeit gegeben. Daraus könnte gefolgert werden, daß § 211 StGB als das speziellere Delikt die Qualifikation verdrängt (so *Horn*, SK § 312 Rdz. 11). Damit würde aber der eigenständige Unwertgehalt des § 312 entfallen: Bei einer Verurteilung aus dem Qualifikationstatbestand wird deutlich, daß der Tod eines Menschen durch eine lebensgefährliche *Überschwemmung* bewirkt wurde, während § 211 StGB nur pauschal „gemeingefährliche Mittel" nennt. Der überwiegende Teil des Schrifttums nimmt daher auch die Möglichkeit einer Tateinheit von § 312 2. Alt. und § 211 StGB an (*Dreher / Tröndle*, § 312 Rdz. 5; *Hänle*, S. 114 ff.; *Mösl*, LK § 312 Rdz. 7; *Schönke / Schröder / Cramer*, § 312 Rdz. 8; ferner *Widmann*, MDR 1966, S. 556, allerdings mit der eigenartigen Begründung, ein „Tyrannenmord" mit gemeingefährlichen Mitteln falle nicht unter § 211 StGB, so daß für die entsprechende Erfolgsqualifikation ein eigenständiger Anwendungsbereich verbleibe).

[70] Insoweit muß also die obige Feststellung, § 212 StGB werde generell von den vorsätzlich verwirklichten Qualifikationstatbeständen mit dem Merkmal der Todesfolge verdrängt, relativiert werden. Zwar handelt es sich bei § 212 II StGB nur um eine Strafzumessungsregel, hier muß aber ausnahmsweise eine Tateinheit mit den Erfolgsqualifikationen möglich sein, denn bei einigen dieser Vorschriften ist als Maximum für eine vorsätzlich herbeigeführte

Das begriffslogische Verhältnis zwischen den §§ 211, 212 II StGB und den Erfolgsqualifikationen mit dem Merkmal der Todesfolge ist daher, wie *Hruschka*[71] festgestellt hat, nicht das der *Subordination*, sondern der *Interferenz* (= Überschneidung). Daraus ergibt sich, daß eine Bestrafung nach den Regeln der Tateinheit erfolgen kann. Hier ist eine Klarstellung erforderlich, um dem eigenständigen Regelungsgehalt (und z. T. auch der Strafschärfung) Rechnung zu tragen.

Was schließlich das Konkurrenzverhältnis der Erfolgsqualifikationen mit dem Merkmal der schweren Körperverletzungsfolge zu den §§ 224, 225 StGB angeht, so ist zu differenzieren: Die §§ 221 III 1. Alt. und 239 II 2. Alt. StGB (Aussetzung bzw. Freiheitsberaubung mit schwerer Körperverletzungsfolge) sind spezieller als die §§ 224, 225 StGB. Dagegen besteht bei § 318 II 1. Alt. (Beschädigung wichtiger Anlagen mit schwerer Körperverletzungsfolge) nur gegenüber § 224 StGB eine Gesetzeskonkurrenz in Form der Spezialität; mit § 225 StGB ist Tateinheit möglich, da die Strafschärfung für eine beabsichtigte schwere Körperverletzung andernfalls nicht erfaßt werden könnte[72].

---

Todesfolge Freiheitsstrafe von 15 Jahren vorgesehen (z. B. § 239 III StGB), während für den „besonders schweren Fall" des Totschlags lebenslange Freiheitsstrafe angedroht ist.

[71] *Hruschka*, GA 1967, S. 49.

[72] Demgegenüber nimmt *Hänle* (S. 116) generell einen Vorrang der erfolgsqualifizierten Delikte vor den §§ 224, 225 StGB an, ohne auf die Strafrahmenproblematik bei § 318 II 1. Alt. StGB (= § 321 a. F.) einzugehen. Im übrigen Schrifttum wird zwar eine Tateinheit mit § 225 StGB bejaht, gleichzeitig aber auch mit § 224 StGB, z. B. *Horn*, SK § 318 Rdz. 13.

*Achtes Kapitel*

# Abschließende Kritik und Erörterung möglicher gesetzestechnischer Alternativen zu den Erfolgsqualifikationen

## I. Entbehrlichkeit der meisten Erfolgsqualifikationen de lege ferenda

Bereits am Ende des letzten Jahrhunderts forderte *Löffler*[1], den „Plunder" der Erfolgsqualifikationen gänzlich aus dem StGB zu beseitigen. An der Aktualität dieser so kraß formulierten Forderung hat sich trotz der späteren Einführung einer Verschuldensvoraussetzung (§ 56 a. F. = § 18 n. F.) nichts geändert. Im Gegenteil: Solange lediglich eine Kausalbeziehung zwischen Primär- und Sekundärerfolg erforderlich war, konnte materiell durchaus noch von einer Eigenständigkeit der erfolgsqualifizierten Delikte ausgegangen werden (womit natürlich nicht gesagt sein soll, daß dieser verfassungswidrige Rechtszustand wiederhergestellt werden dürfe[2]); nunmehr jedoch haben diese Vorschriften ihren Charakter als reine Verursachungsdelikte verloren und sind somit nichts anderes mehr als die Kombination zweier schon ohnehin selbständig geregelter Vorsatz- bzw. Fahrlässigkeitsdelikte[3], so daß es sich erst recht aufdrängt, auf diese Qualifizierungen zu verzichten.

Die Tatsache, daß der Gesetzgeber dennoch an dem bestehenden Rechtszustand festhalten will und es auch im Schrifttum kaum Initiativen für eine Streichung der betreffenden Vorschriften gibt, läßt sich nur damit erklären, daß die Erfolgsqualifikationen im Grunde wie bisher als Vorsatzvermutungen behandelt werden. Die Bestimmung des § 18 StGB hat in der Praxis lediglich die (negative) Funktion, unverschuldete schwere Folgen für die Strafbarkeit auszuscheiden[4]; das Schuldminimum („wenigstens Fahrlässigkeit") soll aber weiterhin für eine Vorsatzstrafe genügen.

Das versari-Prinzip hätte nur dann wirksam ausgemerzt werden können, wenn mit der Einführung einer Verschuldensbeziehung bei den

[1] *Löffler*, S. 281.

[2] Dahin tendiert aber *Baumann*, ZStW Bd. 70, S. 227 ff.

[3] Mit Ausnahme der §§ 224, 225, 239 II 1. Alt., vgl. oben, 4. Kapitel, II, sowie unten, III.

[4] *Hruschka*, GA 1967, S. 45.

erfolgsqualifizierten Delikten im Jahre 1953 eine umfassende Strafrahmenrevision einhergegangen wäre; so aber blieben die Vorsatzstrafen (für die ehemals vermutete vorsätzliche Begehung) bestehen, ohne daß bis heute ernsthaft an der dadurch entstandenen Diskrepanz zu den entsprechenden Fahrlässigkeitsbestimmungen (vor allem zu § 222 StGB) Anstoß genommen worden ist. Statt dessen bemüht man sich, den angeblich vorhandenen besonderen Unwertgehalt der Erfolgsqualifikationen durch zweifelhafte Konstruktionen wie „vorsätzliche Gefährdung" oder „gesteigerte Sorgfaltswidrigkeit" zu begründen — in gleicher Weise, in der ehedem (vergeblich) versucht wurde, die bloße Kausalbeziehung als Grund der Strafbarkeit dogmatisch zu rechtfertigen.

Konsequent ist lediglich jene Auffassung, die sich auf den „richtigen Kern des versari in re illicita" beruft; sie macht keinen Hehl daraus, daß § 18 lediglich als Feigenblatt für die fortbestehende Vorsatzfiktion dienen soll; mit dem Schuldprinzip läßt sich diese Theorie freilich nicht vereinbaren.

Besonders bedenklich ist, daß der Gesetzgeber es nicht nur unterläßt, eine Strafrahmenrevision der überkommenen Erfolgsqualifikationen in Angriff zu nehmen, sondern sogar neue Bestimmungen schafft, die ganz offensichtlich zur Beweiserleichterung bei der Feststellung der Verschuldensform dienen sollen[5]. Wären diese gesetzgeberischen Motive für die Auslegung von Relevanz, so wäre die Mehrzahl der Bestimmungen über erfolgsqualifizierte Delikte verfassungswidrig. Eine absolute Nichtigkeit kann — bis auf die genannten Ausnahmen — allein durch eine objektiv-teleologische, am Gerechtigkeitsgedanken orientierte Auslegung vermieden werden, wenngleich damit eine erhöhte Bestrafung im Vergleich zu den Strafdrohungen für die tateinheitliche Verwirklichung der in den Qualifikationen miteinander verknüpften Einzeldelikte nicht mehr statthaft ist.

Es ist also durchaus möglich, mit den meisten erfolgsqualifizierten Delikten des geltenden Rechts zu „leben" und sie bei der Rechtsanwendung — wenn auch nur zum Zwecke der Klarstellung — auch weiterhin zugrunde zu legen; de lege ferenda sollte der Gesetzgeber im Zuge der fortlaufenden Reform des Strafgesetzbuchs jedoch auf sie verzichten. In Schweden ist dieser Schritt bereits im Jahre 1965 vollzogen worden[6],

---

[5] Im Bericht der Abgeordneten *Schlee* und *de With* zum Entwurf eines 13. StÄndG (BTDrucks. VI/2722) heißt es ausdrücklich, die lebenslange Freiheitsstrafe komme bei § 239a II für die Fälle vorsätzlicher *und* leichtfertiger Tötung in Betracht. Bemerkenswert ist schon zuvor die unwidersprochene (!) Äußerung des Abgeordneten *de With* im Sonderausschuß für die Strafrechtsreform (Prot. VI, S. 1501) zum Strafrahmen des § 176 IV StGB: Die hohe Mindeststrafe sei notwendig, da eine Verurteilung wegen vorsätzlicher Tat häufig an Beweisschwierigkeiten scheitere!

[6] *Simson / Geerds*, S. 179.

und es ist kein Grund ersichtlich, warum die übrigen Staaten, die immer noch an den überkommenen Erfolgsqualifikationen festhalten, sich daran nicht ein Beispiel nehmen sollten[7].

Erleichtert wird dies vor allem in den Ländern, in denen das Gesetz eine Strafschärfungsmöglichkeit für die tateinheitliche Begehung vorsieht[8]. Dort entfällt das in Deutschland häufig vorgebrachte Argument, die Einzelstrafrahmen für die in der Qualifikation miteinander verknüpften Delikte seien nicht ausreichend. Will man hier aber weiterhin am Absorptionsprinzip festhalten, bei dem die Strafe im Ergebnis nur eine einzige Verfehlung berücksichtigt und eine Erhöhung der Strafbarkeit über die Obergrenze des Strafrahmens für das schwerste Delikt hinaus unmöglich ist (vgl. § 52 II StGB), so muß das Prinzip aus Gründen der Gerechtigkeit auch allgemeine Geltung haben. Unbilligkeiten werden sich gerade bei den Einzelvorschriften, die den Erfolgsqualifikationen zugrunde liegen, kaum ergeben, da die Strafrahmen der Grunddelikte ohnehin so weit sind, daß eine angemessene Bestrafung auch nach dem Absorptionsprinzip in aller Regel gewährleistet ist[9].

Es wäre also keinesfalls erforderlich, als Voraussetzung für die Beseitigung der erfolgsqualifizierten Delikte aus dem StGB die Strafdrohungen im Besonderen Teil generell zu erhöhen, wie z. T. vertreten wird[10]. Auch der Verzicht auf die zumeist sehr hohen Mindeststrafen führt entgegen einer verbreiteten Ansicht[11] nicht zu unvertretbaren Ergebnissen. Es ist zu Recht darauf hingewiesen worden, daß es sich bei der Behauptung, von der Mindeststrafe gehe eine höhere Präventivwirkung aus als von der Strafdrohung als solcher, um eine unbewiesene These handelt[12]. Zweifelhaft ist ferner jene Argumentation, wonach es der Gesetzgeber vor allem bei den Erfolgsqualifikationen nicht zulassen dürfe, dem Richter die weitgehende Ermessensentscheidung für eine schuldangemessene Strafe zu übertragen. So befürchtet man, der Richter könne sich dem Zwang des schärferen Strafrahmens „entziehen“[13], wodurch die „allgemein beobachtete Tendenz zur Milde noch gefördert würde“[14]. Es ist erstaunlich, welch geringes Vertrauen hier in den rich-

---

[7] *Schubarth,* ZStW Bd. 85, S. 776.

[8] Z. B. Art. 68 des schweizerischen StGB, vgl. dazu *Schubarth,* a. a. O., S. 775 mit Vorschlägen de lege ferenda; ferner *Geerds,* S. 104 ff.

[9] *Geerds,* S. 457.

[10] Vgl. die Nachweise oben, 3. Kapitel, Fn. 148.

[11] Z. B. *Dreher,* Niederschr. Bd. 2, S. 252; *Hirsch,* GA 1972, S. 68 f.; *Jescheck,* Niederschr. Bd. 2, S. 247.

[12] *Schubarth,* ZStW Bd. 85, S. 774; vgl. auch *Diemer-Nicolaus,* Prot. VI, S. 1574, 1581.

[13] *Dreher,* Niederschr. Bd. 2, S. 252.

[14] *Krille,* Niederschr. Bd. 2, S. 256.

terlichen Strafzumessungsakt gesetzt wird. Man verkennt dabei, daß eine Abwägung der Einzelumstände der Tat (z. B. Beweggründe und Ziele des Täters, dessen Vorleben und persönliche Verhältnisse) wie sie in § 46 II StGB für die Strafzumessung vorgeschrieben ist, bei extrem hohen Mindeststrafen (wie z. B. bei § 316 c II StGB, zehn Jahre Freiheitsstrafe) unmöglich wird[15].

Im übrigen sollte bedacht werden, daß sich die Gerichte auch — oder gerade — bei starren Strafdrohungen häufig gezwungen sehen, etwa durch stärker betonte Zweifel an der Beweislage[16], auf andere Tatbestände mit geringeren Strafdrohungen auszuweichen. Aktuelles Beispiel hierfür ist der ständige Rückgang der Verurteilungen zu lebenslanger Freiheitsstrafe — trotz steigender Tötungsdelinquenz[17].

## II. Strafzumessungsregeln oder Gefährdungstatbestände als Alternativen?

Wegen der Entbehrlichkeit erhöhter Mindeststrafen besteht auch kein Bedürfnis, an Stelle der Bestimmungen über erfolgsqualifizierte Delikte Strafzumessungsregeln für „besonders schwere Fälle" einzuführen, wie es insbesondere von *Jescheck*[18] vorgeschlagen worden ist. Zwar hätten derartige Regelbeispiele den Vorteil, daß hierdurch die Problematik starrer Strafdrohungen wegfallen würde, andererseits könnte die erhöhte Strafe aber auch dann in Ansatz gebracht werden, wenn es an einer (nur beispielhaft genannten) schweren Folge fehlte.

Das wohl gewichtigste Argument gegen eine Ausgestaltung der erfolgsqualifizierten Delikte als „besonders schwere Fälle" ist die Verlagerung der wesentlichen Probleme in den Strafzumessungsbereich[19]. Daß durch eine solche Änderung, die im Grunde nur gesetzestechnischer Natur ist, wenig gewonnen wird, zeigt die Umwandlung der ehemaligen Erfolgsqualifikationen aus dem Atomgesetz in Strafzumessungsregeln (§§ 40 III/41 III AtomG a. F., Herbeiführung einer Kernexplosion bzw. Mißbrauch ionisierender Strahlen mit Todesfolge; nunmehr: §§ 310 b III/311 a III StGB): Sowohl die Mindest- als auch die Höchststrafen sind unverändert, und weiterhin ist auch die sprunghafte Erhöhung der Strafdrohung an die (wenigstens?) leichtfertige Tötung eines Menschen geknüpft.

---

[15] *Maiwald*, GA 1974, S. 271.

[16] *Kreuzer*, DIE ZEIT, Nr. 11/77, S. 33.

[17] *Götz*, GA 1977, S. 325.

[18] *Jescheck*, Niederschr. Bd. 2, S. 247.

[19] *Dreher*, Niederschr. Bd. 2, S. 252 f.; *Baldus*, ebd., S. 256; *Hirsch*, GA 1972, S. 68.

Es wäre sicher lohnend, auch einmal die Strafrahmen für „besonders schwere Fälle" unter Verfassungsgesichtspunkten zu untersuchen, zumal insbesondere bei den Mindeststrafen dieselben Friktionen wie bei den erfolgsqualifizierten Delikten festzustellen sind[20]. Zweifelhaft ist ferner, wie die „unbenannten" schweren Fälle einzugrenzen sind und welche Verschuldensform hierfür erforderlich sein soll[21]. Da sich auch Versuchs-, Teilnahme- und Konkurrenzprobleme wie bei den Qualifizierungen ergeben, sind entsprechend ausgestaltete Strafzumessungsregeln nicht als geeignete Alternative anzusehen.

Zu erörtern ist schließlich noch der Vorschlag *Langes*[22] und *Schneiders*[23], Gefährdungstatbestände ähnlich der Vorschrift des § 223 a 3. Alt. StGB (Körperverletzung mittels lebensgefährdender Behandlung) zu schaffen. Eine solche Regelung hätte für sich, daß dem Erfolgseintritt für die Erhöhung der Strafbarkeit keine entscheidende Bedeutung mehr zukäme und das Zufallselement bei der Bestrafung keine Rolle mehr spielte. Zu bedenken ist aber, daß bei der Mehrzahl der in den Erfolgsqualifikationen enthaltenen Grunddelikte eine besondere Gefährdung bereits berücksichtigt ist[24]; hier erscheint ein zusätzlicher Gefährdungstatbestand überflüssig. Überlegenswert wäre es allerdings, Qualifikationen mit dem Merkmal der *konkreten* Lebensgefährdung dort einzuführen, wo der Grundtatbestand nur eine abstrakte Gefahr schildert. So könnte etwa die Qualifikation zu § 177 I (Vergewaltigung) lauten: „Mit Freiheitsstrafe ... wird bestraft, wer durch die Tat die Gefahr des Todes der Frau verursacht"; eine solche Regelung enthielte im Gegensatz zu der derzeitigen Qualifikationsvorschrift (§ 177 III, Vergewaltigung mit Todesfolge) immerhin einen eigenständigen Unwertgehalt sowohl gegenüber dem Grunddelikt als auch gegenüber dem vorsätzlichen oder fahrlässigen Tötungsdelikt (§§ 212 bzw. 222 StGB).

Freilich wäre der Anwendungsbereich einer solchen Gefährdungsqualifikation zu eng, wenn sie nur auf die vorsätzlich herbeigeführte Gefahr beschränkt bliebe[25]. Bei Vorsätzlichkeit hinsichtlich der Lebensgefährdung läge nämlich regelmäßig zugleich ein versuchter Totschlag oder Mord vor; vielmehr sollte — wenn überhaupt — auch die fahrlässige bzw. leichtfertige Gefährdung berücksichtigt werden wie z. B.

---

[20] Vgl. insbesondere die §§ 310b II, III, 311a III (s. o.) sowie § 311 III (Herbeiführen einer Sprengstoffexplosion).

[21] *Hänle*, S. 9.

[22] *Lange*, Niederschr. Bd. 2, S. 256.

[23] *Schneider*, Diss., S. 82 f.

[24] Vgl. oben, 3. Kapitel, III 1.

[25] Dies wird aber von *Lange* (a. a. O.) und *Schneider* (a. a. O.) gefordert, da sie den eigentlichen Unrechtsgehalt der Erfolgsqualifikationen in der „vorsätzlichen Gefährdung" sehen, vgl. dazu schon oben, 3. Kapitel, III 2.

in § 218 II Nr. 2 StGB (Leichtfertige Gefährdung der Schwangeren als „Folge“ der Abtreibung), wenngleich es sich hierbei nur um eine bloße Strafzumessungsregel handelt.

Dieser Vorschlag, Gefährdungstatbestände einzurichten, sollte allerdings nur als vorläufiger Kompromiß auf dem Wege zu einer *Abschaffung* der erfolgsqualifizierten Delikte de lege ferenda verstanden werden. Regelmäßig sind die Strafrahmen der Grunddelikte nach oben weit genug, um eine zusätzliche fahrlässige Leibes- oder Lebensgefährdung abzudecken; die vorsätzliche Gefährdung wird dagegen bereits vom Tatbestand des versuchten vorsätzlichen „Folge“-Delikts (z. B. §§ 212, 22) erfaßt.

Selbst wenn man davon ausginge, daß die Strafdrohungen der Einzeldelikte für sich allein nicht ausreichend seien (etwa bei der Kombination von vorsätzlicher Körperverletzung und fahrlässiger Tötung), so würde sich eher eine Änderung des Absorptionsprinzips bei der Tateinheit zugunsten eines Strafschärfungsprinzips mit Gesamtstrafenbildung (wie bei der Tatmehrheit, § 53 I StGB) anbieten als die Schaffung eines komplizierten und sich ständig ausweitenden Kataloges von Gefährdungsqualifikationen; der „strafökonomische Verzicht“[26] des Gesetzgebers auf die generelle Pönalisierung fahrlässiger Gefährdung sollte sich auch hier auswirken.

## III. Materielle Eigenständigkeit nur bei den §§ 224, 225, 239 II 1. Alt. StGB

Beibehalten werden sollten lediglich die §§ 224, 225 StGB (Schwere bzw. besonders schwere Körperverletzung) sowie § 239 II 1. Alt. StGB (Freiheitsberaubung von mehr als einer Woche Dauer); bei diesen Vorschriften ist keine andere gesetzestechnische Alternative denkbar, um den besonderen Erfolgsunwert, der aus dem Grunddelikt „ausgeklammert“ ist, bei der Strafzumessung hinreichend zu erfassen; hier wird der Grundtatbestand tatsächlich „qualifiziert“, indem das Gesetz eine besondere *Intensität* der ursprünglichen Rechtsgutsverletzung voraussetzt[27] — und nicht, wie bei den übrigen Erfolgsqualifikationen, eine *zusätzliche* Wertverfehlung, die bereits anderweitig eine selbständige Regelung erfahren hat.

Wenn man überhaupt eine begriffliche Unterscheidung zwischen „echten“ und „unechten“ Erfolgsqualifikationen treffen wollte, so könnten zu den ersteren nur die §§ 224, 225 und 239 II 1. Alt. StGB gezählt werden; ihnen allein kommt ein selbständiger Regelungsgehalt zu.

---

[26] *Dreher*, Niederschr. Bd. 2, S. 253.

[27] Dazu bereits eingehend oben, 4. Kapitel, II.

## Literaturverzeichnis

*Arzt*, Günther: Leichtfertigkeit und recklessness, in: Gedächtnisschrift für Horst Schröder, 1978, S. 119 ff.

*Backmann*, Leonhard E.: Gefahr als „besondere Folge der Tat" i. S. der erfolgsqualifizierten Delikte, in: MDR 1976, S. 969 ff.

— Geiselnahme bei nicht ernst gemeinter Drohung — BGHSt 26, 309, in: JuS 1977, S. 444 ff.

*Baumann*, Jürgen: Kritische Gedanken zur Beseitigung der erfolgsqualifizierten Delikte, in: ZStW Bd. 70 (1958), S. 227 ff.

— Strafrecht, Allgemeiner Teil, 8. Auflage 1977 (zit.: AT).

*Bender*, Bernd: Inhalt und Grenzen des Gebots der verfassungskonformen Gesetzesauslegung, in: MDR 1959, S. 441 ff.

*Bettermann / Nipperdey / Scheuner:* Die Grundrechte, Handbuch der Theorie und Praxis der Grundrechte, herausgegeben von Karl August Bettermann, Hans Carl Nipperdey, Ulrich Scheuner, 3. Band, 2. Halbband: Rechtspflege und Grundrechtsschutz, 1959.

*Binavince*, Emilio S.: Die vier Momente der Fahrlässigkeitsdelikte, 1969.

*Binding*, Karl: Lehrbuch des Gemeinen Deutschen Strafrechts, Besonderer Teil, Band 1, 2. Auflage 1902.

*Blei*, Hermann: Strafrecht I, Allgemeiner Teil, 17. Auflage 1977 (zit.: AT).

— Anmerkung zum Urteil des BGH (BGHSt 26, 70), in: JA 1975, S. 805.

*Bloy*, René: Die dogmatische Begründung der Strafausschließungs- und Strafaufhebungsgründe, 1976.

*Bockelmann*, Paul: Vom Sinn der Strafe, in: Heidelberger Jahrbücher V (1961), S. 25 ff.

*Bogs*, Harald: Die verfassungskonforme Auslegung von Gesetzen unter besonderer Berücksichtigung der Rechtsprechung des Bundesverfassungsgerichts, 1966.

*Bohlinger*, Günther: Bemerkungen zum Zwölften Strafrechtsänderungsgesetz (12. StrÄG), in: JZ 1972, S. 230 ff.

*Boldt*, Gottfried: Pflichtwidrige Gefährdung im Strafrecht, in: ZStW Bd. 55 (1936), S. 44 ff.

— Zur Struktur der Fahrlässigkeits-Tat, in: ZStW Bd. 68 (1956), S. 335 ff.

*Bruns*, Hans-Jürgen: Strafzumessungsrecht, 1. Auflage 1967 / 2. Auflage 1974 (soweit nicht besonders vermerkt, ist die 2. Auflage zitiert).

*Burkhardt*, Björn: Gewaltanwendung bei Vermögensdelikten mit Bagatellcharakter, in: JZ 1973, S. 110 ff.

— Die Geringwertigkeit des Weggenommenen bei Raub und raubgleichen Delikten, in: NJW 1975, S. 1687 f.

*Cohn,* Ernst: Der schwere Erfolg als gesetzlicher Grund erhöhter Strafbarkeit, in: Strafrechtliche Abhandlungen (Heft 112), 1910.

*Cramer,* Peter: Der Vollrauschtatbestand als abstraktes Gefährdungsdelikt, 1962 (zit.: Vollrauschtatbestand).

— Anmerkung zum Urteil des BGH vom 3. 6. 1964 (BGHSt 19, 339), in: JZ 1965, S. 31 f.

*Dreher,* Eduard: Über die gerechte Strafe, 1947 (zit.: Strafe).

— Was bedeutet Milderung der Strafe für den Versuch?, in: JZ 1956, S. 682 ff.

— Über Strafrahmen, in: Festschrift für Hans-Jürgen Bruns zum 70. Geburtstag, 1978, S. 141 ff. (zit.: Bruns-Fs.).

*Dreher / Tröndle:* Strafgesetzbuch und Nebengesetze. Erläutert von Eduard Dreher, fortgeführt von Herbert Tröndle, 40. Auflage, 1981.

*Ebert,* Udo: Tendenzwende in der Straf- und Strafprozeßgesetzgebung? in: JR 1978, S. 136 ff.

*Eckardt,* Wolf-Dieter: Die verfassungskonforme Gesetzesauslegung, ihre dogmatische Berechtigung und ihre Grenzen im deutschen Recht, 1964.

*van Els,* Hans: Anmerkung zum Urteil des BGH vom 16. 5. 1972 (NJW 1972, S. 1207), in: NJW 1972, S. 1476 f.

*Engelmann,* Woldemar: Die Schuldlehre der Postglossatoren und ihre Fortentwickelung, 1895.

*Engisch,* Karl: Untersuchungen über Vorsatz und Fahrlässigkeit, 1930.

*Fischer,* Klaus: Zum Problem der durch eine Folge qualifizierten Delikte, Diss. jur. Heidelberg 1949.

*Frisch,* Wolfgang: Die „verschuldeten Auswirkungen der Tat“, in: GA 1972, S. 321 ff.

*Fuchs,* Jürgen: Erfolgsqualifiziertes Delikt und fahrlässig herbeigeführter Todeserfolg, in: NJW 1966, S. 868 f.

*Furtner,* Georg: Die gesetzlichen Mindeststrafen und der Grundsatz der Verhältnismäßigkeit, in: NJW 1968, S. 2228 f.

*Gallas,* Wilhelm: Zum gegenwärtigen Stand der Lehre vom Verbrechen, in: ZStW Bd. 67 (1955), S. 1 ff.

— Die moderne Entwicklung der Begriffe von Täterschaft und Teilnahme im Strafrecht, in: Deutsche Beiträge zum VII. Int. Strafrechtskongreß in Athen vom 26. September bis 2. Oktober 1957 (zit.: Deutsche Beiträge).

— Abstrakte und konkrete Gefährdung, in: Festschrift für Ernst Heinitz zum 70. Geburtstag, 1972, S. 171 ff. (zit.: Heinitz-Fs.).

*Gallwas,* Hans-Ullrich: Strafnormen als Grundrechtsproblem, in: MDR 1969, S. 892 ff.

*Geerds,* Friedrich: Zur Lehre von der Konkurrenz im Strafrecht, 1961.

*Geilen,* Gerd: Unmittelbarkeit und Erfolgsqualifizierung, in: Festschrift für Hans Welzel zum 70. Geburtstag, 1974, S. 655 ff. (zit.: Welzel-Fs.).

— Strafrecht, Allgemeiner Teil, 3. Auflage 1977 (zit.: AT).

— Repetitorium Strafrecht: Raub und Erpressung, in: Jura 1979 (Heft 10), S. 557 f.

*Gössel*, Karl-Heinz: Dogmatische Überlegungen zur Teilnahme am erfolgsqualifizierten Delikt, in: Festschrift für Richard Lange zum 70. Geburtstag, 1976, S. 219 ff.

*Götz*, Albrecht: 10 Jahre Mordstatistik, in: GA 1977, S. 321 ff.

*Gosch*, Elisabeth: Teilnahme an den durch hinzutretende Fahrlässigkeit qualifizierten Erfolgsdelikten, Diss. jur. Hamburg 1967.

*Groth*, Klaus-Ulrich: Die verfassungsrechtliche Zulässigkeit der Pönalisierung während der Führungsaufsicht begangener Weisungsverstöße, in: NJW 1979, S. 743 ff.

*Günther*, Hans-Ludwig: Die Genese eines Straftatbestandes, in: JuS 1978, S. 8 ff.

*Hänle*, Wolfgang: Die Teilnahme an den erfolgsqualifizierten Delikten, Diss. jur. Tübingen 1970.

*Hall*, Alfred: Über die Leichtfertigkeit, in: Festschrift für Edmund Mezger zum 70. Geburtstag, 1954, S. 229 ff.

*Hamann*, Andreas: Grundgesetz und Strafgesetzgebung, 1963.

*Hamann / Lenz:* Das Grundgesetz für die Bundesrepublik Deutschland vom 23. Mai 1949. Ein Kommentar für Wissenschaft und Praxis, begründet von Andreas Hamann, fortgeführt von Andreas Hamann jr. und Helmut Lenz, 3. Auflage 1970.

*Hansen*, Uwe: Tatbild, Tatbestandsfassung und Tatbestandsauslegung beim erpresserischen Menschenraub (§ 239a StGB), in: GA 1974, S. 353 ff.

*Hardwig*, Werner: Studien zum Vollrauschtatbestand, in: Festschrift für Eberhard Schmidt zum 70. Geburtstag, 1961, S. 459 ff. (zit.: Schmidt-Fs.).

— Betrachtungen zum erfolgsqualifizierten Delikt, in: GA 1965, S. 97 ff.

*Hassemer*, Winfried: Strafrechtsdogmatik und Kriminalpolitik, 1974.

*Herzberg*, Rolf Dietrich: Grundfälle zur Lehre von Täterschaft und Teilnahme, in: JuS 1976, S. 40 ff.

*Hesse*, Konrad: Grundzüge des Verfassungsrechts der Bundesrepublik Deutschland, 12. Auflage 1980.

*Hirsch*, Hans Joachim: Hauptprobleme einer Reform der Delikte gegen die körperliche Unversehrtheit, in: ZStW Bd. 83 (1971), S. 140 ff.

— Zur Problematik des erfolgsqualifizierten Delikts, in: GA 1972, S. 65 ff.

*Hoerster*, Norbert: Zur Generalprävention als dem Zweck staatlichen Strafens, in: GA 1970, S. 272 ff.

*Holtz*, Günter: Aus der Rechtsprechung des Bundesgerichtshofs in Strafsachen, in: MDR 1977, S. 637 ff.

*Horn*, Eckhard: Konkrete Gefährdungsdelikte, 1973.

*Hruschka*, Joachim: Konkurrenzfragen bei den sog. erfolgsqualifizierten Delikten, in: GA 1967, S. 42 ff.

*Jakobs*, Günther: Die Konkurrenz von Tötungsdelikten und Körperverletzungsdelikten, 1967 (zit.: Konkurrenz).

— Das Fahrlässigkeitsdelikt, in: Deutsche strafrechtliche Landesreferate zum IX. Internationalen Kongreß für Rechtsvergleichung Teheran 1974 — Beiheft zur Zeitschrift für die gesamte Strafrechtswissenschaft 1974, S. 6 ff. (zit.: Beiheft ZStW 1974).

*Jescheck*, Hans-Heinrich: Lehrbuch des Strafrechts, 3. Auflage 1978 (zit.: AT).

*Kaufmann*, Arthur: Unrecht und Schuld beim Delikt der Volltrunkenheit, in: JZ 1963, S. 425 ff.

— Schuldprinzip und Verhältnismäßigkeitsgrundsatz, in: Festschrift für Richard Lange zum 70. Geburtstag, 1976, S. 27 ff. (zit.: Lange-Fs.).

— Das Schuldprinzip, 2. Auflage 1976 (zit.: Das Schuldprinzip).

*Kelsen*, Hans: Allgemeine Staatslehre, 1925.

*Klee*, K.: Der dolus indirectus als Grundform der vorsätzlichen Schuld, 1906.

*Kohlrausch / Lange*: Strafgesetzbuch mit Erläuterungen und Nebengesetzen, begründet von Kohlrausch, 43. Auflage bearbeitet von Richard Lange, 1961.

*Kollmann*, Horst: Die Lehre vom versari in re illicita im Rahmen des corpus iuris canonici, in: ZStW Bd. 35 (1914), S. 46 ff.

*von Krauss*, Rupprecht: Der Grundsatz der Verhältnismäßigkeit in seiner Bedeutung für die Notwendigkeit des Mittels im Verwaltungsrecht, 1955.

*Kreuzer*, Arthur: Wie lange dauert lebenslang? in: DIE ZEIT Nr. 11/77 vom 4. 3. 1977, S. 33.

*Krey*, Volker / *Schneider*, Tilmann: Die eigentliche Vorsatz-Fahrlässigkeits-Kombination nach geltendem und künftigem Recht, in: NJW 1970, S. 640 ff.

*Küper*, Wilfried: Gefährdung als Erfolgsqualifikation?, in: NJW 1976, S. 543 ff.

*Lackner*, Karl: Strafgesetzbuch mit Erläuterungen, 14. Auflage 1981.

*Lange*, Richard: Das dritte Strafrechtsänderungsgesetz (Strafrechtsbereinigungsgesetz), in: NJW 1953, S. 1161 ff.

— Der gemeingefährliche Rausch, in: ZStW Bd. 59 (1939/40), S. 574 ff.

*Lang-Hinrichsen*, Dietrich: Zur Frage der Zurechnung von Folgen der Straftat bei der Strafzumessung, in: GA 1957, S. 1 ff.

*Langer*, Winrich: Das Sonderverbrechen, 1972.

— Vorsatztheorie und strafgesetzliche Irrtumsregelung, in: GA 1976, S. 1933 ff.

*Leibholz / Rinck*: Grundgesetz für die Bundesrepublik Deutschland, Kommentar an Hand der Rechtsprechung des Bundesverfassungsgerichts von G. Leibholz und H. J. Rinck, 4. Auflage 1971.

*Leipziger Kommentar*: Strafgesetzbuch, begründet von Ludwig Ebermayer, Adolf Lobe, Werner Rosenberg, 9. Auflage, herausgegeben von Paulheinz Baldus und Günther Willms, Bd. 1 (§§ 1—79), 1974, Bd. 2 (§§ 80—262), 1974, Bd. 3 (§§ 263—370) 1977; 10. Auflage, herausgegeben von Hans-Heinrich Jescheck, Wolfgang Ruß, Günther Willms, 1. Lieferung (§§ 1—12), 1978; 10. Lieferung (§§ 303—330), 1978; 21. Lieferung (§§ 15—18), 1980; 26. Lieferung (§§ 221—233), 1981. (Zit.: Bearbeiter, LK; sofern nicht besonders vermerkt, ist stets die 9. Auflage zitiert).

*Löffler*, Alexander: Die Schuldformen des Strafrechts, Band I, 1895.

*Maihofer*, Werner: Zur Systematik der Fahrlässigkeit, in: ZStW Bd. 70 (1958), S. 159 ff.

*Maiwald*, Manfred: Der Begriff der Leichtfertigkeit als Merkmal erfolgsqualifizierter Delikte, in: GA 1974, S. 257 ff.

*Majer*, Diemut: Die Folgen verfassungswidriger Gesetze im öffentlichen Recht, Diss. jur. Freiburg 1966.

*Maunz / Dürig / Herzog / Scholz:* Grundgesetz, Kommentar von Theodor Maunz, Günter Dürig, Roman Herzog, Rupert Scholz, Band 1 (Art. 1—19), Band 3 (Art. 92—146), Stand: September 1980.

*Maurach*, Reinhart: Deutsches Strafrecht, Allgemeiner Teil, 4. Auflage 1971 (zit.: AT).

— Deutsches Strafrecht, Besonderer Teil, 5. Auflage 1969 (zit.: BT).

— Probleme des erfolgsqualifizierten Delikts bei Menschenraub, Geiselnahme und Luftpiraterie, in: Festschrift für Ernst Heinitz zum 70. Geburtstag, 1972, S. 403 ff. (zit.: Heinitz-Fs.).

*Maurach / Schroeder:* Strafrecht, Besonderer Teil, Teilband 1, Straftaten gegen Persönlichkeits- und Vermögenswerte. Ein Lehrbuch, begründet von Reinhart Maurach, fortgeführt von Friedrich-Christian Schroeder, 6. Auflage 1977.

*Maurach / Zipf:* Strafrecht, Allgemeiner Teil, Teilband 1, Grundlehren des Strafrechts und Aufbau der Straftat. Ein Lehrbuch, begründet von Reinhart Maurach, fortgeführt von Heinz Zipf, 5. Auflage 1977.

*Maurach / Gössel / Zipf:* Strafrecht, Allgemeiner Teil, Teilband 2, Erscheinungsformen des Verbrechens und Rechtsfolgen der Tat. Ein Lehrbuch, begründet von Reinhart Maurach, fortgeführt von Karl-Heinz Gössel und Heinz Zipf, 5. Auflage 1978.

*Meisenberg*, Michael: Anmerkung zum Urteil des BGH vom 22. 9. 1971 (NJW 1972, S. 217), in: NJW 1972, S. 694.

*Merkl*, Adolf: Die Lehre von der Rechtskraft, 1923.

*Meyer*, Maria-Katharina: Die Strafwürdigkeit der Anstiftung dem Grade nach (beschränkt auf die vorsätzliche vollendete Anstiftung zu vorsätzlicher Tat), Diss. jur. Hamburg 1970.

*Meyer-Gerhards*, Gerhard: Subjektive Gefahrmomente, „Schuldform" der Regelbeispiele und Begriff der „besonderen Folge" (§ 18 StGB) — BGHSt 26, 176, in: JuS 1976, S. 228 ff.

*Michel*, Helmut: Die verfassungskonforme Auslegung, in: JuS 1961, S. 274 ff.

*Mirabeau*, Honoré de Riqueti: Observations d'un voyageur anglais, sur la Maison de Force, appellée Bicetre; suivies de reflexions sur les effets de la Sévérité des Peines, & sur la Législation Criminelle de la Grande Bretagne, 1788.

*Moench*, Christoph: Verfassungswidriges Gesetz und Normenkontrolle, 1977.

*von Münch*, Ingo: Grundgesetz, Kommentar, unter Mitarbeit von Detlev Chr. Dicke, Manfred Gubelt u. a., Band 1 (Präambel bis Art. 20), 1974 (zit.: v. Münch / Bearbeiter).

*Nagel*, Klaus Rainer: Das erfolgsqualifizierte Delikt, Diss. jur. Tübingen 1957.

*Neumann / Nipperdey / Scheuner:* Die Grundrechte, Handbuch der Theorie und Praxis der Grundrechte, herausgegeben von Franz L. Neumann, Hans Carl Nipperdey, Ulrich Scheuner, 2. Band, Freiheitsrechte in Deutschland, 1954.

*Niederschriften* über die Sitzungen der Großen Strafrechtskommission, 2. Band, Allgemeiner Teil, 1958 (zit.: Niederschr. Bd. 2).

*Niese*, Werner: Narkoanalyse als doppelfunktionelle Prozeßhandlung, in: ZStW Bd. 63 (1951), S. 199 ff.

*Noll*, Peter: Diskussionsvotum auf der Strafrechtslehrertagung vom 21. bis 23. Mai 1964 in Hamburg, in: ZStW Bd. 76 (1964), S. 707 ff.

*Oehler*, Dietrich: Das erfolgsqualifizierte Delikt als Gefährdungsdelikt, in: ZStW Bd. 69 (1957), S. 503 ff.

*Oske*, Ernst-Jürgen: Der besonders schwere Fall des Totschlags im Sinne des § 212 Abs. 2 StGB, in: MDR 1968, S. 811 ff.

*Otto*, Harro: Grenzen der Fahrlässigkeitshaftung im Strafrecht — OLG Hamm, NJW 1973, 1422, in: JuS 1974, S. 702 ff.

— Grundkurs Strafrecht, Allgemeine Strafrechtslehre, 1976 (zit.: Grundkurs).

— Strafwürdigkeit und Strafbedürftigkeit als eigenständige Deliktskategorien? Überlegungen zum Deliktsaufbau, in: Gedächtnisschrift für Horst Schröder, 1978, S. 53 ff.

*Radbruch*, Gustav: Erfolgshaftung, in: Vergleichende Darstellung des deutschen und ausländischen Strafrechts, Allgemeiner Teil, Bd. 2, 1908, S. 227 ff.

*Raiser*, Thomas: Verfassungswidrige Mindeststrafen? in: JZ 1963, S. 663 ff.

*Röhl*, Klaus F.: Zur Abgrenzung der groben von der einfachen Fahrlässigkeit, in: JZ 1974, S. 521 ff.

*Roxin*, Claus: Sinn und Grenzen staatlicher Strafe, in: JuS 1966, S. 377 ff.

*Rudolphi*, Hans-Joachim: Anmerkung zur Entscheidung des BGH vom 15. 7. 1975 (JR 1976, S. 73 f.), in: JR 1976, S. 74 f.

*Schaffstein*, Friedrich: Die allgemeinen Lehren vom Verbrechen in ihrer Entwicklung durch die Wissenschaft des gemeinen Strafrechts, 1930 (zit.: Allgemeine Lehren).

— Tatbestandsirrtum und Verbotsirrtum, in: Göttinger Festschrift für das Oberlandesgericht Celle, 1961, S. 175 ff. (zit.: OLG-Celle-Fs.).

*Schilling*, Georg: Abschied vom Teilnahmeargument bei der Mitwirkung zur Selbsttötung, in: JZ 1979, S. 159 ff.

*Schlee / de With:* Schriftlicher Bericht des Sonderausschusses für die Strafrechtsreform über den vom Bundesrat eingebrachten Entwurf eines Dreizehnten Strafrechtsänderungsgesetzes (1971), vorgelegt von den Abgeordneten Schlee und de With, Bundestagsdrucksache VI/2722.

*Schmidhäuser*, Eberhard: Zum Begriff der bewußten Fahrlässigkeit, in: GA 1957, S. 305 ff.

— Vorsatzbegriff und Begriffsjurisprudenz im Strafrecht, 1968 (zit.: Vorsatzbegriff).

— Vom Sinn der Strafe, 2. Auflage 1971 (zit.: Sinn der Strafe).

— Über den Einfluß kriminologischer Tattypen auf die Fassung von Strafgesetzen, in: MschrKrim 1973, S. 342 ff.

— Selbstmord und Beteiligung am Selbstmord in strafrechtlicher Sicht, in: Festschrift für Hans Welzel zum 70. Geburtstag, 1974, S. 801 ff. (zit.: Welzel-Fs.).

— Fahrlässige Straftat ohne Sorgfaltspflichtverletzung, in: Festschrift für Friedrich Schaffstein zum 70. Geburtstag, 1975, S. 129 ff. (zit.: Schaffstein-Fs.).

— Strafrecht, Allgemeiner Teil, 1. Auflage 1970 / 2. Auflage 1975 (zit.: AT; sofern nicht ausdrücklich vermerkt, ist stets die 2. Auflage zitiert).

— Über die Zueignungsabsicht als Merkmal der Eigentumsdelikte, in: Festschrift für Hans-Jürgen Bruns zum 70. Geburtstag, 1978, S. 345 ff. (zit.: Bruns-Fs.).

— Urteil des Bundesverfassungsgerichts vom 21. 6. 1977: Verfassungswidrigkeit der lebenslangen Freiheitsstrafe für Mord und Verfassungswidrigkeit der BGH-Rechtsprechung zur Heimtücke als Mordmerkmal, in: JR 1978, S. 265 ff.

— Der Verbotsirrtum und das Strafgesetz, in: JZ 1979, S. 361 ff.

— Zum Mordmerkmal der Habgier. Bemerkungen über ein Urteil des Hanseatischen Oberlandesgerichts Hamburg, in: Aus dem Hamburger Rechtsleben. Walter Reimers zum 65. Geburtstag, 1979, S. 445 ff. (zit.: Reimers-Fs.).

— Zur Grenze zwischen dolus eventualis und bewußter Fahrlässigkeit, in: JuS 1980, S. 241 ff.

— Strafrecht, Besonderer Teil, Grundriß, 1980 (zit.: BT).

*Schneider*, Egon: Die durch eine verschuldete Folge qualifizierten Delikte, Diss. jur. Köln 1954 (zit.: Diss.).

— § 56 StGB und die Strafrechtsreform, in: JR 1955, S. 414 f.

— Zur Anwendung des § 56 StGB, in: JZ 1956, S. 750 ff.

*Schönke / Schröder:* Strafgesetzbuch, Kommentar, begründet von Adolf Schönke, fortgeführt von Horst Schröder, 16. Auflage 1972; 20. Auflage, herausgegeben von Theodor Lenckner, Peter Cramer u. a., 1980 (zit.: Schönke / Schröder / Bearbeiter; sofern nichts anderes vermerkt, ist stets die 20. Auflage zitiert).

*Schött, Walter Carl:* Das durch den Erfolg qualifizierte Delikt und seine Bestrafung, Diss. jur. Marburg 1936.

*Schorn*, Hubert: Die Europäische Konvention zum Schutze der Menschenrechte und Grundfreiheiten und ihr Zusatzprotokoll in Einwirkung auf das deutsche Recht, 1965.

*Schröder*, Horst: Aufbau und Grenzen des Vorsatzbegriffs, in: Festschrift für Wilhelm Sauer zu seinem 70. Geburtstag, 1949, S. 207 ff. (zit.: Sauer-Fs.).

— Konkurrenzprobleme bei den erfolgsqualifizierten Delikten, in: NJW 1956, S. 1737 ff.

— Anmerkung zum Urteil des BGH vom 30. 9. 1970, in: JR 1971, S. 206 ff.

*Schubarth*, Martin: Das Problem der erfolgsqualifizierten Delikte, in: ZStW Bd. 85 (1973), S. 754 ff.

*Schünemann*, Bernd: Raub und Erpressung (2. Teil), in: JA 1980, S. 393 ff.

*Schulz-Heik*, Rainer: Atypische Tat und Mindeststrafe, Diss. jur. Mannheim 1978.

*Schweikert*, Heinrich: Strafrechtliche Haftung für riskantes Verhalten? in: ZStW Bd. 70 (1958), S. 394 ff.

*Seebald*, Rudolf: Täterschaft und Teilnahme bei den erfolgsqualifizierten und bei fahrlässigen Delikten, Diss. jur. Saarbrücken 1963 (zit.: Diss.).

— Teilnahme am erfolgsqualifizierten und am fahrlässigen Delikt, in: GA 1964, S. 161 ff.

*Seuffert*, Hermann: Einfluß des objektiven Erfolges auf die Strafbarkeit vorsätzlicher Strafthaten, insbesondere bei Versuch und Teilnahme, in: Mitteilungen der Internationalen kriminalistischen Vereinigung, Bd. 10 (1902), S. 448 ff.

*Sieg*, Hans-O.: Zur Strafzumessung bei Vergehen des Vollrausches, in: MDR 1979, S. 549.

*Simson*, Gerhard / *Geerds*, Friedrich: Straftaten gegen die Person und Sittlichkeitsdelikte in rechtsvergleichender Sicht, 1969.

*Skouris*, Wassilios: Teilnichtigkeit von Gesetzen, 1973.

Statistisches Bundesamt: Fachserie 10: Rechtspflege, Reihe 3 (Strafverfolgung 1977), 1979.

*Stratenwerth*, Günter: Strafrecht, Allgemeiner Teil I, Die Straftat, 3. Auflage 1981.

*Stree*, Walter: Deliktsfolgen und Grundgesetz, 1960 (zit.: Deliktsfolgen).

— Zur Auslegung der §§ 224, 226 StGB (zugleich ein Beitrag zum Versuch erfolgsqualifizierter Delikte), in: GA 1960, S. 289 ff.

Systematischer Kommentar zum Strafgesetzbuch von Hans-Joachim Rudolphi, Eckhard Horn u. a., Band 1, Allgemeiner Teil (§§ 1—79b), 2. Auflage 1977; Band 2, Besonderer Teil (§§ 80—358), Loseblattkommentar, Stand: 9. Lieferung, Dezember 1980 (zit.: Bearbeiter, SK).

*Tenckhoff*, Jörg: Die leichtfertige Herbeiführung qualifizierter Tatfolgen, in: ZStW Bd. 88 (1976), S. 897 ff.

*Tiedemann*, Klaus: Gleichheit und Sozialstaatlichkeit im Strafrecht, in: GA 1964, S. 353 ff.

— Tatbestandsfunktionen im Nebenstrafrecht, 1969 (zit.: Nebenstrafrecht).

*Ulsenheimer*, Klaus: Zur Problematik des Versuchs erfolgsqualifizierter Delikte, in: GA 1966, S. 257 ff.

*Welp*, J.: Anmerkung zum Urteil des BGH vom 16. 5. 1972 (BGHSt 24, 342 ff.), in: JR 1972, S. 427 ff.

*Welzel*, Hans: Der Verbotsirrtum im Nebenstrafrecht, in: JZ 1956, S. 238 ff.

— Das Deutsche Strafrecht, 11. Auflage 1969 (zit.: Strafrecht).

*Wessels*, Johannes: Zur Problematik der Regelbeispiele für „schwere" und „besonders schwere Fälle", in: Festschrift für Reinhart Maurach zum 70. Geburtstag, 1972, S. 295 ff. (zit.: Maurach-Fs.).

— Strafrecht, Allgemeiner Teil, 10. Auflage 1980 (zit.: AT).

*Widmann*, Hans-Joachim: Der Versuch eines erfolgsqualifizierten Delikts, Diss. jur. Hamburg 1964 (zit.: Diss.).

— Zur Bestrafung wegen vorsätzlicher oder fahrlässiger Tötung bei gleichzeitigem Vorliegen eines sogenannten erfolgsqualifizierten Deliktes, in: MDR 1966, S. 554 ff.

*Wolter*, Jürgen: Zur Struktur der erfolgsqualifizierten Delikte, in: JuS 1981, S. 168 ff.

*Zielinski*, Diethart: Handlungs- und Erfolgsunwert im Unrechtsbegriff, 1973.

*Zipf*, Heinz: Die Strafmaßrevision — Eine strafrechtsdogmatische Untersuchung über den systematischen Aufbau der Strafzumessung und ihrer Revisibilität im Erwachsenen- und Jugendstrafrecht, 1969.

FSC
www.fsc.org
MIX
Papier | Fördert gute Waldnutzung
FSC® C083411

Kolibri 360 GmbH
Ferdinand-Jühlke-Straße 7
99095 Erfurt, Deutschland
produktsicherheit@kolibri360.de

Druck:
CPI Druckdienstleistungen GmbH
im Auftrag der
Kolibri 360 GmbH
Ferdinand-Jühlke-Str. 7
99095 Erfurt